全国高职高专机电类专业规划教材

水电站机电运行

主编　周统中　郑晓丹
主审　甘齐顺

黄河水利出版社

内 容 提 要

本书是全国水利水电类高职高专统编教材，是根据全国水利水电高职教研会制定的《水电站机电运行》课程教学大纲编写完成的。本书共分 11 章，主要包括水电站简介及运行概述；运行值班及调度管理；水轮发电机组及辅助油、气、水系统运行；变压器、电气设备、电动机运行；继电保护及监控系统运行；线路事故继电保护动作后的处理；水电站机电运行典型事故。

本教材除适用于高职院校、普通高等专科学校和成人高校电力类专业及水动类专业教学使用外，还可作为水电站或一般电力变电站(所)现场运行值班人员培训教材之用。

图书在版编目(CIP)数据

水电站机电运行/周统中，郑晓丹主编. —郑州：黄河水利出版社，2007.8 (2011.5 重印)
全国高职高专机电类专业规划教材
ISBN 978-7-80734-239-7

Ⅰ.水… Ⅱ.①周… ②郑… Ⅲ.水力发电站-机电设备-运行-高等学校：技术学校-教材 Ⅳ.TV734

中国版本图书馆 CIP 数据核字(2007)第 120280 号

出 版 社：黄河水利出版社
地址：河南省郑州市金水路 11 号 邮政编码：450003
发行单位：黄河水利出版社
发行部电话：0371-66026940 传真：0371-66022620
E-mail：hhslcbs@126.com
承印单位：河南省瑞光印务股份有限公司
开本：787 mm×1 092 mm 1/16
印张：16
字数：370 千字 印数：3 101—6 100
版次：2007 年 8 月第 1 版 印次：2011 年 5 月第 2 次印刷

定价：28.00 元

前　言

本书是根据教育部《关于加强高职高专教育人才培养工作的意见》和《面向21世纪教育振兴行动计划》等文件精神，以及由全国水利水电高职教研会拟定的教材编写规划，报水利部批准，用中央财政安排的“支持示范性职业技术学院建设”项目经费组织编写的水利水电类全国统编教材。

这本教材是水电类职业技术学院电力类专业学生，在职业学院学完水轮机及辅助设备、电机学、发电厂电气部分、继电保护和自动装置等主干专业课后，对学生进行专门的值班运行岗位职业教育而设立的一门职业技能课。这门课的任务是把主干专业课分散的专业知识综合化、系统化、职业化。组织成水力发电生产和运行应用生产技能，达到使学生“零距离”就业的目的。值班运行人员担负着全部机电设备正常运转守护神的角色，这个职业岗位的工作是连续电力生产中最重要的、首要的、大量的生产工作。

本教材可供高等职业技术学院、普通高等专科学校和成人高校电力类专业和水动类专业教学使用，也可以作为现场电站或变电所(站)值班运行岗位培训之用。

参加本书编写的有：湖南水利水电职业学院高级电力工程师周统中(第一、四、五、九、十、十一章)，浙江水利水电高级专科学校副教授郑晓丹(第六、七、八章)，湖南水利水电职业学院副教授陈芳(第二章、附录)，湖南水利水电职业学院讲师阮湘梅(第三章)。本书由主编周统中对全书进行修改和补充。湖北水利水电职业学院副教授甘齐顺担任主审。湖南水利水电职业学院老师马威对全部教材图和文字进行了校对修订。许昌继电器厂谌志成工程师和湖南欧阳海水电站负责人李建成同志提供了部分技术资料，特此致谢！在编写过程中参阅了有关著作和文献，特对著作和文献的编著者致谢！

最后，我们恳请读者对本书存在的缺点和错误予以批评指正，以便今后修正。

编　者

2006年10月

目　录

第一章　水力发电概述

第一节　水电站简介

我国地域广大，河流纵横，水力资源十分丰富，可开发利用的水力资源蕴藏量为 3.7 亿 kW。我国小型水电站在全国已星罗棋布，有 44 273 座，总装机为 2 202 万 kW；大型水电站已建成的有武强溪水电站、新安江水电站、葛洲坝水电站等；特别是世界上最大的水电站长江三峡水电站的建成，意义重大，它发出的电能几乎输送到半个中国，三峡水电站单机容量 70 万 kW，装机 26 台，总容量达 1 820 万 kW。我国南方某些省的电网中，水电装机容量已经接近 40%。水力发电在我国有广阔的发展前景。因为水力发电不但符合我国的能源政策，符合环保要求，有利于减少环境污染，又能提供清洁廉价的能源；而且水力资源是取之不尽、用之不竭的循环能源，只要天上下雨，就有水力资源可以利用。所以，从能源战略考虑，开发水电是一项重大的长期的能源战略。

水电站是一个把水力能源转换为电能的发电工厂。它生产的最大特点是全厂设备必须连续不间断地运转，并且为了安全稳定可靠供电，又能保证电能的周波和电压的质量，一般都接入一个电网运行，不单独一个电站孤立运行。电力网是由发电厂、变电站和不同电压等级的输电线路及电力用户组成的不间断发电、供电、用电的庞大网络。对电能质量的要求：电压一般在额定电压的 ±5% 范围内，频率在 (50±0.5) Hz 范围内。

水电站厂房，一般采用地面式厂房，按地面式厂房与大坝的相对位置来划分，可以分为河床式水电站、坝后式水电站、引水式水电站 3 种：

(1) 河床式水电站厂房是大坝的一部分。图 1-1 为某河床式水电站平面布置图。

(2) 坝后式水电站，电站在大坝下游大坝后面。图 1-2 为某坝后式水电站平面布置图。

(3) 引水式水电站，水库的水通过引水管送到电站机房，电站与大坝不连在一起。图 1-3为某引水式水电站平面布置图。

地下式厂房、溢流式厂房和坝内式厂房 3 种特殊厂房，采用较少，本教材全部采用地面引水式厂房来进行讲授和教学。

水电站厂房有生产主厂房和生产副厂房。生产主厂房一般分为 5 层，即发电机层、水轮机层、蜗壳层、水泵层、尾水管层。图 1-4 为某水电站厂房剖面图。

主厂房内除布置水轮发电机组本体外，旁边还布置有蝴蝶阀、调速器、励磁装置及油压装置和管道等设备。在主厂房外面，一般布置升压变压器场和开关站。生产副厂房内布置有电站的中央控制室、继电保护屏室、高压配电室、厂用配电室、蓄电池室、空压机室、水泵室、油泵室等。中央控制室是全电站值班运行连续生产的指挥中心所在地，是监控的二次设备屏的集中场所。在计算机监控的水电站里，上位机的工控机、显示屏和键盘等都布置在控制室的专用值班桌上。

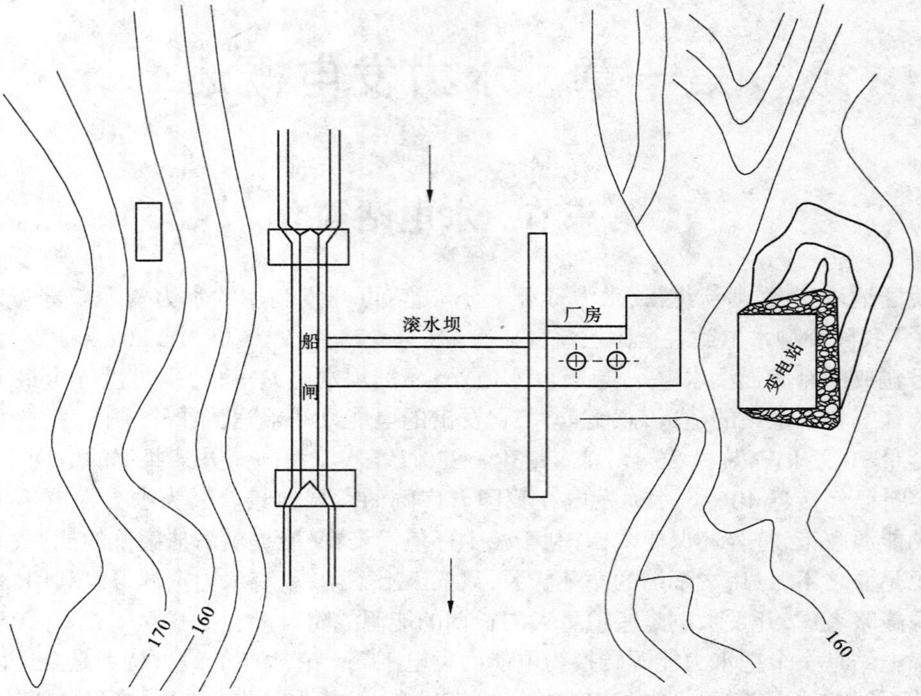

图 1-1　某河床式水电站平面布置

图 1-2　坝后式水电站平面布置

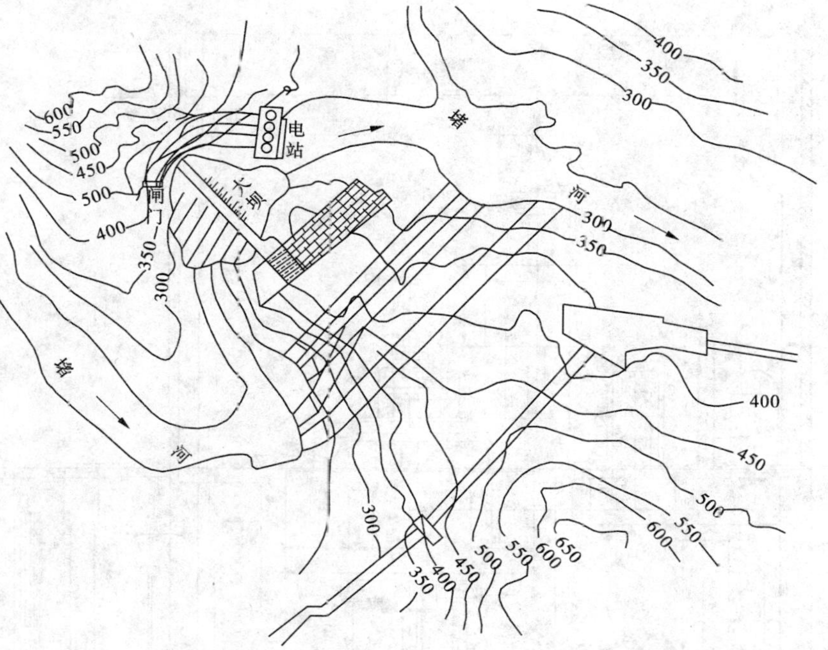

图 1-3　某引水式水电站平面布置

在附图电气主接线图里，发电机 6kV 母线系统的开关设备布置在高压配电室里，厂用变压器及厂用电设备一般布置在厂用配电室里，而两台主变压器及升压后的高压设备一般布置在主厂房外的变压器场和开关站里。

主厂房发电机层的布置，参见图 1-5 某电站厂房发电机层平面布置图。

布置在主厂房内的水轮发电机组，本教材全部采用广泛应用的反击式立轴混流式水轮机为参照机型进行教学和讲授，通过典型达到举一反三的目的。对于与立式混流式水轮发电机组同轴的本体部分，一般从下到上由四个部分组成。图 1-6 为某电站立式水轮发电机组水力机械系统图。

图 1-7 为某电站立式机组系统关系图。其系统包括水轮机、发电机、励磁机、永磁机。机组从下至上有水导轴承、下导轴承、上导轴承、推力轴承。推力轴承上面有镜板，镜板承受机组全部重量。运行中要注意监视这些轴承中的油位油温和冷却水的情况。如图 1-6 所示，水轮机导水叶与接力器相连，调速器控制压力油路去推动接力器动作，使导叶打开或关闭，达到开机或停机或调整有功负荷的目的。水轮机的作用是将水能转换成为机械能。发电机的作用是把机械能转换为电能，再经过升压变压器和开关设备将电能送入电网和用户。励磁机的作用是发出直流电供给发电机转子磁极产生转子磁场之用，现代发电机大多用静止可控硅励磁装置代替转动的励磁机，由励磁机及其自动调节励磁装置组成发电机的励磁调节系统，它可以自动调整电压或由运行人员手动调整电压大小及增减无功率。永磁机是一台交流测速发电机，它的作用是做机组本体测速讯号用。一个绕组将转速讯号送到调速器作自动调速用，另外一个绕组转速讯号送到转速讯号装置作自动控制用和过速保护用。永磁机也可用发电机出口的电压互感器代用。

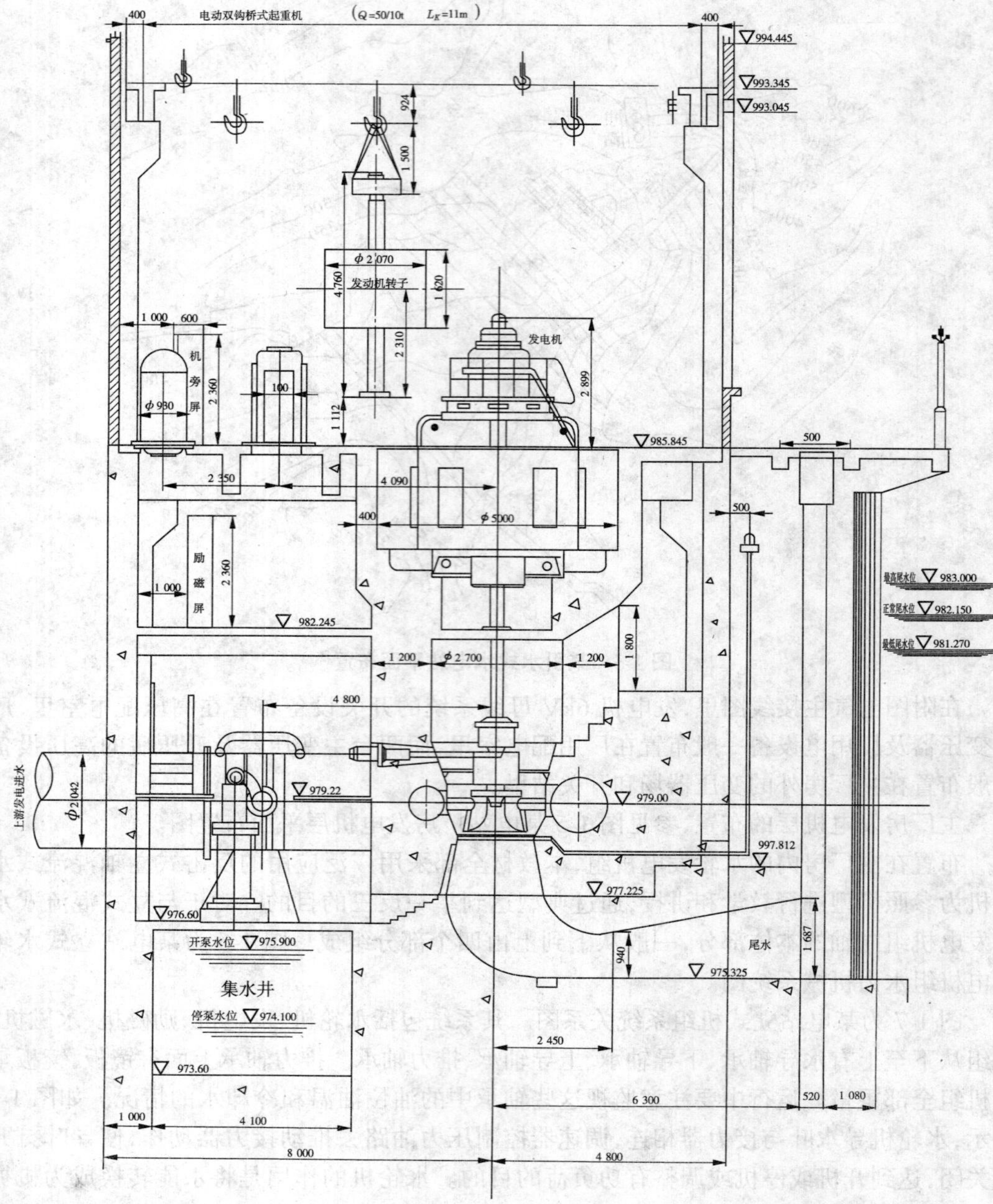

图 1-4　某水电站厂房剖面图(单位:mm)

一个水电站在水力发电过程中,过水建筑物及设备一般主要有水库、大坝、进水总闸门、引水管道;水流进入每台水轮机前还需由蝴蝶阀或闸阀,再进入水轮机蜗壳经导水叶(相当于水轮机的进水门)到转轮室冲动转轮转动作功后,流向下游尾水管和尾水闸门进

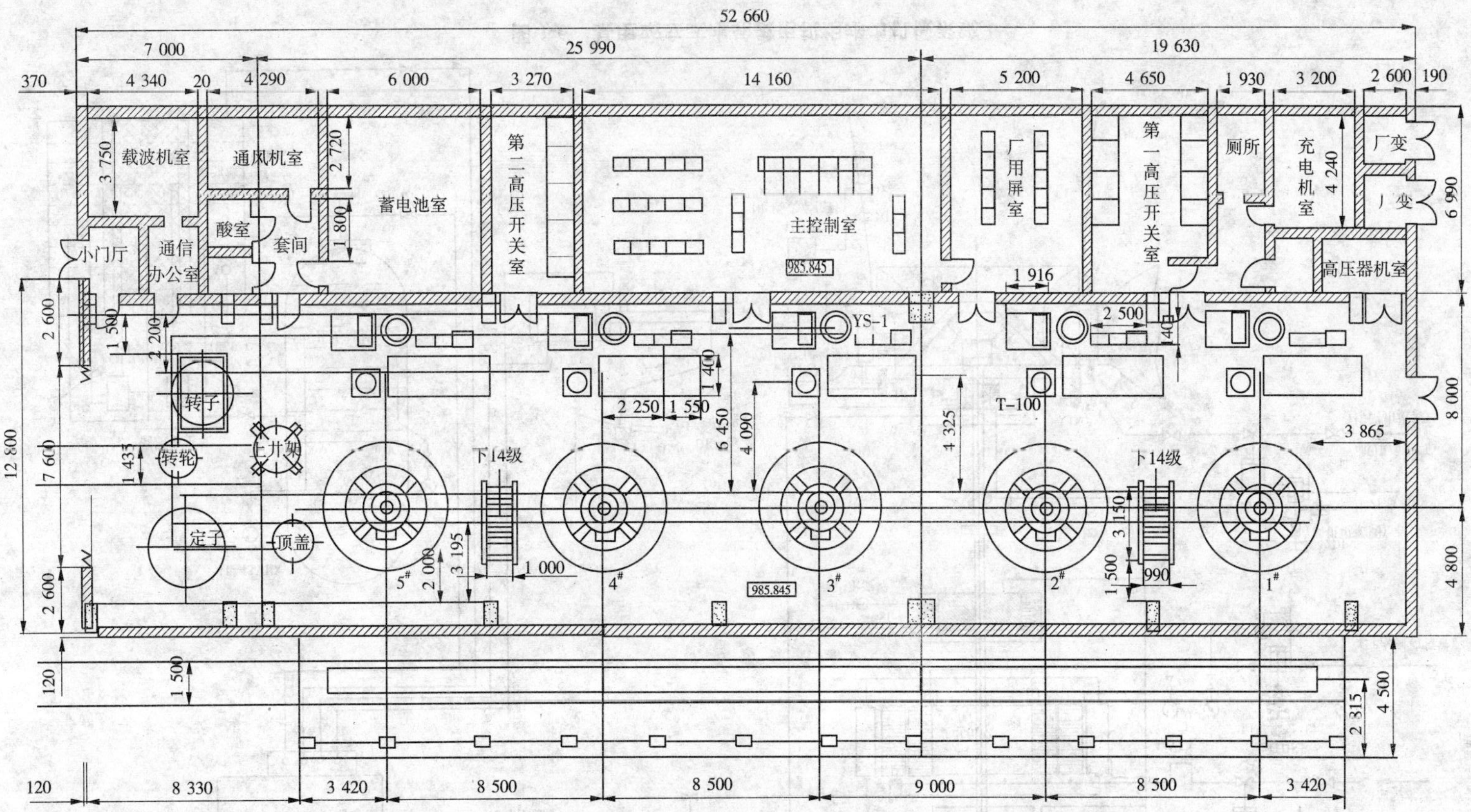

图 1-5　某电站厂房发电机层平面布置图(单位:mm)

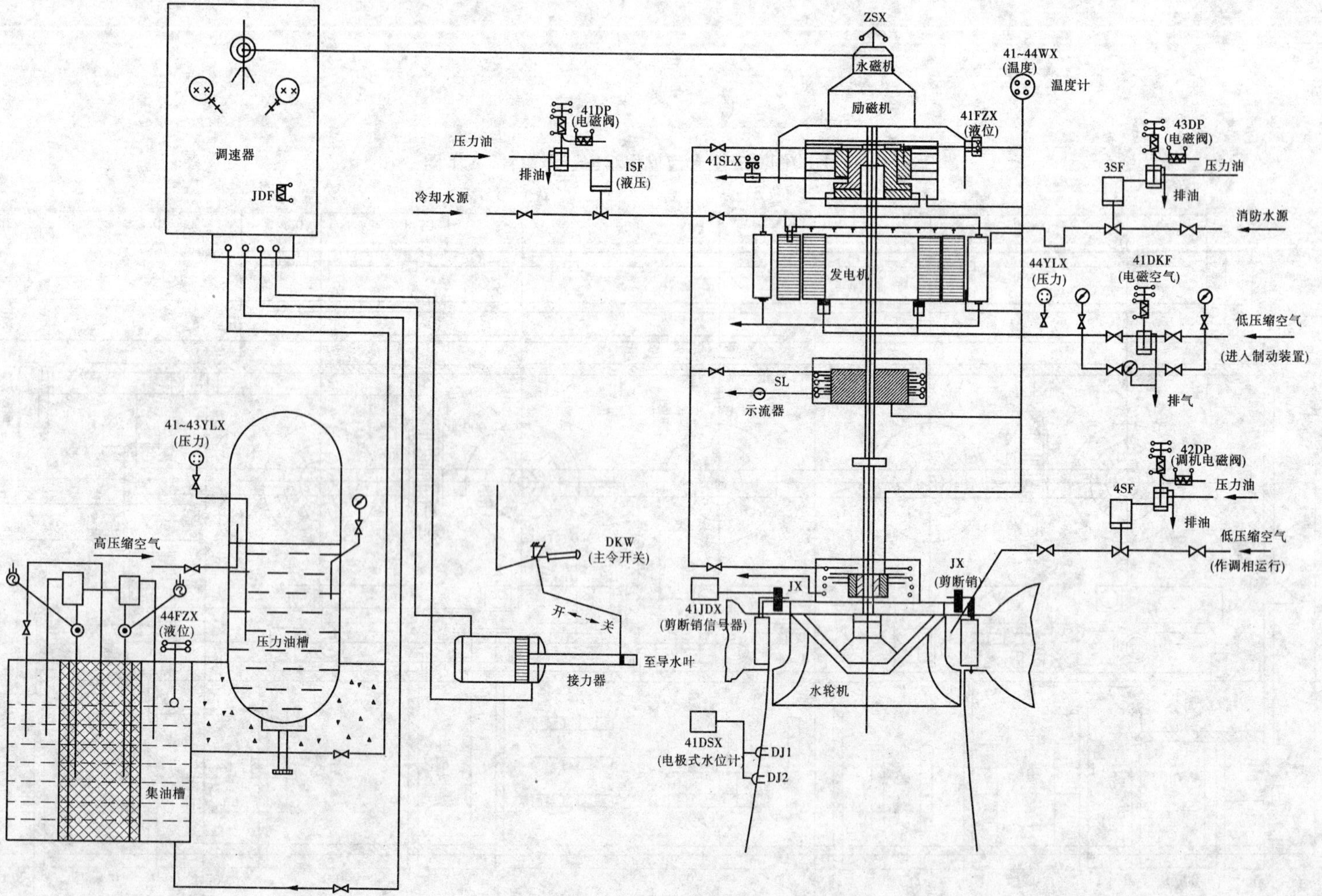

图 1-6　某电站立式水轮发电机组水力机械系统

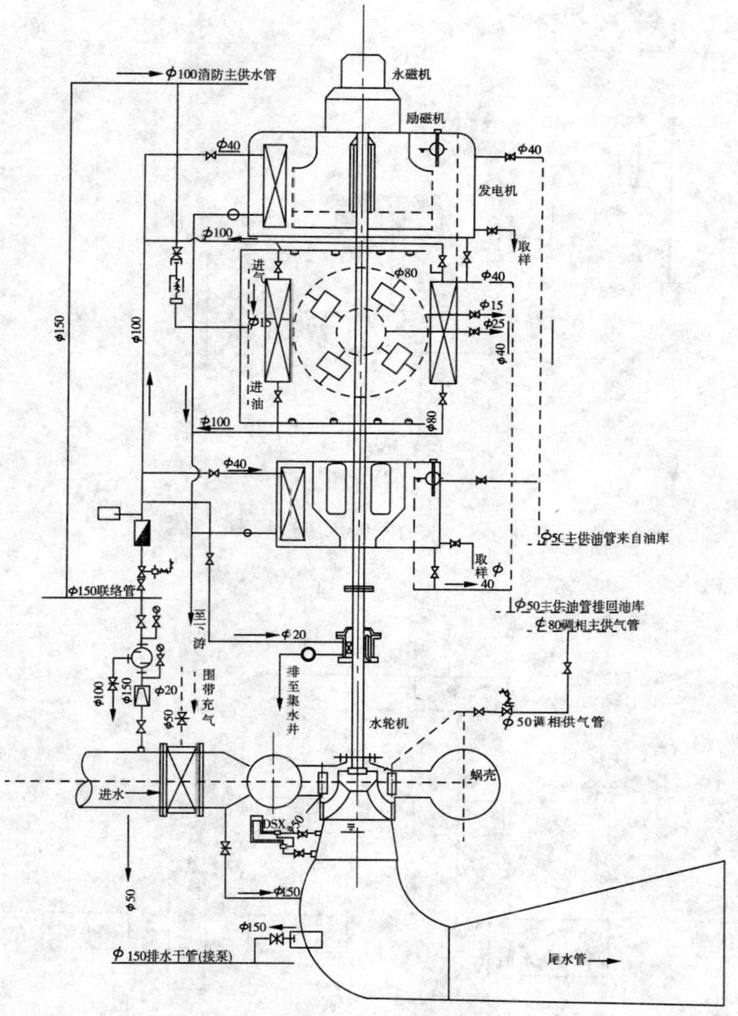

图 1-7　某电站立式机组系统关系

入天然下游河道。图 1-8 为水力发电水流过程图。

天然水能转换成电能的过程可以用图 1-9 水能转换成电能方框图表示。

水轮机轴的出力公式为

$$N_{机} = 9.81QH\eta_{机} \tag{1-1}$$

发电机出力公式为

$$N_{电} = 9.81QH\eta_{机}\eta_{电} \tag{1-2}$$

式中　$N_{机}$——水轮机轴出力,kW;

Q——水流量,m^3/s;

H——上下游落差产生的水头,m;

$\eta_{机}$——水轮机效率;

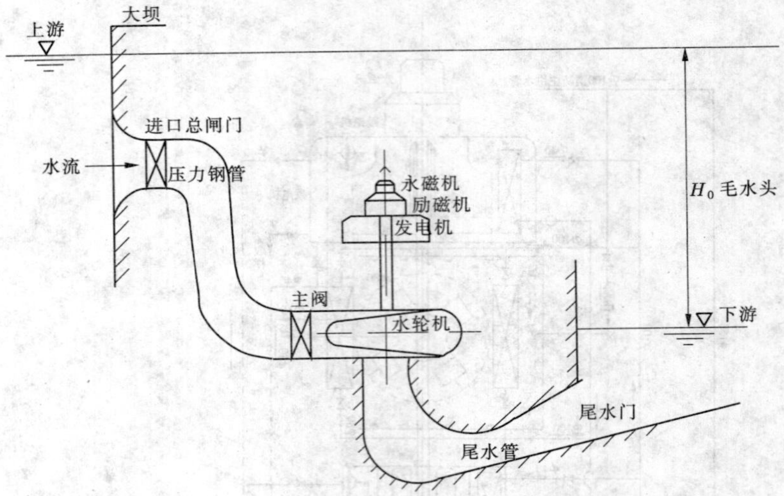

图 1-8　水力发电水流过程图

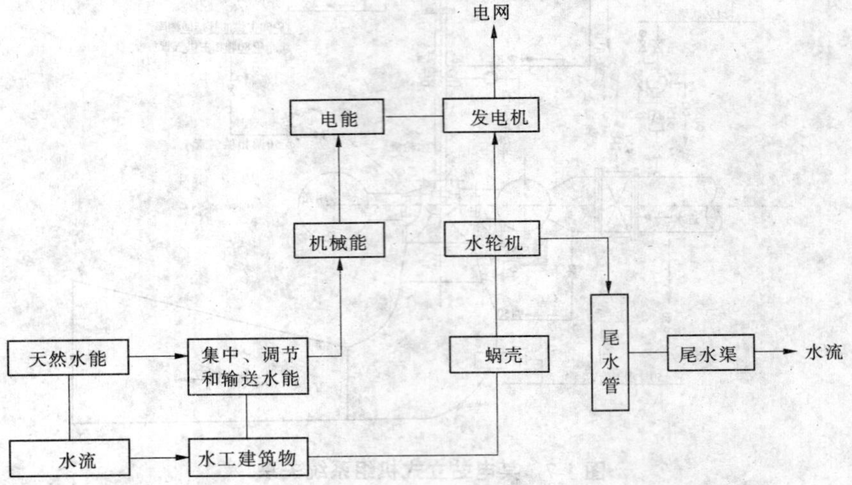

图 1-9　水能转换成电能方框图

$\eta_{电}$——发电机效率。

水流发电过程如图 1-8 所示。

在水力发电的过程中,作为运行值班人员,要维持一个水电站全部机电设备的连续稳定正常运转,保证安全发(供)电,必须有系统工程的概念,并树立对电站整体的、系统的认识,且必须熟悉电气部分和水力机械部分的多个系统,形成强烈的系统工程观念。任何一个系统的局部故障都会影响全电站的安全发电生产的正常运行。全部机电设备连续稳定正常运转本身就是一个复杂庞大的系统工程。除熟悉核心机组本体部分的水轮机、发电机、励磁机、永磁机四个机外,还应熟悉本机组及附属的调速器、主阀、励磁装置设备等,熟悉油、水、气等相关系统和设备,以及它们与系统之间互相影响和联系及对机组运行的影响。在此基础上，作为运行值班人员，应强化运行制度和规程的法规意识，照章办事，严格遵守现场运行工作制度规程，按规程制度维持机电设备正常运转。

电气部分包括一次部分和二次部分系统，各系统紧密联系在一起，形成一个电的或磁的相联系的复杂网络。水力机械部分除机组本体系统外，还有油、水、气系统。这些网络系统就像人体一样，动一发而牵动全身。作为值班运行人员，不但必须熟悉水轮发电机本体四个主体机及其附属设备和油、气、水系统，并背记各系统及设备的名称、性能、作用、技术参数、现场位置和运行操作要求，而且要熟悉电气部分的一次部分和二次部分各系统及其设备的名称、作用、性能、技术参数、它们在现场的位置和运行操作要求。

在现场将这些设备全部按规定进行了编号，例如：阀门 205 就代表供水 205 号阀门，断路器 204 就代表 6kV 电压级的 204 号断路器；就管路而言，还有颜色区分，进油管为红色、回油管为黄色、供气管为白色、水管为绿色；电气回路也有颜色区分，U(A)相为黄色、V(B)相为绿色、W(C)相为红色，地线为黑色，不接地中性线为紫色、直流系统正极为红色、负极为蓝色。这些编号及颜色都是运行生产特点所要求的，在现场很直观，便于正常连续运转的生产管理和操作。

第二节　水力机械的几大系统

水电站的水力机械部分除水轮机、发电机、励磁机、永磁机四个同轴主体机外，还有附属的调速器、主阀等，还包括下面几个辅助系统，这几个系统与机组本体的关系见图1-6和图 1-7。

一、调速器油压系统

调速器油压系统包括调速器油压装置的压油泵、压力油槽、集油箱、补气设备等，这个系统的作用是开机、停机及机组调速。图 1-10 为水轮发电机组用油系统图，图 1-11 为调速器压力油路示意图。

二、蝴蝶阀油压系统

图 1-12 为蝴蝶阀油压系统。它包括蝴蝶阀油压装置的油泵、压力油槽、集油箱、补气设备、管道等。小型蝴蝶阀也有不用油压操作，而用电动操作的。这个系统的作用是维持蝴蝶阀的正常开启和关闭，机组检修时关闭蝴蝶阀并落锁。

三、低压气系统

图 1-13 为低压气系统图。它包括低压气机、储气罐、管路等。作用是刹车、调相压尾水及清扫。

四、高压气系统

图 1-14 为高压气系统图。它包括高压气机、管道等。其作用是作为油压装置补气。

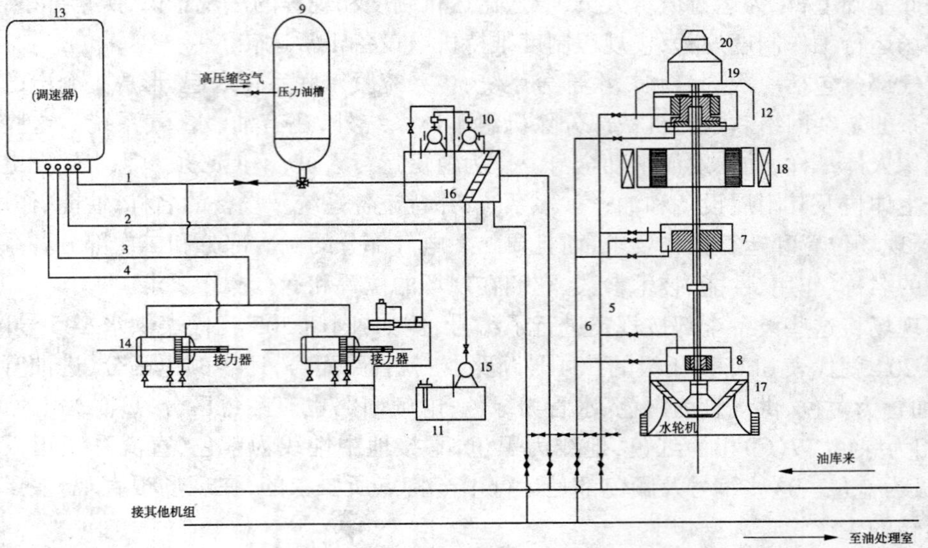

图 1-10　混流式水轮发电机组用油系统

1.压力油管;2,6 排油管;3.闭侧油管;4.开侧油管;5.给油管;
7.下导轴承;8.水导轴承;9.压油槽;10.压油泵;11.漏油槽;12.推力轴承;13.调速器;
14.接力器(连水机导水叶);15.漏油泵;16.集油槽;17.水轮机;18.发电机;
19.励磁机;20.永磁机

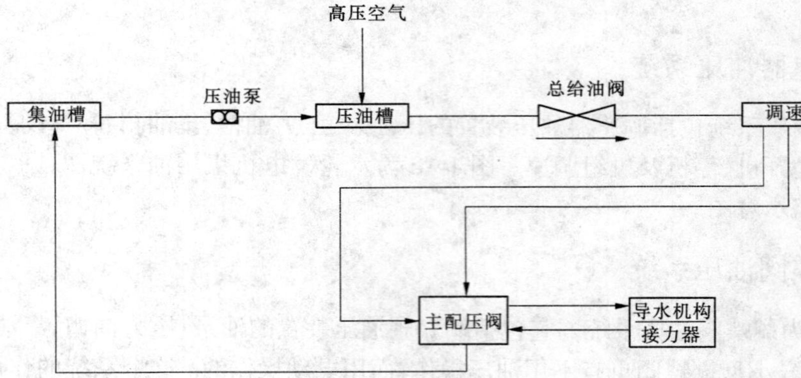

图 1-11　调速器压力油路示意图

五、技术供水系统

图 1-15 为供水系统图。这个系统包括供水泵(自流供水的不用水泵)、电磁阀、水压表、示流器及管道等。其作用是机组等冷却技术用水和润滑水。

六、机房渗漏排水系统

它一般由主用和备用两台水泵将水从集水井抽出来排至电站下游,供厂房内排除渗

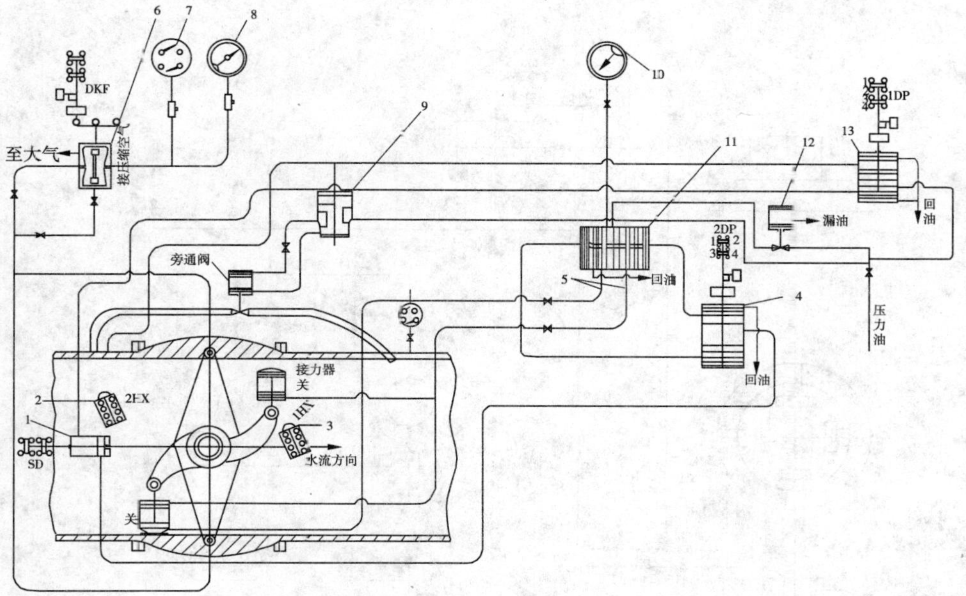

图 1-12　蝴蝶阀油压系统

1. 锁锭；2，3. 行程开关；4，7. 压力信号器；5. 节流阀；6. 电磁空气阀；8，10. 压力表；9. 液动配压阀；11. 滑阀；12. 油阀；13，14. 电磁配压阀

漏水之用。图 1-16 为排水系统。

七、检修排水系统

它由排水泵及管道等组成。其作用是在机组大修时，排出蜗壳和尾水管内余水之用。图 1-16 为排水系统。

八、水力测量系统

水电站中装有各种水力测量仪表，包括压力表、真空表、流量计等测量元件，用于监视机组运行时的水力参数，进行测量记录，及时发现问题。虽然设备不多，但是为提高经济效益提供可靠的、科学的原始数据，以保证机组安全、经济运行，可根据测量结果，制定电站最有利的运行方案，使电站经济运行，发挥最大效益。水电站水力测量一般有下述内容：

(1)上下游水位测量。

(2)水头测量。

(3)水轮机流量测量。

(4)水轮机压力和真空值测量。

水力测量部位在蜗壳入口、主阀前、输水管弯头、水轮机顶盖、尾水管入口与出口处。

此外，水力测量系统还包括冷却水测量、渗漏水测量以及水库水温测量、水库冰凌测量等。

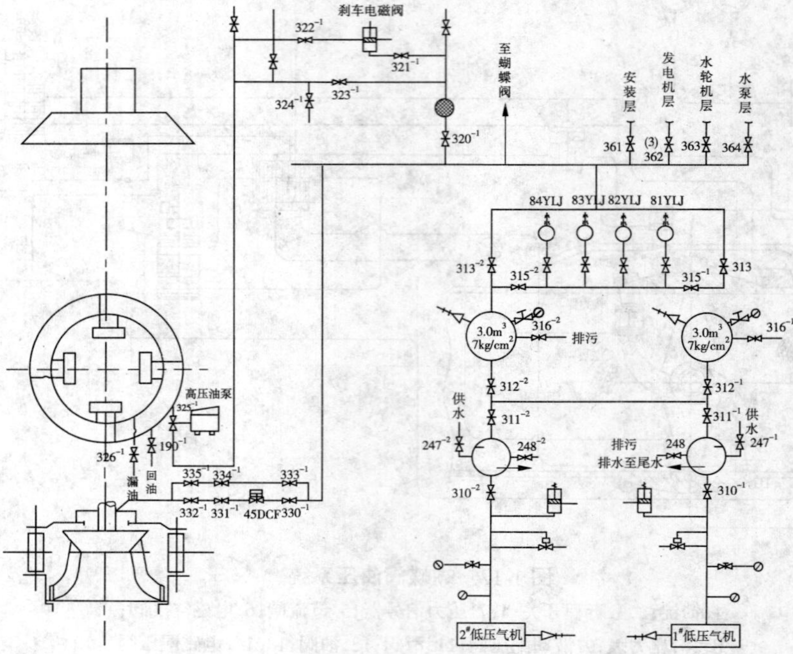

图 1-13　低压气系统

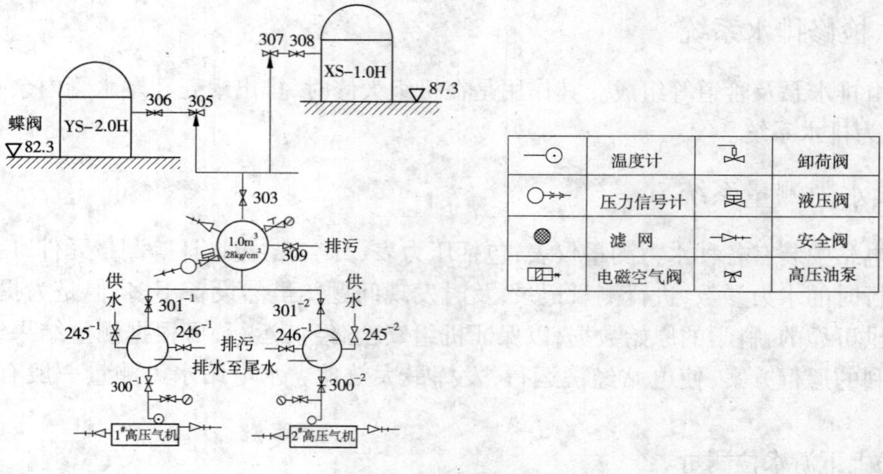

图 1-14　高压气系统

另外，除上述系统外，还有独立的供电气设备用油的绝缘油库和机组用油的透平油库及供油管道系统。

上述水力机械系统中，任一个系统不正常或出现故障，都不能维持正常连续发电生产，例如，调速器油系统出故障，严重时会引起机组停机事故；低压气不正常，则无法进行停机刹车。

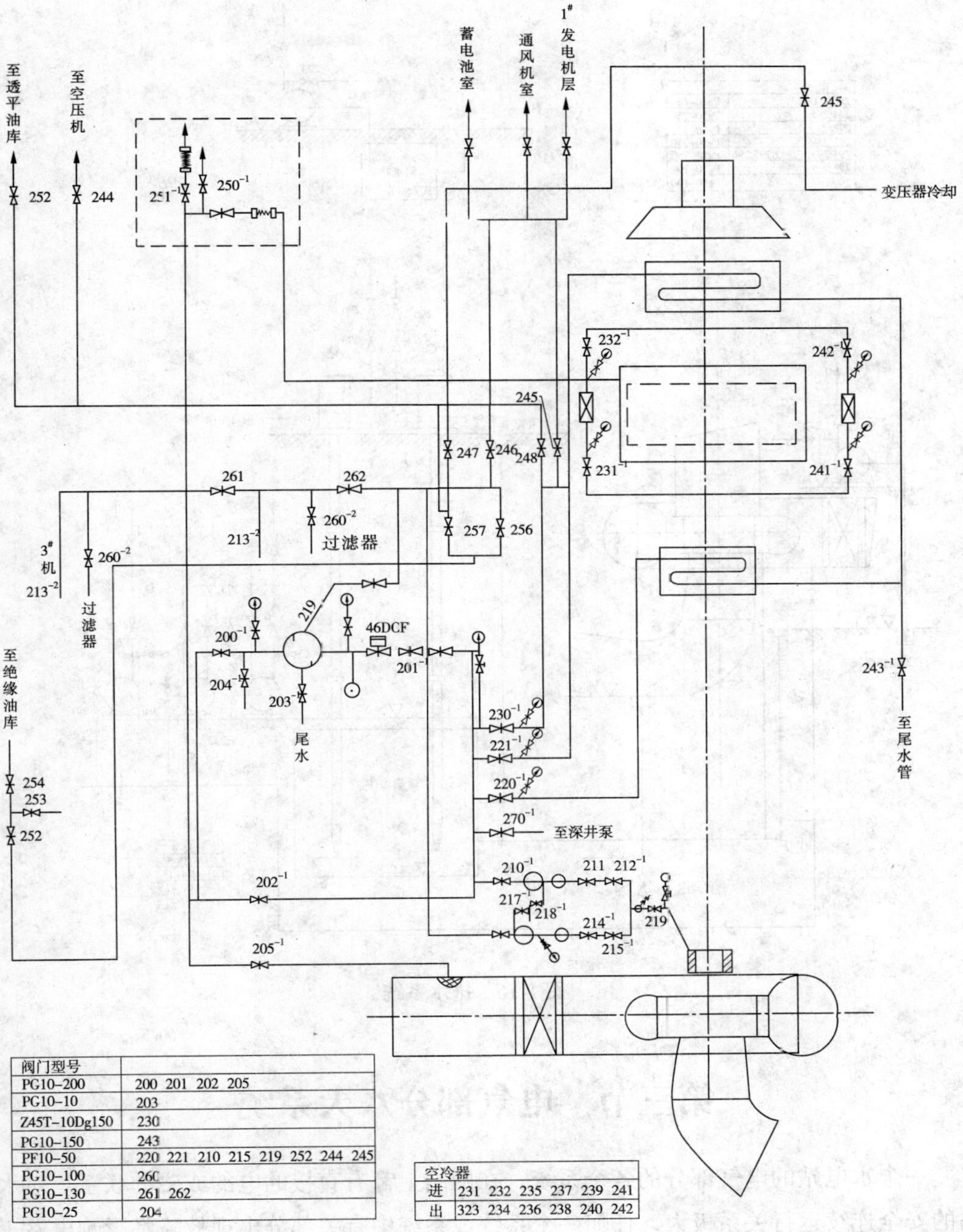

阀门型号	
PG10-200	200 201 202 205
PG10-10	203
Z45T-10Dg150	230
PG10-150	243
PF10-50	220 221 210 215 219 252 244 245
PG10-100	260
PG10-130	261 262
PG10-25	204

空冷器						
进	231	232	235	237	239	241
出	323	234	236	238	240	242

图 1-15 供水系统

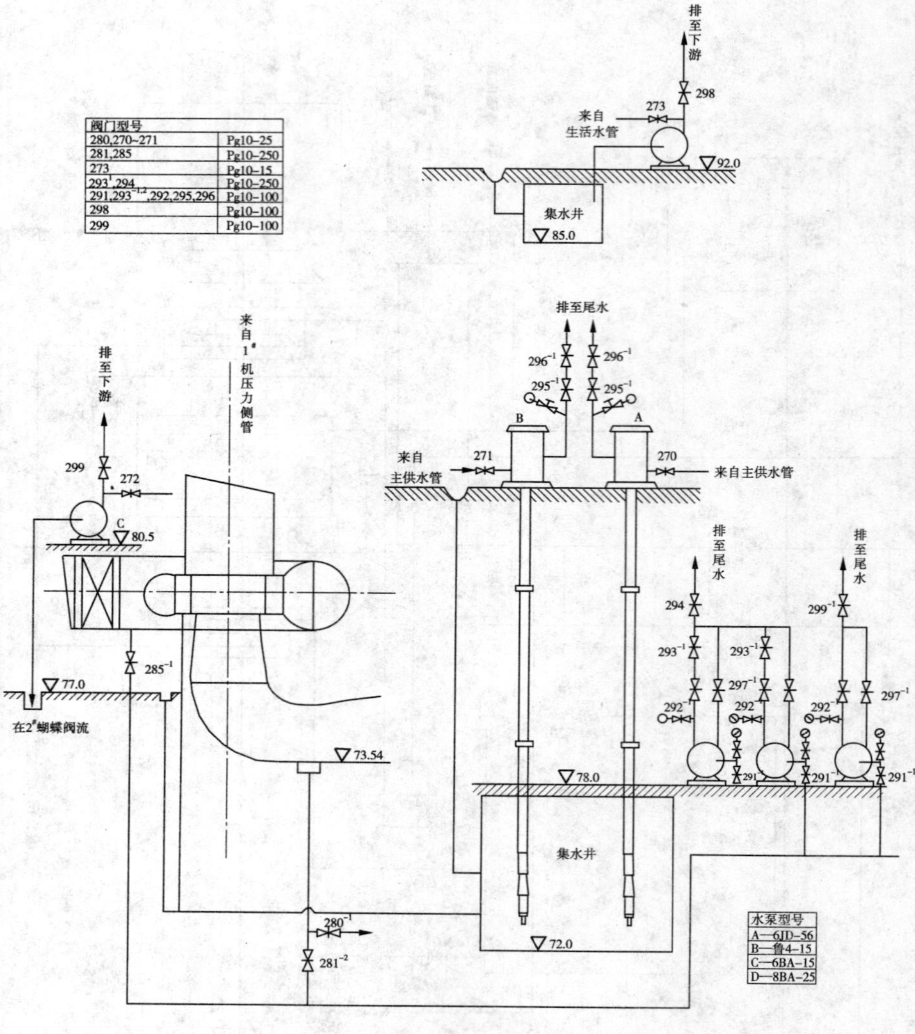

图 1-16　排水系统

第三节　电气部分八大系统

一个水电站的电气部分的各个系统，在网络上都有直接的电的或磁的联系。对水电站的安全连续运行关系极大，任何一个系统或系统中有关部分出现故障都影响电站正常连续地安全运行。作为运行值班人员，必须熟悉这些系统中各个设备的名称及作用和现场位置及操作要求。因此，在学习中应有针对性地熟悉一个典型水电站的这些系统图纸并学会看图，且懂得在生产中如何使用这些系统图。

电气各部分系统分述如下。

一、电气主接系统

电气主接系统(见附图电站电气主接线)包括一个水电站全部发电机、变压器、开关、电流互感器、电压互感器及与电网相联的并网出线回路。这个系统是全电站(变电站)的运行生产主干系统总图,反映电站的全貌。

值班运行人员要当好一个合格的值班员,首先必须背记电气主接线系统图,熟悉设备名称、技术参数、作用、现场位置和操作要求,才能有效地担当起水电站运转设备守护神这个角色。

二、厂用(站用)电系统图

厂用电变压器一般接在电气主接线发电机母线上,包括厂用变压器及全部厂用电的供电回路,厂用供电用户为水泵、油泵、供直流电源设备等。参见电气主接线图厂用母线及厂用变压器。

三、直流系统图

由厂用电系统厂用母线的供电回路引出经整流成直流送入直流母线和蓄电池,一般情况下由蓄电池供直流负荷用电,直流供电回路包括合闸回路、控制保护用电回路等,参见图 1-17 直流系统图。

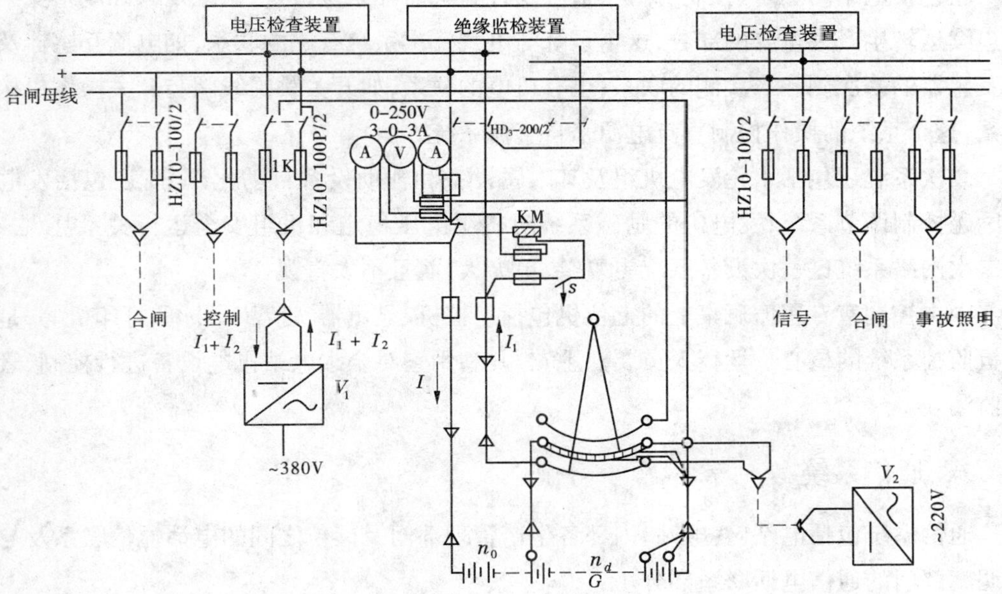

图 1-17　直流系统图

另外,对计算机监控系统和微机保护专用的直流系统,采用不间断供电的逆变器 UPS 供电系统。

四、厂房照明系统

它引自厂用电供电图回路，包括正常照明和事故照明，事故照明一般来自直流系统。在交流照明事故中断的情况下，事故照明切换装置自动切换到直流供电，保证电站中央控制室等重要场所照明不中断。

五、防雷过电压保护系统

防雷过电压保护系统包括防直击雷和侵入波过电压防护系统，由避雷针(线)和避雷器及独立接地体组成。

六、接地系统

在水电站及变电站里由专门的埋入地下的接地体和房屋中钢筋相焊成一个接地网，所有电气设备外壳及变压器中性点接在这个接地网上，接地电阻大小要符合国家标准。一般有110kV电压级的水电站接地电阻值为0.5Ω，有35kV电压级的水电站接地电阻值为4Ω。

七、继电保护和二次系统

它包括电站的测量、控制、保护、信号及计算机监控系统，这个系统是保证电站安全自动连续运转生产最重要的部分，这个系统与电气一次系统有磁的联系，如电流互感器及电压互感器的一次侧和二次侧的联系；也有机电的联系，如开关跳闸线圈与开关操作机构的联系，这个系统的操作控制直流电源来自直流系统。

二次系统还包括水轮发电机组及其附属设备和辅助设备自动化部分，还包括发电机的励磁控制调节系统；发电机的励磁系统对机组电压稳定和机组安全运行关系甚大。这个二次网络系统比一次设备系统更复杂、更庞大，而且不太直观。

中央控制室专用值班桌上的上位机包括工控机、显示器、键盘、鼠标和打印机等，是计算机监控系统的核心。运行人员要熟悉它，并利用它对全水电站机电设备进行控制、管理和监测。

八、通信系统

通信系统包括电站(变电站)内部各生产管理部门及岗位之间的电话通信联系及与电网调度部门的通信电话联系部分。

电气部分几大系统的关系见图1-18，由图可知，在电气回路上它们实际上是一个统一的整体。

如果电站与电网调度的通信采用载波通信方式，连接电网的线路既输送电能又传输通信讯号，那么其整体性更突出。

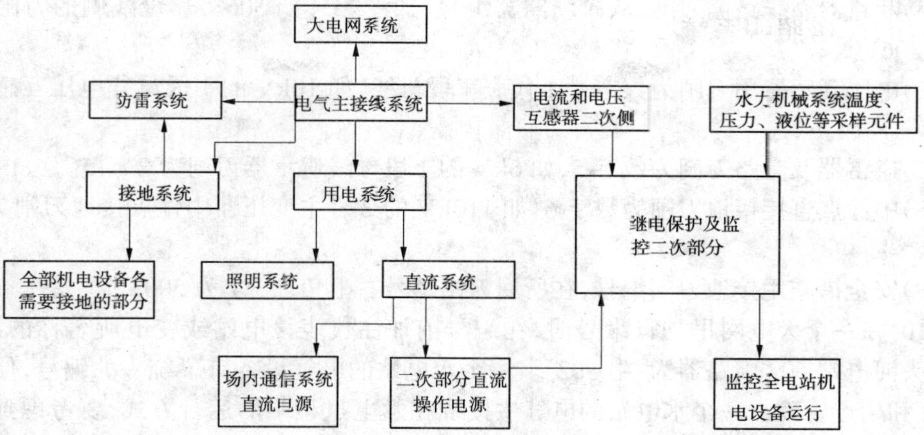

图 1-18　电站电气几大系统关系

第四节　电站电气主接线的运行方式

电气主接线是水电站、变电所中发电、输电和分配电能的电路，称为一次接线。它包括发电机、变压器、母线、开关、电流互感器、电压互感器、避雷器、消弧线圈及输电线路等有关电器设备。有的还标出厂用电的变压器和厂用电母线。如附图为某电站电气主接线图。电气主接线是一个电站的总图，是电力生产运行和调度管理的指挥图。在电站现场有挂置的模拟图，表明电站即时各设备的运行实际状态，哪些设备在运行、哪些设备在备用、哪些设备在停电检修，模拟图都完全与现场实际一致。作为运行值班人员必须熟悉并记牢它，掌握发电机、变压器等设备的技术参数和性能及运行要求，且熟悉这些设备在电站现场的布置位置。

每一个电站有自己的主接线的接线方式，对于电气主接线运行方式，我们仅以附图电气主线图为实例加以讲解说明，以求达到举一反三的目的。在电气主接线图上，为方便电力生产管理和调度，根据电网调度部门的统一规定对设备要进行编号。如 6kV 电压级 1# 发电机断路器为 204，其附属的隔离开关为 2041，一般规定如下所示。

(1)第一个阿拉伯数字代表电压等级：

2.3～3.3kV 为“1”，6kV 为“2”，10kV 为“3”，35kV 为“4”，110kV 为“5”，220kV 为“6”，500kV 为“7”。

(2)第二个阿拉伯数字为断路器，取偶数，自 00 编起，204 即是 6kV 级 204 号断路器。如为刀闸，采用从属设备和固定编号结合的原则，如 2041 刀闸。

(3)主变压器或线路侧没有断路器，只有刀闸的二、三数字取奇数号，从 01 编起，如 501。

(4)电压互感器、避雷器、中性点刀闸在电压等级编号后，跟随×(读叉)，如 4×14；发电机的电压互感器在电压等级后跟随 G，以示区别，如 6kV，3 号发电机电压互感器为 2G314。

(5)断路器靠线路侧刀闸,从属断路器编号,加注“3”,如3063,靠母线侧的刀闸加注“1”为3061。

(6)电压互感器用刀闸为数字4,1代表Ⅰ段母线,如10kV的1段母线电压互感器的刀闸为3×14。

(7)避雷器及旁路刀闸为数字5,如6kV的1段母线避雷器刀闸为2×15。

(8)中性点直接接地刀闸为数字6,如110kV的2号主变压器中性点接地刀闸为5×26。

(9)安全措施用接地刀闸编号,在所属刀闸编号右上角加-1为5003^{-1}。

(10)在一个大电网里进行编号时,在编号前加注代表该电站或变电所名称的汉字,如:牛头河电站502断路器为“牛502”。一个水电站的电气设备有了统一的编号,便于生产调度和生产管理。一个水电站的电气主接线在发电过程中的运行方式,要考虑到电站厂内微观经济效益和技术要求,更要服从于大电网的宏观经济效益和大电网的技术安全可靠性要求。在丰水期间,并入电网的每一个水电站都从本电站微观经济效益出发,力争开出全部机组24h满发多供。但是,从电网的宏观经济和技术的可能性、合理性出发,这是不能完全做得到的。电网受到用户负荷日夜变化高峰低谷的制约;还要考虑上网火电和水电的合理配置,以保证技术上的合理性,电网安全的可靠性;还要考虑各水电站河流的水文特性以及各电站所在河道洪水预报的时效性;还要考虑每个电站在大电网中的地位和重要性等。如某电站所在区域天气预报有大暴雨到来,电网调度部门就必须优先安排这个电站尽量24h满发,充分利用水能,节约火电、煤油消耗,这样其他水电站开机并网就要受到限制,特别在晚上早班低谷负荷出现的时段更是如此。

就一个水电站内部微观方面考虑,运行方式应考虑下述因素:

(1)机组计划停机检修应安排在枯水季节,以保证丰水期设备完好,为满发创造最好的条件。

(2)丰水期尽量全部开机满发,充分利用水力资源为国家节约煤、油等一次能源。

(3)及时准确作出本电站所在来水流域的长期和短期天气预报工作,掌握雨情水性,及时向电网调度部门报告,尽量不要让水白白弃掉,而用于发电生产,创造水力资源利用的最大化。

(4)力争避开洪峰,即在洪水到来之前尽量把水库的水能通过发电转换为电能,让水尽量发电而放空水库使得水能利用的效益最大化,以迎接拦洪蓄水储能。

(5)及时与电网调度部门联系,力争按本电站经济效益最大化开机运行。但是一般来说,电网调度中心要从整个电网安全运行考虑,不可能按上网的各个电站本身经济效益最大化安排运行。大电网运行调度是一个复杂的系统工程,这里关系到整体与局部的关系,作为孤立电站的本身,应服从整体的效益和安全考虑。

(6)根据本电站在大电网里的地位和重要性,按电力调度部门命令,适时开机和停机或及时调整负荷。如果是担负基荷的电站,则开机比较稳定,如果是调峰电站,则高峰与低谷负荷时,可能一天24h开机和停机都有变化,运行人员要及时做好预案的运行准备工作。

以附图电站电气主接线为例,一般情况下,有下述几种运行方式,针对每一种运行方式，值班人员要做好可能的事故预想，以保证设备连续、稳定、安全运行：

(1)1 号机、2 号机、3 号机全部开机满发，1 号和 2 号主变压器和并网线路及用户线路全部正常运行，这是全部设备投入运行满发的最佳也是最理想的运行方式，在丰水期这种运行方式比较多。在大电网高峰负荷时或大电网事故时可能出现这种运行方式。

(2)开两台机带一台主变压器，第三台机和 2 号主变压器处于热备用状态的运行方式。

(3)开两台机带两台主变压器，第三台机处于热备用的运行方式，这种运行方式一般在丰水期电网负荷低谷时出现。

(4)开一台机带一台主变压器的运行方式，这种运行方式在枯水期可能是最经常的运行方式。

(5)开一台机带一台主变压器发电运行方式，有一台主变压器及一台机组停电计划检修，一台机处于热备用。配合对该检修机组及检修主变压器，还对其开关设备和二次系统进行计划检修及预防性试验工作。这种运行方式一般在枯水期出现。运行值班人员除维持一台机组一台主变压器正常发电运行外，还要加强对检修现场安全措施的管理和检查，确保发电现场和检修工作的安全，避免人身和设备事故出现。在竣工验收工作中，认真按规章制度搞好每一项验收工作。在现场，既有运行设备，又有检修设备，人员来往多，极易出现安全隐患，运行值班人员要提高警惕，居安思危，对可能的危险地段加强巡视检查，做好对检修设备的安全隔离工作，确保现场安全，避免事故出现。

那么，根据电站电气主接线的接线方式，现场生产究竟采用哪种运行方式呢？在考虑电站内部微观经济效益时，还要研究在一定水头下避开水轮机的气蚀和振动区段，并尽量多使水轮机运行在水轮机效率最优区，以提高电站内部对水能的利用效率，用同样的水量发出更多的电能。但是，这个效率最优区运行的要求一般难于做到，因为，一方面电站内部微观经济效益要服从大电网的宏观经济效益；另一方面还受气象预报来水时段的影响，抢在洪水到来之前，用已蓄的水量尽量多发电，不让水白白流失，这种运行方式产生的效益比机组在最优效率区运行更大，更能充分利用天然水能，宏观经济效益也更大。作为电站内部值班运行人员，为了电站内部的微观经济效益，要根据天气水情预报，编制电站水库调度年、月的运行方式及电站机组开机的年、月运行方式，并将电站水文水能情报实时向电网中心调度部门汇报，特别是洪水情报更应及时汇报，充分利用洪水水能多发电，并提出本站开机经济运行的意见和要求。但是，主要应服从电网的宏观调度和宏观经济效益，服从与电网签订的有关协议。所以，电站现场电气主接线运行方式的确定，要考虑多种因素，适时向电力调度部门汇报，反映水流情况，提出开机申请计划，按照与电网签订的并网协议，最后由电网调度部门综合决定。

第五节　水电站监控系统概述

水电站及变电所自动监控系统保证水电站或变电所连续可靠、稳定、安全运转。常规的自动控制系统属传统的电磁式控制系统，由有触点的继电器构成控制系统，参见第九章第三节中机组常规自动控制接线图(一)、(二)，主要完成逻辑顺序自动控制，例如，水轮发电机组的开机和停机顺序自动控制、调相机运行的自动控制等。为了实现水电站的自动调节，在常规自动控制系统及其基础上加入静态集成电路组成的控制系统就可以实现水电站的闭环控制。如频率下降或上升通过调速器装置的控制系统，可以自动完成水电站的自动调节，并自动调节使频率上升或自动下降，达到一个新的稳定值。

利用微机构成的静态集成电路还可构成继电保护装置，代替传统的常规的有触点的电磁式继电器的保护装置。常规的继电保护装置是由一个甚至几十个单个继电器组成，对一次设备的发电机、变压器、线路等进行保护。它的特点是直观，有可见可动的触点。微机继电保护装置按各部分功能做成模块式结构，实现保护的逻辑动作过程，这个逻辑过程由微机软件来实现，代替常规的继电器及其触点，每种保护有独立的中央处理器 CPU，微机保护硬件结构主要由五部分组成(见第九章第三节中微机保护系统方框图)，即信息输入部分、微机部分、人机接口部分、出口通道和电源部分。

随着科学技术的发展和进步，现代水电站监控系统已逐步用计算机数字控制系统所代替，在电力生产中已获广泛应用和推广。

典型的水电站水轮发电机组的计算机控制系统由工业控制计算机 IPC 和可编程控制器 PLC 及单片机组成。工控机 IPC 是全电站计算机监控系统的核心，水电站计算机监控系统的上位机一般由工控机 IPC、显示器、键盘、鼠标和打印机组成，它们放在水电站中央控制室的运行值班桌上，是运行人员对本水电站值班管理的核心部分。如图 1-19 是水电站计算机控制系统实例。

可编程控制器 PLC 的特点是擅长实现对水轮发电机组的顺序控制，水轮发电机组的控制过程的逻辑关系由可编程控制器的软件完成，而不像常规传统的自动控制那样由继电器来完成。可编程控制器 PLC 硬件由中央处理器单元 CPU、存储器、输入接口电路、输出接口电路总线等组成，也采用模块式结构。水轮发电机组计算机监控系统的基础自动化元件和常规系统是一样的，如压力讯号器、液位讯号器、行程开关等。

水电站计算机监控系统的传统方式一般分两个层次级，见图 1-20 水电站计算机监控系统示意图。

电站层面一级的控制系统，由监控、人机联系(屏幕和键盘)、遥控系统及遥控通道三部分构成。另外，还有机组层面一级的控制系统，它由机组计算机控制、升压变电站控制、进水闸门控制、进水主阀控制、机组辅助设备单元控制等构成。

机组层面一级的控制系统，通过对功能单元控制系统，完成对当地控制调节对象的全部控制和调节；还完成对机组的保护，机组层各功能单元控制系统自身形成一个整体，完成其应有功能，并具有就地现场控制功能。例如，就地完成开机或停机。同期控制单元自动完成单元机组的同期控制。各功能单元通过硬件接口完成机组层的所有控制，图 1-21 为各设备计算机自控系统示意图。

电站层面控制系统同样通过硬件接口完成对上述机组层面的所有控制。典型功能有机组间的负荷分配、电站上游的水位控制；电站层面的人机联系是通过键盘操作和屏幕显示来实现的。人机联系包括操作运行状态提示、事故和故障报警指示、运行参数和状态记录、报表的打印等。电站层面的远动通道用于和电网中心调度端的计算机相连接，构成调度自动化系统。通过远动通道接收调度指令或向中心调度端计算机发出电站运行参数。

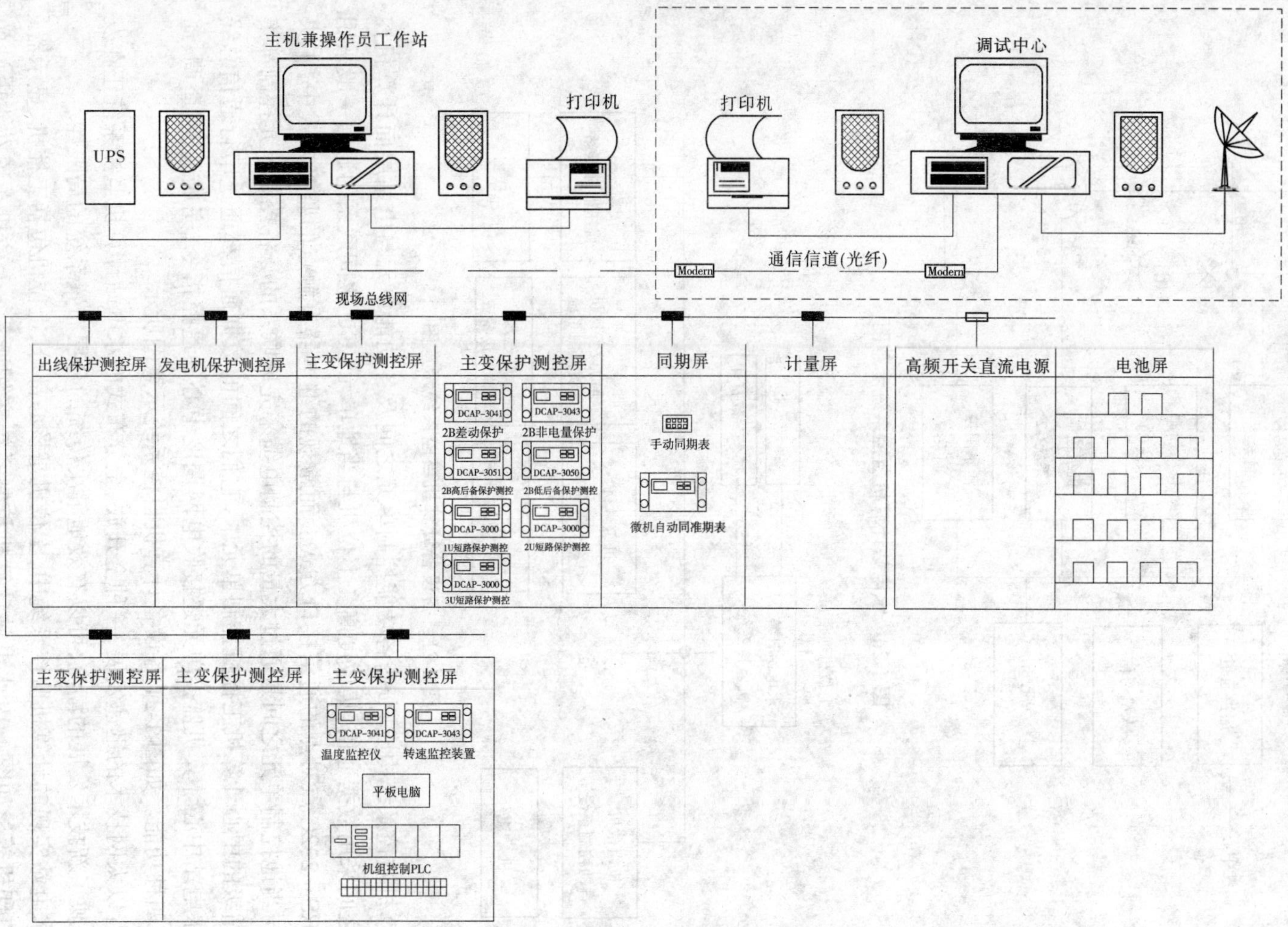

图 1-19　水电站计算机系统实例图

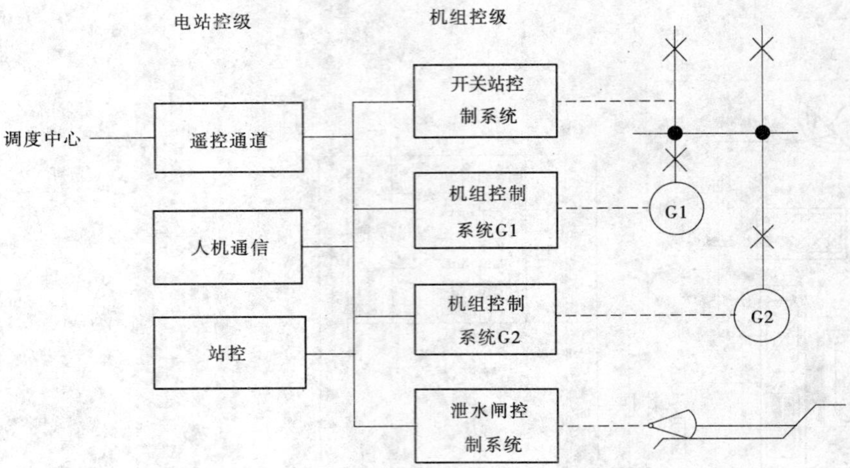

图 1-20　水电站计算机监控系统示意图

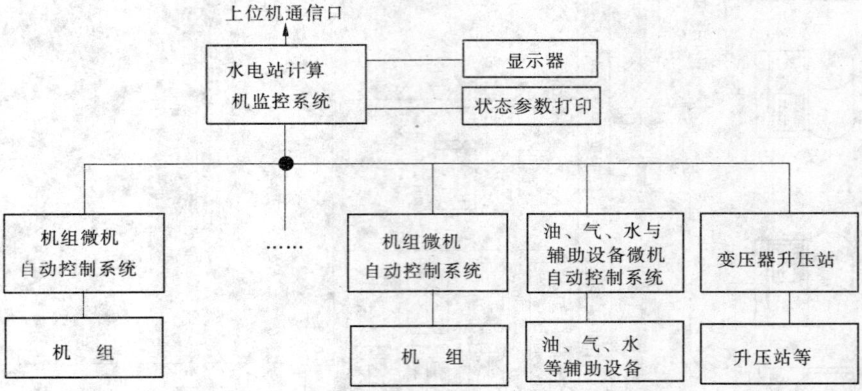

图 1-21　各设备计算机自控系统示意图

利用计算机监控系统构成原理,各功能控制单元之间及各功能单元与电站层面计算机控制系统之间采用数据通信,集成度高。上位机与当地单元 LCU 之间联系的通信一般采用标准的 RS－232C 点对点的通信接口方式。而常规的继电器有触点的监控方式中,中央控制室与当地控制单元之间是通过大量的控制电缆来完成联系的。各控制单元控制都集中到电站级的中心计算机工控机控制单元中,它们之间的数据通信都通过串行通信总线完成。水电站中心计算机监控单元还接收电网调度中心的遥控指令,完成遥控、遥调、遥测、遥信四种功能。如图 1-21 各设备计算机自控系统示意图所示。

随着以太网技术的迅速发展,一种全开放、全分布式的水电站计算机监控系统正在发展,它反映了新技术发展的潮流,可以有效地解决传统的分层布置系统的局限性。

在水电站实现的计算机监控系统中,上位机是核心部分,上位机包括工控机、显示器、键盘和打印机等。如图 1-19 水电站计算机控制系统实例所示,上位机布置在水电站的中央控制室的专用值班运行桌上。上位机虽然没有直接对当地机组、变压器等控制对象进行控制，但是值班运行人员利用上位机对整个水电站所有的当地控制单元进行控制、管理、监测；利用它可以实现对设备运行状态、运行参数的显示、数据管理、实时控制调节、参数设置、优化运行、事故记录、报警、事件顺序记录、计算统计、数据通信等，并可打印出来。运行值班人员要按制造厂的产品说明书，根据现场水电站实际应用情况，熟悉这部分内容，并掌握桌面上显示器上菜单的操作和画面的切换操作等，把这部分内容运行于生产管理中，让上位机在水电站安全连续发（供）电过程中发挥应有作用，实现对全水电站集中控制和监测。

第六节　值班运行简述

值班运行的根本任务是维持一个水电站或一个变电站的全部机电设备的正常连续运转，保证安全发（供）电，值班人员承担着全部运转设备的守护神的角色。值班运行工作是一项全面的综合性、系统性的技术工作，必须对整个水电站或变电所有整体的了解和认识，对机组本体及油、气、水系统形成整体认识，对电气一次部分和二次部分形成整体认识，要担负起运行值班工作必须有这个系统工程概念。对一个新建的水电站来说，要求搞好值班运行工作，首先要做好下述技术工作：

（1）详细阅读设计院的全部设计技术说明书，特别是水力机械部分和电气部分说明书，了解原设计意图。

（2）掌握水力机械的图纸内容，特别是熟悉各系统图。

（3）掌握电气部分的图纸内容，特别是电气主接线图和二次部分展开图。对励磁系统要熟悉调压动作过程和运行人员手动操作部分。

（4）熟悉全部机电设备的场地布置和设备编号。

（5）认真阅读水轮发电机组调速器、主阀、油泵、水泵和变压器及电气开关设备制造厂的产品说明书，掌握产品性能和运行操作具体要求。

（6）认真阅读计算机监控系统制造厂的相关图纸和说明书，掌握放在中控室值班桌上的上位机的操作方法、人机对话。熟悉显示屏上主菜单和子菜单显示内容及其操作，如断路器遥控跳闸合闸操作程序步骤、继电保护定值改变的操作步骤等。

（7）熟悉设备投入和退出的操作步骤，进行预想操作票填写训练。

（8）做好事故预想及事故处理预案的准备。

（9）掌握《电业安全工作规程》。

（10）学习发电机组等的现场运行规程。

熟悉全部机电各系统及设备的作用、现场位置、操作要求等，要求背记电气主接线图和油、气、水系统图，把机电各个系统及系统间的联系记熟记牢，保证连续安全发（供）电生产正常进行。运行值班日常工作简述如下：

（1）监盘：专人专门注视控制盘上的仪表、信号，抄表，调整等。一般由值班长安排，轮流进行，2h 轮换一次。

（2）调整：及时将偏移的参数，如电压、电流、功率等调整到额定范围内。

（3）抄表：每小时按专用运行值班日志抄表一次，有计算机监控系统的可以按要求适时打印，并检查有无异常。

(4)记录：按时间顺序及时记录各种异常及缺陷情况及中心调度和上级生产主管的生产指令，并记录处理结果。

(5)巡视：按机电各系统及已编制的现场巡视线路图，由二人对现场设备进行巡视，做到耳朵听、眼睛看、鼻子闻，注意“禁止手动现场设备”。

(6)检测：有计算机监控系统的应定时对全部运行设备或选定的设备的采样参数进行检测，并监视运行参数情况，及时处理异常状况。

(7)故障处理：当出现故障讯号、光字牌亮、预告讯号电铃报警或语音报警时及时记录报告并分析处理，如某机组轴承油位过低发预告讯号。

(8)事故处理：当出现事故讯号喇叭报警或语音报警时，及时记录并报告主管，由当班班长全权组织事故处理，如线路开关事故跳闸。

(9)操作：根据电网有关调度命令或上级主管指令，先写好操作票，由二人进行操作。在事故操作时，则可不用操作票。

(10)检修开工：某设备要检修时，根据有关生产主管签发的工作票内容，写好操作票，按规定进行操作和做好安全措施，办理开工许可手续。

(11)竣工验收及试运：当某设备检修完毕，值班人员组织对检修设备的验收工作，撤除安全措施，并查看检修后的试验记录，在值长主持下，组织试运。

(12)设备及场地的清洁卫生工作。交接班时先清扫场地再交接班。

(13)更换一次和二次熔断器及照明灯泡。

(14)管理值班运行的专用绝缘工器具及运行技术图纸规程等资料。

复习思考题

1-1 简述水电站类型及地面式厂房特点，主厂房内布置有哪些主要设备？

1-2 水电站水力机械部分有哪些系统及其作用是什么？

1-3 水电站电气部分有哪几个系统？每个系统的作用及各个系统之间的联系是什么？

1-4 简述值班运行一般工作内容及值班运行人员当班的任务。

1-5 一个水电站水力机械部分和电气部分是怎样一个系统工程？

1-6 根据附图主接线系统图，说明 35kV 供电回路 404 断路器这个一次设置与继电保护二次系统有哪些联系？

1-7 计算机监控系统主要硬件设备及层次有哪些？它与常规的继电器组成监控系统有何异同？

1-8 微机继电保护与常规继电保护有何异同？

1-9 微机继电保护组成方框图如何？

1-10 水电站的立式水轮发电机组一般由哪四个机组成？各有何作用？它们之间的联系怎样？

1-11 计算机监控系统在水电站运行值班工作中有何作用？

1-12 如何安排水电站主接线的运行方式?

1-13 计算机监控系统中的上位机在值班运行管理中有何作用?简述其操作要求。

1-14 简述水电站的电气主接线图在电站运行值班生产中的重大指导意义。

1-15 由图 1-18 及附图说出电气部分几大系统是如何联成一个整体的?

第二章　电站运行值班工作

第一节　水电站的生产组织

水电站建好交付业主单位后，必须建立健全管理机构，按现代企业制度进行运作，高度集中，指挥灵活，责任到岗到人。在水电站一般实行三级管理，即站部为一级、车间为二级、班组为三级。站部是电站最高一级管理机构，全站主要决策权力集中于站部。站部设立站长、副站长和总工程师，并设安全部、生产技术部、财务部、物资部等若干数量的办事机构。站部下面一般设立运行车间、检修车间、水工车间 3 个二级机构。车间下面按专业岗位设立若干班组。生产车间属第二级生产行政管理单位，站部下达的各种生产计划、考核指标、指示、命令都要通过车间来执行。各车间根据站部总计划、总要求，要制订落实站部总计划、总要求的各种具体计划、措施和办法，包括全年发电量、控制事故率、提高设备完好率、全年安全日指标、检修计划、水库调度计划等。

水工车间的主要职责是负责水库管理调度，电站水工建筑物的管理、维护等。

检修车间的主要职责是负责电站机电设备的检修维护和更新改造任务，提高设备完好率。

运行车间是负责电站的机电设备正常、连续、稳定运转，安全发（供）电，完成站部下达的发电量计划和安全运行日等要求。运行车间是电站生产第一线的生产岗位，必须 24h 不间断地维持设备正常运转，是完成全年发电量任务、全年安全日目标的主要生产工作部门，承担着电站机电设备连续稳定、安全正常运转的保护神的角色。它对上要接受站部的直接指令，同时又要执行电网调度中心的调度指令和操作命令；对下它又直接对运转设备负责，因此必须有严格的运行管理制度。

运行车间按 24h 连续工作制，一般设立 4 个值，每个值里，在大中型电站还可分设运行电气班和运行机械班。当班值长是生产现场运行管理的最高负责人和指挥者。值长为了完成站部和车间下达的任务和安全日目标等，应组织落实实现各项任务的具体措施，督促组织本值人员严格执行各项规章制度，遵守劳动纪律，做好各种具体工作，认真执行电业工作安全制度、工作票和操作票制度，遵守运行当班的各项制度规定、运行规程，真正把站部、车间的各项决策落实到实处。奖惩分明，激励当值人员安全发（供）电的积极性。

第二节　运行值班工作制度

一、值班岗位责任制度

值班岗位设有值长，班长，正、副值班员等岗位，各岗位的职责如下所述。

(一)值长

值长全权负责电站设备的正常连续安全运转,是现场运行当班的最高责任人,一般不离开中央控制室。事故时是事故处理的指挥者、操作票审定签发者、检修工作票许可手续的管理者;领导全值人员遵守劳动纪律,严格执行规章制度等,加强对现场运行设备的巡视维护检查和管理;并选择时间组织反事故演习,组织事故预想测验,对已出现的事故,按"三不放过"的原则,查清原因,分清责任,落实防范措施;对本值人员进行技术培训,以提高运行水平;对值班记录负责;对班长发出指令。

(二)班长

班长是当班所辖运行设备的负责人,直接接受值长指令,维持所辖运行设备正常运转,并对正、副值班员发出指令,负责操作票的审查和重要操作票的填写,并负责对值班员的操作进行监护。采用计算机监控系统的电站,则负责上位机的管理。此外,班长还担任检修工作票的许可人。

(三)正、副值班员

正值班员负责监盘、抄表、记录、巡视和班长安排的操作票填写以及进行直接操作并对副值班员操作工作进行监护等;副值班员协助正值班员工作,并接受班长安排的其他工作,负责场地清洁卫生、工具资料管理等。

正、副值班员事故时直接接受班长指令。

值班岗位责任制度还规定了运行人员的职业道德行为规范,如不酗酒上班、不打瞌睡、不弄虚作假等。

二、安全工作制度

(一)安全组织措施

保证安全的组织措施包括检修工作的工作票制度,工作许可制度,工作监护制度,工作间断、转移和终结制度等四种制度,还有运行值班工作的操作票制度。

1.工作票制度

所谓工作票制度,是指在电气设备上进行检修工作,应填用工作票或按命令执行,其方式有下列三种。

1)填用第一种工作票

填用第一种工作票的工作是指在高压设备上工作需要全部停电或部分停电,或在高压室内的二次接线和照明等回路上工作,需将高压设备停电或做安全措施。

第一种工作票格式

发电厂(变电所)第一种工作票　　　　第　　号

1.工作负责人(监护人):　　　　　　　　　　班组:

2.工作班成员:　　　　　　　　　　共　　　　人

3.工作内容和工作地点:

4.计划工作时间:自　　年　　月　　日　　时　　分

至　　年　　月　　日　　时　　分

5.安全措施:

下列由各工作票签发人填写	下列由工作许可人(值班员)填写
应拉断路器(开关)和隔离开关(刀闸),包括填写前已拉断路器(开关)和隔离开关(刀闸)(注明编号)	已拉断路器(开关)和隔离开关(刀闸)(注明编号)
应装接地线(注明确实地点)	已装接地线(注明编号和装设地点)
应设遮栏、应挂标示牌	已设遮栏、已挂标示牌(注明地点)
	工作地点保留带电部分和补充安全措施
工作票签发人签名: 收到工作票时间: 年　月　日　时　分 值班负责人签名:	工作许可人签名: 值班负责人签名:

发电厂值长签名:

6. 许可开始工作时间:　　年　　月　　日　　时　　分

工作许可人签名:　　工作负责人签名:

7. 工作负责人变动:

原负责人　　离去,变更　　为工作负责人。

变动时间:　　年　　月　　日　　时　　分

工作票签发人签名:

8. 工作票延期,有效期延长到:　　年　　月　　日　　时　　分

工作负责人签名:　　值长或值班负责人签名:

9. 工作终结:

工作班人员已全部撤离,现场已清理完毕。

全部工作于　　年　　月　　日　　时　　分结束。

工作负责人签名:　　工作许可人签名:

接地线共　　组已拆除。

值班负责人签名:

10. 备注:

2)填用第二种工作票

填用第二种工作票的工作是指工作人员远离带电部分或在人体与带电部分间有合格的、可靠的遮栏距离时,保证人身确无触及带电部分的危险或带电作业或在带电设备外壳上工作,或在二次回路上工作不需要将高压设备停电的工作。

第二种工作票格式

发电厂(变电所)第二种工作票　　　第　　号

1. 工作负责人(监护人):　　　　　　　　　　　　　班组:

　工作班成员:

2. 工作任务:

3. 计划工作时间:自　　年　　月　　日　　时　　分

　至　　年　　月　　日　　时　　分

4. 工作条件(停电或不停电):

5. 注意事项(安全措施):

　　　　　　　　　　　　　　　　　　　　工作票签发人签名:

6. 许可开始工作时间:　　年　　月　　日　　时　　分

　工作许可人(值班员)签名:　　　　　工作负责人签名:

7. 工作结束时间:　　年　　月　　日　　时　　分

　工作负责人签名:　　　　　工作许可人(值班员)签名:

8. 备注:

3)口头或电话命令

其他工作可用口头或电话命令,但是应作记录。

工作票应一式两份。两份工作票中的一份必须经常保存在工作地点,由检修工作负责人收执,另一份由运行值班员收执,按值移交。值班员应将工作票号码、工作任务、许可工作时间及完工时间记入操作记录簿中。

一个工作负责人只能发给一张工作票,工作票上所列写的工作地点,以一个电气连接部分(即指一个电气单元或电气间隔)为限。若连接部分全部停电,则所有不同地点的工作可发给一张工作票,但要详细写明主要工作内容,几个工作班同时进行工作,工作票可发给一个总的负责人。

若设备在运行中突然发生损坏、异常,被迫紧急停下,为了及时恢复送电,必须立即组织力量,争分夺秒,迅速抢修,在这种情况下,往往没有足够的时间事先填写工作票,为了不影响事故抢修进度,可以不开工作票,但一切安全技术措施和许可、监护、间断、转移、终结等制度仍应坚持执行。待抢修工作进入正常秩序后,立即补填工作票,并把抢修情况记入记录簿内,绝不允许将经调度同意的临时检修也说成事故抢修而不开工作票。

第一种工作票应在工作前一天交给当班值长。第二种工作票应在进行工作的当天预先交给当班值长。

工作票应由检修工作负责人填写，由电站内熟悉本站人员技术水平的、熟悉设备情况和熟悉电业安全工作规程的生产领导人、专责技术人员签发。工作票签发人名单由站部每年公示。但工作票签发人不能兼任工作负责人，工作负责人和工作许可人不能签发工作票。

2. 工作许可制度

工作许可人在完成施工现场的验电等安全措施后，还应会同检修工作负责人到现场检查安全措施，并以手背验电，证明设备确无电压，并向工作负责人指明带电设备的位置和注意事项，然后双方在工作票上分别签名，工作票各执一份。

完成上述许可手续后，工作班方可开始工作。

工作负责人、工作许可人任何一方不得擅自变更安全措施，值班人员不得变更有关检修设备的运行接线方式。这是因为工作班擅自变更安全措施，可能造成运行班人员的误操作事故。而运行人员擅自变更安全措施或运行接线方式，可能给工作班人员的人身安全带来危险，所以两者都应严格禁止。工作中如有特殊情况需要变更时，应事先取得对方的同意，更改相应的工作票，并重新做好安全措施。

3. 工作监护制度

完成工作许可手续后，工作负责人(监护人)应向工作班人员交待现场安全措施、带电部位和其他注意事项。工作负责人(监护人)必须始终在工作现场，不参加具体工作，对工作班人员的安全认真监护，及时纠正违反安全的动作。特别当工作班人员工作中的人体某部位移近带电部分或工作人员转移工作地点、部位、姿势、角度时，更应重点加强监护工作，以免发生危险。

工作负责人在工作期间若因故离开工作地点时，应指定能胜任的人员临时代替，离开前应将工作现场交代清楚，并告知工作班人员；若一时无可胜任人员代替，则应把工作班人员全部撤出工作现场。

4. 工作间断、转移和终结制度

工作间断时，工作班人员应从工作现场撤离，所有安全措施保持不动，工作票仍由工作负责人执存。间断后继续工作，无需通过工作许可人，每日收工时，应清扫工作地点，开放已封闭的通道，并将工作票交回值长。次日复工时，应得值长许可，取回工作票，工作负责人必须事前认真检查安全措施是否符合工作票的要求后，方可工作，若无工作负责人或监护人带领，工作班人员不得进入工作地点。对于夜间需要送电的工作，应每天办理新的工作票和每天履行工作许可和工作终结手续。

在同一电气连接部分用同一工作票依次在几个工作地点转移工作时，全部安全措施由值班人员在开工前一次做完，不需再办理转移手续。但工作负责人在转移工作地点时，应向工作班人员交代带电范围、安全措施和注意事项。

全部工作完毕后，工作班应清扫整理现场，工作负责人应先周密地检查，待全体工作人员撤离工作地点后，再向值班人员讲清所检修的项目、发现的问题、试验结果和存在问题等，并与值班人员共同检查设备状况、现场有无遗留物件、是否清洁等，然后在工作票上填明工作终结时间，工作负责人和值班人员在两份工作票上共同签名后，工作即告终结。

工作负责人将所执一份工作票交回工作签发人存查，值班人员保存的另一份工作票在所有安全措施和地线都拆除后方告终结。

5. 操作票制度

电站的运行值班人员在进行操作时必须严格遵守规定的程序步骤，不能任意操作，以确保操作的安全，这就是操作票制度。

操作票是值班人员进行操作的书面命令，是防止误操作的安全组织措施。1 000V 以上的电气设备在正常运行情况下进行任何操作时，均应填写操作票，每张操作票只能填写一个任务。操作票应根据上级值班调度员或值班长的命令，由操作人填写，监护人检查无误，值班长签字后方能执行。填写操作票时应核对命令，核对模拟图，核对设备名称，核对设备编号。

停电拉闸操作，必须按照先拉断路器开关、负荷侧刀闸(隔离开关)、母线(电源)侧刀闸顺序依次操作。送电合闸操作顺序则与停电操作顺序相反，即先合母线(电源)侧刀闸、负荷侧刀闸(隔离开关)，最后合断路器开关，严禁带负荷拉开或合上刀间(隔离开关)。以附图电气主接线图为例，10kV 供电线路的 306 断路器送电回路。我们就知道，停电时，操作顺序是先拉开 306→3063→3061；恢复送电时，操作顺序是先合 3061→3063→306。为防止带负荷拉刀闸，操作时必须严格执行操作制度，严格认真核对，即核对断路器开关编号的实际位置，不跑错间隔；核对断路器开关本体的分合的指示正确；核该回路负荷电流指示在零位。任一状态不符应查明原因。

操作票中应填写下列项目：应拉、合的开关和刀闸，检查开关和刀闸的位置，检查负荷分配，装、拆接地线，安装或拆除控制回路或电压互感器的熔断器，切换保护回路和检验是否确无电压等。操作票应用专业术语填写，格式见表 2-1。以附图电气主接线中 35kV404 号断路器停电检修为例。

操作必须由两人进行(单人值班的变电所可由一人执行，但不能登杆操作及进行重要和特别复杂的操作)，其中一人唱票、监护，一人复诵命令、操作。监护人的安全等级(或对设备的熟悉程度)要高于操作者。特别重要和复杂的操作，由熟练的值班员操作，值班负责人或值班长监护。

操作前应核对设备名称、编号和位置，操作中应认真执行监护复诵制，必须按操作顺序操作，每操作完一项，做一个“√”的记号，全部操作完毕后进行复查。每一步操作均应按下列步骤进行：

(1)监护人、操作人都了解本步骤操作的目的。

(2)共同检查间隔名称、设备编号。

(3)检查操作前设备的实际分合位置。

(4)监护人高声唱票、字字清晰。

(5)操作人高声复诵，做到正确无误。

(6)操作人按操作票假操作一次，监护人认真监护。

(7)如假操作无误，监护人发出“执行”操作的命令。

(8)操作人实际操作。

(9)监护人在操作票的该项目下打钩记号，需要时记录时间。

(10)检查设备的实际位置，开关和刀闸把手上挂警示牌。

表 2-1　操作票

××水电站　　　　倒闸操作票

No.0005629

操作开始时间 2005 年 12 月 30 日 8 时 30 分，终了时间 30 日 20 时		
操作任务：35kV××线路断路器 404 停电检修		
顺序		操作项目
√	(1)	拉开 404 断路器
√	(2)	检查 404 断路器确在开位
√	(3)	检查线路表计指示零位
√	(4)	取下 404 断路器合闸保险
√	(5)	取下 404 断路器二次保险
√	(6)	拉开 4043 刀闸
√	(7)	检查 4043 刀闸确在开位
√	(8)	拉开 4041 刀闸
√	(9)	检查 4041 刀闸确在开位
√	(10)	拉开 404 断路器保护压板
√	(11)	在 404 断路器至 4043 刀闸间三相验电确无电压
√	(12)	在 404 断路器至 4043 刀闸间装设 1 号接地线一组
√	(13)	在 404 断路器至 4041 刀闸间三相验电确无电压
√	(14)	在 404 断路器至 4041 刀闸间装设 2 号接地线一组
√	(15)	在 4043 刀闸操作把手上挂“有人工作，禁止合闸”警告牌
√	(16)	在 4041 刀闸操作把手上挂“有人工作，禁止合闸”警告牌
√	(17)	在 404 二次控制开关 SA 把手上挂“有人工作，禁止合闸”警告牌
	(18)	在检修工作负责人陪同下当场用手触试 404 断路器，证明无电，办理工作票许可开工手续，并双方签字
		以下空白
备注：		已执行章

操作人(签名)　　　　监护人　　　　值班负责人

发令人

操作中发生疑问时，不准擅自更改操作票，必须向上级值班调度员或值班长报告，弄清楚后再进行操作。

操作者必须使用必要的、合格的绝缘安全用具和防护安全用具。用绝缘棒拉、合刀闸或经操作机构拉、合刀闸或开关时，应戴绝缘手套。雷电时，禁止进行倒闸操作。

下列各项工作可以不用操作票:

(1)事故处理。

(2)拉合开关的单一操作(指仅拉合一台开关、刀闸等操作)。

(3)拉合接地闸刀或拆除全厂仅有的一组接地线。

上述操作应记入记录簿内。在发生人身触电事故时,为了解救触电的人,应不必请示,立即断开有关设备的电源,事后再上报。在值班人员按操作的内容断开设备的电源后,在未拉开刀闸和做好安全措施前,任何人不得触及该设备或进入到隔离范围内,即使是事故停电也一样,以防止突然来电,造成人身事故。

(二)安全技术措施

在全部或部分停电的电气设备上工作,必须完成下列措施。

1.停电

将检修设备停电,必须把各方面的电源完全断开,即既断开断路器,又要把两侧的隔离开关打开,并锁住操作把手,使得各方面都至少有一个明显的断开点,与停电设备有关的变压器、电压互感器,必须从高低压两侧断开,以防向停电检修设备反送电。

2.验电

停电后,还应该检验已停电线路、设备有无电压。这样可以验证停电设备是否确无电压,以防出现带电装设接地线或带电合接地刀闸等恶性事故发生。

验电的工具是电压等级相应而且合格的验电器,验电前先把验电器在有电设备上试验,以确证验电器良好,然后再在检修设备进出线两侧各相分别验电。

3.装设接地线

当验明设备确实已无电压后,应立即将检修设备接地并三相短路。这样可以释放掉具有大电容的检修设备的残余电荷,消除残压;消除因线路平行、交叉等引起的感应电压或大气过电压造成的危害;且当设备突然误来电时,能使开关的保护装置迅速跳闸,切除电源,消除危害。

对于可能送电至停电设备的各方面或可能产生感应电压的停电设备都要装接地线,即做到对来电侧而言,始终保证工作人员在接地线的后侧。所装接地线与带电部分距离应符合有关规定。装有接地刀闸的停电设备停电检修时应合上接地刀闸代替接地线,当接地刀闸有缺陷需检修时,应另装接地线代替接地刀闸,接地刀闸才可拉开检修。

在规定的地点拆、装接地线装设接地线,必须由两人进行。装设接地线时必须先接接地端,后接导线端,这样做的目的是停电设备的剩余电或感应电存在时,因接地而放电完,不会危及人身安全;万一因疏忽跑错设备或出现意外突然来电时,因有预先接地措施使用使保护装置动作,使开关自动跳闸而切除电源,并有效地限制接地线上的电位而保护人身安全。拆接地线与装接地线顺序正好相反。先拆导线端,后拆接地端,操作时均应使用绝缘棒或戴绝缘手套。

拆、装的接地线均应做好记录,交接班时应交代清楚。

接地线在装设以前应经过仔细检查,禁止使用不符合规定的导线做接地和短路之用。

接地线必须用专用的线夹固定在导体上,严禁用缠绕的方法进行接地和短路。

4. 悬挂标示牌和装设遮栏

工作人员在验电和装设接地线后,应在一经合闸即可送电至工作地点的开关和刀闸的操作把手上悬挂"禁止合闸,有人工作!"的标示牌,或应在线路开关和刀闸的操作把手上悬挂"禁止合闸,线路有人工作!"的标示牌,标示牌的悬挂和拆除,应按操作票或调度员的命令执行。

部分停电的工作,应装设临时遮栏,用以隔离带电设备,并限制工作人员的活动范围,防止在工作中对高压带电部分的危险接近。临时遮栏可用干燥的木材、橡胶或其他坚韧绝缘材料制成,装设应牢固,并悬挂"止步,高压危险!"的标示牌。因工作特殊需要,35kV及以下电压等级设备的临时遮栏,可用绝缘挡板与带电部分直接隔离。挡板的绝缘性能应经耐压试验检验合格,符合规定要求。

在工作地点悬挂"在此工作!"的标示牌,防止检修工作人员走错间隔。在室内高压设备上工作,应在工作地点两旁间隔和对面间隔的遮栏上和禁止通行的过道上悬挂"止步,高压危险!"的标示牌,可以更准确地警戒工作人员不要误入有电设备的高压导电部分或附近,从而保证安全。

室外设备,部分设备有固定的围栏,并且也不像室内那么集中,为了更好地警戒检修工作地点,限制检修工作人员活动范围,应在工作地点四周用绳子做好围栏,将检修设备围起来。指定检修人员在围栏内进行检修工作,围栏上应在几处地方悬挂"止步,高压危险!"的标示牌。在工作人员上下用铁架或梯子上,应悬挂"从此上下!"的标示牌,在邻近可能误登的架构上应悬挂"禁止攀登,高压危险!"的标示牌。

在工作人员上下用的铁架或梯子上,悬挂"从此上下!"的标示牌,在邻近的其他可能误登的构架上悬挂"禁止攀登,高压危险!"的标示牌。

各种安全遮栏、标示牌和接地线等都是为保证检修工作人员的人身安全和设备安全运行而做的安全措施,任何工作人员在工作中不能随意移动和拆除。如确因工作需要,须变动上述安全措施的内容或做法时,必须征得工作许可人的同意,工作完成后,应立即恢复原来状态并报告工作许可人。

三、交接班制度

电力生产的特点是连续24h不间断运转,生产设备不能停止工作,而值班人员必须休息,因此电站值班应轮班轮值。交接班制度主要规定运行值班人员在交接班时职责和职权、交接班的内容、交接班的方式和程序。

各个运行岗位应进行对口交接。为了明确交班和接班双方在运行上的职责,双方应履行交接班手续,按规定内容交接清楚后,双方签字。自接班人员在交接班记录簿上签字完起,运行工作的全部责任由接班人员负责。在未办完交接班手续前,交班人员不得离开值班岗位。

交接班的内容应包括现场设备检查、值班记录和运行日志查阅,把现场正在运行的设备、备用设备、检修设备、故障设备、运行方式变动情况、工器具、资料等和上一个班的其他情况交接清楚。

交班人员在交班前应做好准备工作,检查本班各项记录等是否齐备。接班人员提前到班做好接班前的检查准备工作，共同做好各项交接班检查。在专用值班记录簿上，双方值长签字后，各岗位同时统一完成交接班的工作，下班的人员方可统一离开现场岗位。如果在交接班时发生事故或正在进行操作，应由当值班组完成事故处理和操作后，再进行交接班工作。

四、巡视检查制度

根据电气主接线图和水力机械系统图，按图上设备在厂房内外的布置位置，编制固定的巡视检查路线图，例如：主机部分→发电机母线开关室→主变压器→升压站→厂用变压器→厂用配电室等。每个班一般每隔 2h 巡视检查一次。巡视中必须两人进行，并严格遵守不准手动现场任何设备的原则。巡视的方法是眼睛看、耳朵听、鼻子闻，及时发现设备缺陷和隐患，并及时上报值长做好记录，及时处理。

巡视检查还能及时发现保护装置不能及时反映的或不便于装设保护的故障，如电气触头过热、机械设备内部不正常撞击、瞬间放电等。

巡视检查制度是值班运行的一项重要工作内容，是减少事故和实现安全连续运转的重要措施，必须认真履行这项制度。

五、设备的定期切换和定期试验制度

水电站内有不少设备要定期切换，如空压机、油泵、水泵的主用和备用轮流切换运行，储气罐的定期排污，水过滤器的定期切换冲洗等；发电机、电动机要定期摇测其绝缘电阻值，特别是冷备用的设备；蓄电池的定期充放电工作也要在相关人员的主持下配合进行；主用和备用厂用变压器的定期切换；避雷器等电气设备在专责电气人员的主持下定期做有关试验；还有透平油、绝缘油的定期取油样化验，运行人员应配合专责试验人员进行，所有这些都应按有关制度规定认真执行。

六、设备缺陷管理制度

为了安全发（供）电，运行中发现设备缺陷，由当班的专责值班员进行登记，并将处理结果记录在案，对重大缺陷，值长认为必须立即处理的，值长应立即通知有关检修人员来现场处理，再上报车间及站部。

设备缺陷管理是运行值班的一项重要内容，是每一个设备的重要技术档案，相当于人的病历档案一样，对于及时处理消缺、提高设备完好率和设备健康水平有重大意义。

七、值班日志制度

运行值班日志是电站运行发电的原始的、极其重要的记录依据，由值长专责负责记录。交接班时相互签字，按交接班后的时间顺序进行记录，记录本班内运行设备发生的全部情况，包括开机、停机、上级命令、运行方式变更、机组运行、备用、停机、故障和事故，设备缺陷、检修工作及其安全措施，定期切换工作等运行值班的原始记录。除值班日志记录外，还有运行日志，也是重要的现场原始技术资料。有计算机监控系统的电站，可由上位机自动打印运行日志，并作为重要原始资料存入站部档案室保存。

一个电站应根据本站的电气主接线的实际情况，列出“运行日志”表格的主要内容，一般包括各台发电机电流、电压、功率、励磁电流、励磁电压，主变压器及出线各回路的电流、电压、功率，发电机和主变压器的温度，每一个当班的厂用电量和总发电量等原始记录等。水力机械部分应包括机组开度、瓦温、油温、定子转子温度、油压、水压、气压等。

八、运行分析制度

为了搞好运行管理和安全发(供)电工作，必须定期对运行工作进行分析，包括安全生产和运行的重要环节，设备运行、操作、异常和执行运行各项制度规程的情况，特别是对出现的事故和故障，更要有针对性地进行专题的认真分析总结，对事故分析要做到“三不放过”(事故原因不明不放过，事故责任不明不放过，事故防范措施未制定不放过)，吸取教训、明确责任、赏罚分明，总结经验是防范事故的有力措施。对重大事故，还要有车间领导、站部领导参加进行事故分析。运行分析制度是发(供)电生产的一项极其重要的制度，能够达到提高运行管理水平的目的。

九、设备验收制度

电站任何设备经更新改造或经检修人员检修后，都必须由运行人员进行现场验收，重大设备还要由站部或车间组织进行验收，先进行模拟操作。验收工作还包括检查各项设备试验记录和设备缺陷处理结果。

验收制度一般实行分级验收和分批分阶段验收。有的设备可以有当班值长组织验收，由专责工程师参加；重大设备由站部组织验收；对一个系统来说，可以分项逐项验收再组织总体验收。

认真执行验收制度是保证安装检修质量的重要一环，也是提高设备健康水平、提高设备完好率的重要手段之一。

十、机房场地清洁卫生制度

现代企业生产，必须窗明、机净，场地清洁、文明、卫生。场地清洁卫生一般由专责副值班员负责统一管理，除每班交接班必须清理好，还要定期在非当班日对设备场地进行专门清扫。场地清洁卫生，使值班人员 24h 在一个文明的清洁环境里工作，精力集中，消除心理疲劳，有利于提高生产的安全水平，提高运行人员的工作效率。

第三节　值班运行规程

运行规程是电站运行人员对机电设备进行运行管理的依据。一个电站建成后，电站要按照国家的通用运行规程和电力生产技术法规，并根据本站实际的设备情况，参照设备制造厂的产品说明书，编写本站自己的现场运行规程，作为本电站的运行技术法规。主要内容有本电站设备技术参数、技术规范、正常和极限运行参数、操作程序步骤和方法、设备事故的判断和事故处理的程序和方法等。凡违反运行规程的事，运行人员绝对不能做，如有异议可以报告有关主管处理，要形成人人熟悉、人人遵守运行规程的风尚，确保安全发

(供)电运行的正常进行,不按规程办,大则造成设备事故或人身事故,小则造成不必要的损失,如"运行规程"规定不准用发电机全压向主变压器进行充电试验,只能由电网向主变压器全压进行充电合闸试验,就必须照办,不能由运行人员个人自己想当然。否则,就是违反规程,危害设备健康,要严格处理。所以,运行值班人员要提高对执行运行规程的严肃性的认识,做到人人学习、人人熟悉、人人遵守,以保安全运行,保设备健康,养成一种以遵守规程为荣、违反规程为耻的风尚。

电站一般主要有下列运行规程:

(1)水轮机运行规程。

(2)调速器运行规程。

(3)主阀运行规程。

(4)油泵运行规程。

(5)水泵运行规程。

(6)空压机运行规程。

(7)继电保护和监控系统运行规程。

(8)直流系统运行规程。

(9)发电机运行规程。

(10)主变压器运行规程。

(11)配电装置运行规程。

(12)厂用电系统运行规程。

(13)电动机运行规程。

(14)大坝闸门运行规程。

第四节　运行值班的日常工作

值班运行岗位是发(供)电生产部门的一个重要岗位,属第一线工作,电站每一个设备、每一个系统,包括水力机械系统和电气的一次系统和二次系统,都要由电站运行人员看护,来维持这些设备和系统的连续不间断运转。为了连续安全运转,运行值班人员在现场的工作,虽然不是体力劳动,但是思想全在设备上,有大量有形和无形的工作要运行人员一丝不苟地去完成。为了保证发电厂或变电站能安全高效地进行生产,运行值班人员必须及时调整设备偏移了的运行参数,及时对设备巡视检查、正确地进行操作,及时准确处理出现的事故等。只有通过运行值班人员昼夜坚守工作岗位,一丝不苟地勤奋工作,认真仔细监视检查,才能保障电站发(供)电生产正常进行,连续不间断地安全发(供)电。运行值班的日常工作概括起来一般分 14 类,具体如下所述。

一、监盘

运行人员在值班过程中应集中精力,不准在监盘时与人交谈,不准干与监盘无关的事情;监视控制室内的控制屏上的各种仪表指示、灯光指示、讯号指示等。首先应注意仪表的读数变化,明确其值是否在正常范围内,尤其是表盘上画有红线标记的仪表指针有没有超越红线;其次要注意光字牌的变化情况,特别是在警铃、警笛响时,应密切注意光字牌的指示,并即时做好记录。监盘要全神贯注,监盘一般2h轮换一次。有计算机监控系统的水电站,还应按规定定时对上位机显示器上的运行监视画面切换检查。

二、抄表

运行人员每小时应按规定的运行日志表格抄表一次,主要有电流、电压、励磁电流、励磁电压、功率、频率等。抄表时,人的眼睛所处位置要与表的位置在同一水平线上,对于表面有弧度的表,人的眼睛所处位置要与表面的位置相垂直;此外,还要记录发电机、主变压器的温度等。抄表要真实,遵守职业道德,不准弄虚作假。它是现场发电生产最原始、最基本的记录,也是最重要的历史资料。有计算机监控系统的电站,也可设置好由上位机打印出来。

三、调整

在监盘和抄表过程中,如果发现仪表读数变化超出允许范围,或根据上级调度部门调度命令,需要调整设备的运行参数,如发电机出口电压、发电机的频率、发电机输出的有功功率和无功功率等,以及直流系统电压和电流等,调整要心中有数,及时细心,准确无误。

四、巡视检查

运行人员的定期巡视检查可以及时发现缺陷和隐患,是运行值班工作的一项重要内容。值班人员当值期间,巡视应由两人进行。按预先制定的巡视线路由两人同时进行,注意巡视过程中禁止手动设备,只能眼睛看、耳朵听、鼻子闻,做好记录。若发现异常,即时上报并及时处理。对于导线接头、设备接头、穿墙套管接头等处检查时,更要多留意细看,有无发热、发黑、变色。

在巡视检查时,应遵循以下原则:

(1)遵守《电业安全工作规程》中高压设备巡视的有关规定。在巡视中,特别注意遵守不同电压等级下有不同的安全距离的规定。如110kV电压级安全距离为3m,人不拿金属棍棒,巡视中不举手指指点点。

(2)为了防止巡视设备时漏巡设备、重复巡视设备,每个发电厂或变电所应绘制出设备巡视检查路线图,并报上级主管部门批准。运行人员应按规定的巡查路线进行巡查。巡视后,要报告并记录。

(3)巡视时要集中精神,发现缺陷应记录好,即时上报,遇有严重威胁人身和设备安全的情况时,即时报告值长,由值长统一组织指挥处理。

(4)对备用设备的巡视要求同运行中的设备一样对待。

(5)有下列情况时,必须增加检查次数:①雷雨、暴风、大风、浓雾、冰雪、高温等天气时,雷雨时不要进入升压站内;②出线和设备在高峰负荷或过负荷时;③设备产生一般缺陷又不能立即消除,需要不断监视时;④新投入或修试后的设备。

进行室内配电装置的巡视,除按照上述规定外,还应满足下列要求:

(1)高压设备发生接地时,不得靠近故障点4m以内。进入上述范围必须穿绝缘靴;

接触设备外壳时，应戴绝缘手套。

(2)进出高压室，必须随手将门关上。

(3)高压室钥匙至少应有3把，其中1把按值移交。

五、记录

值班记录由值长负责，按时间顺序记录运行值班中的操作、上级命令、调度命令、故障、事故和检修等情况，并记录有关缺陷处理结果等。要求真实可靠，不准弄虚作假，是电站运行的最原始记录资料。除值班记录外，其他有关记录表格形式见表2-2～表2-8。

表2-2　交接班记录簿

安全无事故　　天　无责任事故　　天　　　　　　　　年　　月　　日

星期　　天气　　　班次

1. 运行记事(操作、异常、运行)：	4. 设备修试情况： 5. 巡视及设备缺陷情况：
2. 工作票记录(种类、编号)	6. 操作情况： 已执行　　张，未执行　　张， 结束　　张，作废　　张 7. 工作票情况： 已执行　　张，未执行　　张， 结束　　张，间断　　张 8. 装设接地线情况： 9. 工具情况：
3. 定期更换：	10. 上级通知及下一班应注意事项： 11. 运行方式： 班者　　正值　　　副值 交班者　　正值　　　副值

表2-3　断路器跳闸记录簿

跳闸时间				跳闸原因	保护动作情况	动作次数	累计次数	值班员	断路器跳闸后抢修日期及工作负责人
月	日	时	分						

表 2-4　设备缺陷记录簿

年　　　　　　　　　　　　　　　　　　　　　　　　　　　　　　页

发现日期		设备名称和缺陷内容	缺陷性质	缺陷发现人	缺陷汇报人	缺陷消除日期	消除人
月	日						

表 2-5　反事故演习记录簿

水电站(变电所)

日期：　　　　年　　　　月　　　　日

演习开始时间：

演习终了时间：

演习地点：

参加演习人员和职称：

领导人：

监护人：

演习项目：

结论和对每一参加人员的单独评价(指出演习人员有哪些错误)：

其他意见：

根据演习的结果而拟定的措施：

编号	简要内容	执行人	期限	备注

表 2-6　运行分析记录簿

年　　　月　　　日　　　星期

参加人员：

分析内容：

分析意见：

表 2-7　安全活动记录簿

年　　月　　日　　星期

参加人员：

内容：

意见：

表 2-8　培训记录簿

编号	培训内容	参加对象	人数	起止日期	主办单位	备注

六、检测

有计算机监控系统的电站，上位机由班长负责管理，定期对全站运行状态和采样参数进行检测，或者按设定显示菜单进行运行画面的切换监视检查。

七、故障处理

电气设备和水机设备故障是事故的前兆，预告故障光字牌亮、预告电铃响或语音报警，值班人员就知道出现了何种故障，如某机组油位低发预告讯号，经现场检查证实后，应通知检修专责人员立即来加油。但也有的故障不发讯号，如接头发热、发黑、发红，运行人员应及时记录、报告并通知有关专责人员处理。

八、事故处理

水电站在运行中，运行人员努力保持运行无事故最高安全日，这是重要的奋斗目标，也是考核运行工作优良的重要标志之一，如安全无事故运行 1 000 天奋斗目标的要求。但是，由于各种原因，有的是设备本身缺陷，有的是人员误操作，有的是运行人员失责，有的是保护误动，有的是小障碍处理不及时或处理不当扩大了事故，也有的是雷雨等自然灾害造成了电力事故等，电力生产事故造成设备损坏或减少发电量，或大面积用户停电后果。

运行值班人员在事故出现后，对事故的处理要遵守事故处理的一般规定和程序：

(1)事故出现时，电网调度员是系统事故处理的组织者和指挥者；电站(变电站)值长是电站(变电站)事故处理的组织者和指挥者，班长和值班员都要服从值长的统一指挥，绝不可以各自盲目行动。

(2)事故发生时，值长不应离开电站的中央控制室，要坚守工作岗位，担负指挥的重任。

(3)发生事故时，要沉着冷静，在值长的统一指挥下进行处理，值班人员要坚守自己的值班岗位，不得擅自离开。当正在交接班而未办完交接班手续，发生事故时，仍应由当班的值长负责统一指挥处理，接班人员可以协助。事故处理完并恢复正常运行后，才进行正常交接班，同时一起判断事故的范围和事故性质。

(4)电站(变电所)发生事故时不必慌乱。首先，电器设备或水力机械发生事故时，喇叭叫、光字牌亮、信号继电器掉牌，有关开关位置事故绿灯亮红灯灭。有计算机监控系统的电站，还有语音提示信号，值班人员从光字牌显示和喇叭叫及语音提示就知道出了何种事故，并可以判断事故范围和事故性质。

(5)处理事故时，各级值班人员必须严格执行发令、复诵、汇报、录音和记录制度。

(6)发生事故时，各种装置的动作信号和光字牌不准马上复归，以便检查核对分析，必须经值长同意后，由两人在场才可以复归。

(7)处理事故的一般程序步骤如下：①根据光字牌和语音告警提示，正确分析判断事故的性质和事故范围，并即时做出记录。掉牌信号继电器不准即时复归，要等待事故记录好并处理好后再经值长命令复归。②迅速限制事故的发展，解除对人身和设备安全的威胁；准确判断，防止扩大事故；并考虑该事故后果对整个电站及有关系统运行方式改变的影响。③保证和恢复厂用电正常运转。④保证非事故系统或设备的继续正常运转，使之与事故设备迅速可靠隔离。⑤尽早恢复对停电用户的正常供电。⑥及时准确地向调度部门和上级主管汇报并听取指示。⑦根据光字牌信号或语音提示或计算机屏幕显示，判定事故范围,值班人员到现场,遵守安全规程,对事故设备进行全面检查。⑧如果需要检修专责人员即时来现场处理,值长应先通知有关检修专责人员来现场,并同时向生产主管汇报。⑨事故现场检修处理时,及时做好安全措施。⑩查明事故原因会同有关专责人员做出正确判断。在没有正确判断之前,值长不能随意做出误动的结论而轻率恢复运行。事故原因的结论,对重大事故要总工程师批准。具体设备事故处理办法详见其他相关章节。

九、操作

电气设备的操作是一项十分严谨的工作,它不但涉及到电站一次设备的运行方式改变,同时也影响到二次部分。能否正确地进行操作将直接影响着电站的安全(每一步操作都关系到电站设备和人身的安全)。因此,要求运行值班人员必须以高度负责的精神、严谨的工作态度,严格执行操作票制度,以严肃认真的态度对待每一步操作,做到万无一失,确保安全。

操作应根据调度或上级命令,先填写好操作票,经值长审定签字后,由二人进行操作,事故时可以不填写操作票。操作时要现场对设备名称、编号、实际位置、拉合方向"四核对",绝对防止走错间隔。

十、检修开工

发电厂电气设备和机组设备应根据有关规定定期进行大修、小修,检修设备应执行工作票制度,工作许可制度,工作监护制度,工作中断、转移和终结制度。在全部停电或部分停电的电气设备上工作时,应做好停电、验电、装设接地线、挂标志牌和装设遮栏等安全技术措施。运行人员在现场办理好许可手续后,运行和检修负责人双方签字即可开工。运行人员允许检修开工,应特别注意运转设备与检修设备的隔离。

十一、竣工验收

为了保证发电厂电气设备和机械设备安装工程的施工质量,确保发电厂机电设备的安全运行,必须按照《电气装置安装工程施工及验收规范》的要求进行验收。验收分为新安装工程验收和检修后验收,这里讲述的是设备检修后的运行验收的一般方法。验收总的原则是:检修完后,试验合格并查看试验记录(试验项目详见附录),撤除安全措施,不带电条件下的模拟操作。在值长主持下组织验收试运。大的检修项目由生产技术主管组织验收工作。对于检修的设备,先由检修主管和生产技术部门自己进行内部分段验收,检修人员按检修工艺规程把好质量关。运行人员验收主要是检查性的验收,即从运行角度出发,最终做投运前的运行验收检查工作,包括撤出安全措施、场地清扫等。

(一)变压器检修后的验收项目

(1)各侧套管引线接头螺栓应紧固,接触良好,软导线无断股、松股的现象。

(2)套管表面应清洁,无裂纹的痕迹,且套管相色标志清晰。

(3)防爆管玻璃完好。

(4)气体继电器内无气体,两侧阀门应打开,信号试验和跳闸试验应正常。

(5)各散热器、热虹吸器阀门开启,呼吸器应畅通、油封完好、吸湿硅胶颜色正常。

(6)冷却风扇完好,运转正常。

(7)变压器顶部无遗留物件,变压器外壳接地应可靠,防护无遗漏。

(8)油温指示应正常,油位正常,信号动作试验正确。

(9)瓦斯接线箱、端子箱内编号清晰,无积尘,端子箱密封良好。同时,变压器周围场地应清洁,应做到:①变压器检修时各项试验数据合格,记录齐全,有可投运结论。②变压器的调电压的分接开关挡位应有明确的记录数据,并与模拟图相符。③ 变压器冷却系统正常。对强迫油循环系统要特别加强检查工作。应无漏水、漏油。④变压器保护成组模拟试验合格。⑤变压器油试验合格。⑥带负荷调压的变压器操作机构应转动自如。⑦变压器全部电气试验合格等。

(二)互感器检修后的验收项目

(1)互感器一次引线螺栓紧固,接触良好,导线无松股现象。

(2)瓷套管表面清洁、无裂纹,无渗漏油。

(3)三相油位表油位指示正确,无裂纹,无渗漏油。

(4)二次小套管无裂纹,无渗漏油,二次接地良好。

(5)防潮用的硅胶颜色正常,阀门开启。

(6)互感器外壳接地良好。

(7)高低压熔断器接触良好。

(8)端子箱中编号清晰,接线正确,门密封良好,无渗漏水现象。

(9)互感器外部无遗留物,周围场地应清洁。

(10)各项检修、试验数据合格,试验项目、周期、标准记录齐全,有可投运的结论。

(三)高压断路器检修后的验收项目

(1)断路器各侧引线无松股、断股现象,接线柱头接触良好,螺丝应紧固。

(2)防雨罩完好,相色标志清晰。

(3)断路器法兰、底架等金属部分油漆良好,无严重锈蚀。

(4)断路器及液压传动机构应无渗漏油现象,油位应正常;六氟化硫断路器压力正常,无泄漏。真空断路器真空度合格。

(5)断路器及操动机构的联动应正常,无卡阻现象,分合闸指示正确,远方操作及现场手动分、合闸应正常。

(6)辅助接点动作可靠,铁芯接触良好。

(7)合闸电磁铁动作可靠,铁芯在任意转动位置下应灵活无卡阻,铁芯上不沾油渍;电动机转向正确,传动部分固定螺栓紧固,开口销齐全。

(8)分、合闸电压满足规程要求。

(9)断路器及其机构无异物,机构箱、端子箱密封良好,现场清洁无杂物。

(10)接地部分接地良好,防误装置应完好。

(11)各项检修试验数据全部合格,试验项目、周期、标准记录齐全,有可投运的结论。

(四)隔离开关、负荷开关检修后的验收检查项目

(1)一次引线接线相位正确,导线无松股、断股现象,相间和对地距离应符合要求,连接柱头接触良好,螺栓紧固,转动部分灵活,无卡阻现象。

(2)绝缘子清洁,无裂纹,接地部分接地良好。

(3)机械闭锁和电气闭锁试验正常,防误闭锁完好。

(4)辅助触点接触良好,接线正确,密封良好。

(5)合闸时三相同步,分闸时触头打开角度或距离应符合要求。

(6)操动机构、传动机构开口销应完好,螺丝紧固,油漆完好,相色标志清晰正确。

(7)设备上无遗留物,场地清洁。

(8)各项检修试验数据合格,试验项目、周期、标准记录齐全,有可投运的结论。

(五)避雷器检修或试验工作后的验收项目

(1)一次引线无松股、断股现象,恢复接线正确,柱头螺栓应紧固。

(2)避雷器表面清洁,无裂纹、无放电痕迹。

(3)法兰间连接紧固、密封、不锈蚀,油漆完好,相色标志清晰正确。

(4)放电记录器密封良好,引线不碰地。

(5)试验引线拆除,无遗留物;常规遮栏恢复。

(6)各项检修试验数据合格,试验项目、周期、标准记录齐全,有可投运的结论。

(六)母线

(1)软母线无松股、断股现象,母线相间及对地电气距离符合要求,硬母线接头接触良好,螺栓紧固,相色明显。

(2)母线绝缘子、球头、金具不锈蚀,开口销等零部件齐全可靠,油漆完好。

(3)母线绝缘子和支持瓷板表面清洁、无裂纹、无放电痕迹。

(4)瓷瓶地脚接地应可靠。

(5)母线上无遗留物,现场清洁。

(6)各项检修试验数据合格,试验项目、周期、标准记录齐全,有可投运的结论。

(七)配电盘及二次回路接线的验收

1.二次回路及有关设备的检查

(1)检查外观应完好无损。

(2)检查铭牌、规格、型号、级别等应正确无误。

(3)设备、元件的安装位置应核对无差错。

(4)仪表、继电器等已校验。

(5)检查设备、元件等是否安装牢固(尤其是可动部件),在震动场所应检查有无防震措施,设备间相互连接时应检查有无外应力。

(6)检查控制按钮、控制开关等接点及其连接应与设计要求一致;检查辅助开关接点的转换应与一次设备或机械部件的动作相对应。

(7)检查信号灯、光字牌的灯具与灯泡是否齐全,灯罩颜色是否合适,光字牌的字是否正确清晰。

(8)检查熔断器的熔丝的选用是否适当。

(9)检查端子排上的各种标号是否齐全、正确。

(10)检查盘前标签、盘后标号和设备代号等是否标志齐全、正确。

(11)检查盒内配线是否已绑扎、固定好,不用的线头是否已包扎起来,以防发生意外。

(12)检查控制电缆编号正确，固定牢靠，备用线芯应整齐地排放在线束内。

(13)在室外、潮湿、污秽场所，还应检查其防雨、防污、防尘、防腐蚀等措施是否符合要求。

(14)在可能受到滴油的场所，应检查有无防油措施。

(15)当设备有通风降温要求时，应检查其所需辅助设备及条件是否已具备。

2.二次回路的绝缘检查

在二次专责人员参与下，进行二次回路的绝缘检查或查看试验记录确认，或经有关技术主管确认合格。

(1)外观检查所有绝缘部件，控制电缆芯套管，继电器接线螺杆、导线和控制电缆的绑线绝缘状况。

(2)为确保二次回路正常工作，必须由专责试验人员用500V或1 000V的兆欧表进行检查(48V及以下回路应使用不超过500V的兆欧表)。按一次设备分单元，对二次回路的绝缘进行测试，绝缘电阻应符合如下要求：①直流小母线绝缘电阻在断开其他所有并联支路时应不小于10MΩ；②二次回路的每一支路和断路器、隔离开关操动机构电源回路的绝缘电阻，均应不小于1MΩ；在比较潮湿的地方，允许降低至不小于0.5MΩ。

(3)测量绝缘电阻符合上述标准后，则用1 000V的交流电压(可用1 000V兆欧表)对上述回路进行交流耐压试验，时间为1min。

3.二次回路通电试验检查

在前面各项检查确认合格后，在检修专责人员的陪同认可下，按发电机、变压器、水轮机、出线回路等各个一次设备保护控制单元逐一分别投入直流电源熔断器，对二次回路通电检查。

1)闪光装置的检查

闪光装置本体经查线确认无误，绝缘试验合格后，即可送上直流电源，进行检查。按下试验按钮时闪光继电器应有节奏地动作，试验信号灯影闪光。当动作正常后，即可投入。

2)中央音响信号装置检查

(1)检查预告信号装置。按下预告信号按钮，此时应立即发出音响信号，并自保持；按下预告信号解除按钮，音响应立即消失。当有自动复归装置时，在不解除按钮的情况下应能定时停止音响。

(2)光字牌检查。光字牌试验操作开关转至试验位置，光字牌应全部点亮，仔细检查有无不亮的光字牌。如有不亮，应找寻原因，并予以处理。操作开关复归后，光字牌的灯应全灭。

(3)事故信号装置检查。按下事故信号试验按钮，蜂鸣器应发出音响，按下解除按钮后，音响应立即停止。断开事故信号回路熔断器(模拟熔断器熔断)，预告信号应发出音响，同时“事故信号回路熔断器熔断”光字牌应点亮，送上熔断器，光字牌应自动复归；按下解除按钮，音响消失。

上述试验时如发现问题，应由有关专责人员及时寻找原因并予以处理好。

3)保护回路的模拟动作检查试验

全电站的设备，包括发电机、主变压器和出线回路等的全套继电保护新安装后或局部检修后，都必须由运行值班人员进行成组保护的模拟动作试验，这是十分重要的，也是大量的验收工作。先检查保护整定值核对正确，一般是由专责人员按二次展开图在屏的端子排上用短接保护的交流继电器触点的办法，启动整个保护装置。例如，过流保护模拟动作检查试验，就是在屏上短接交流过流继电器的动作触点，使整个保护启动，信号继电器掉牌、开关跳闸、开关位置绿灯亮、红灯灭、过流光字牌亮、事故喇叭叫这一系列动作过程全部显示模拟出来。

4)水力机械部分的开机和停机等回路成组模拟检查试验

水力机械部分的开机和停机等回路成组模拟检查试验，根据设计图纸，在机组本体及调速器主阀等附属设备及系统全部确认检修合格的条件下，在主阀关闭机组无水的条件下，在有关专业人员参与下，在中央控制室扭动机组启动控制开关41KK，检查全部动作是否正常。全部正式开机及正式停机启动，参见本教材第一章机组部分。

5)断路器开关跳合检查试验

经现场检查后，在中央控制室用手扭动具体的一台断路器开关的控制操作开关，如附图电站电气主接线图上的316断路器等。作跳、合检查时，如有异常，则由有关专责人员及时处理好。

6)有计算机监控系统的水电站检查试验

如果是有计算机监控系统的水电站，则要按照设计图纸要求，对主菜单、子菜单等一一进行切换检查试验。

发电机组本体部分验收检查，油、气、水系统验收检查，参见本教材第四章发电机组有关部分和第五章油、气、水部分。

十二、场地清洁卫生工作

由专责副值班员负责管理，保持场地环境清洁、卫生、文明，并必须清扫场地后才能交接班。

十三、更换低压一次和二次损坏的熔断器及照明灯泡

更换时要穿绝缘鞋、戴绝缘手套，并且由一人监护，一人操作。更换时注意对本回路及系统的影响。

十四、管理好工具和技术资料

为满足生产需要，在运行生产现场必须配备必要的工器具、材料和技术资料，主要有以下几方面：

(1)发电运行生产现场必须配置有绝缘手套、绝缘棒、绝缘鞋和临时接地线等。

(2)还配置有必要的仪器仪表，如绝缘摇表、万用表、绝缘钳、起子等用具。

(3)还应有熔断器、灯泡、熔丝等易损件的备品备件。

(4)运行现场必备电站的水力机械部分和电气部分的一次系统图册和二次系统图册等。

(5)备用的操作票、值班日志、运行日志及各种记录簿等。

以上这些工器具、备品、技术资料是运行值班工作中不可少的，必须常年备好，由值长安排副值班员专责保管和领用，以满足现场运行发电生产之需。

另外，运行各个值长还应在技术主管的指导下，按照编好的经审定批准的事故预演习方案，适时组织反事故演习，以提高运行技术和处理事故的能力。还必须经常组织反事故技术知识问答和讲课，以提高运行技术水平和运行管理水平。

复习思考题

2-1 电站生产如何组织？

2-2 运行车间的组织和职能是怎样的？

2-3 保证电站生产安全的组织措施有哪些？

2-4 保证电站生产安全的技术措施有哪些？

2-5 哪些检修工作要填写第一种工作票？哪些检修工作要填写第二种工作票？

2-6 如何办理检修工作的许可手续？

2-7 运行当班值长的岗位职责是什么？

2-8 按附图电站电气主接线图，写出 1 号主变压器停电检修的操作票？

2-9 运行值班应进行哪些日常工作？它对完成发(供)电生产任务有何意义？

2-10 值班中如何监盘？

2-11 值班中如何进行巡视检查？

2-12 值班中如何利用上位机进行运行管理？

2-13 如何进行交接班？

2-14 如何写值班记录？

2-15 如何抄表或在上位机上打印每日的运行日志？

2-16 有计算机监控系统的水电站的主菜单和子菜单如何显示？主菜单或子菜单有哪些内容？

2-17 事故分析的“三不放过”是指什么？

2-18 运行值班制度有哪些？

第三章 电力系统的生产调度

第一节 电力系统的调度组织

电力生产的特点是发电、输电、配电、用电同时发生同时完成，发电、供电、用电处于动态平衡状态。电力生产方式的这个特点决定了电能的发、供、用必须具有高度的可靠性和连续性。随着电网规模不断扩大和电网中大机组的不断增多，发电、供电、用电的可靠性就更加重要了。以华中地区某省为例，省电网 2006 年装机容量 14 580 万 kW，高峰负荷达 10 600 万 kW，年电量 551 亿 kWh，这样一个规模的省网相当于 8 个世界最大的水电站长江三峡水电站的规模，其中火电占 61%、水电占 39%，而且这个省网内单个电厂(站)有数十个，单机台数有数百台，还有变电所数百个。这样一个规模的电网用有形的电线联成省电网，其安全生产、可靠运行就必须按一定的规则统一组织、统一指挥、统一调度。在省网之间联成大地区网后，网内结构就更复杂了、技术也更复杂了，如华中电网与华东电网联成一个网。在一个省网内也有地(市)网和县网及专门并入大电网的小水电地区网等。这样大规模的分级网按技术设计联成一个统一的发电、供电和用电网络，也就必须统一调度；否则如各自为政，电网生产将无法进行，电网电压和周波两个质量指标将无法保证。如某一个电站(电厂)、一个枢纽变电所或系统之间某一联络线路发生事故，就可能引起大面积停电事故，甚至造成电网的瓦解，后果是十分严重的，损失是巨大的。为此，一个电网必须有高度统一的分级管理的调度组织机构，才能保证电网的安全、连续、正常运行，也才能最大限度地提高整个电网的经济效益，搞好计划用电、节约用电和安全用电，加强电网管理，降低网损，降低燃料消耗，降低厂用电率，节约用水，及时调整高峰和低谷负荷，做好削峰和填谷的用电安排，使经济效益最大化。在电力系统中，按地域实行分级管理原则，电网调度机构对电网实行高度集中统一管理、统一调度、统一指挥，协调电网内的电力生产，每一级机构有明确的职责分工和权限，一般分为国调、网调、省调、地调、县调 5 级。

(1)国调：是国家电力调度指挥中心，它直接调度管理国家级的跨省跨大区域的电力网，并对跨大区域的联络线及相应枢纽变电所和国家级特大发电厂(站)进行生产调度，如三峡水电站的调度。

(2)网调：是跨省的电力公司设立的调度机构，对上服从国调指挥调度，对下则对各省的电力网生产进行调度，特别对跨省的联络线及相应枢纽变电所和区域性的大型电厂(站)进行调度。

(3)省调：是省、自治区电力公司专设的省电网电力生产调度机构，在调度指挥关系上，省调应归网调指挥，并对本省 220kV 电网及并入本省的电网和大、中型水、火电厂的运行调度管理。

(4)地调：是省辖地(市)级电力公司专设的调度机构，它归省调指挥，负责该供电公司所辖范围内的网络和所辖区域的供电调度管理，并兼管地方电站(厂)及各用电单位自备电厂的调度管理。

(5)县调:业务上接受地调的指挥,是县电力供电公司专设的调度机构,负责本县城乡供配电网络及负荷管理。

以上各级电网运行调度机构,还按分工设有系统运行方式、继电保护、自动装置、通信管理和负荷管理等岗位。电力系统是一种有形的有机整体,在网内各发电厂(站)在升压后通过高压电力线联成一个网络,有 500kV 网、220kV 网、110kV 网、35kV 网、10kV 网、6kV 网,用户单位自已有 380V~220V 用电网。在这样一个复杂的网络里,发电、供电及用电同时发生、同时进行,系统中任何一个主要设备(发电机、变压器、高压线等)运行工况的改变都会影响整个电力系统的运行。所以,电力系统必须由上至下建立绝对统一的、不容质疑的运行调度指挥系统,包括开机、停机、设备检修、继电保护装置及其整定值管理和用电负荷管理及电网事故处理等,由各级电网调度机构、变电站运行专值、发电厂运行专值,由上至下统一指挥调度,从当班的上一级电网正调度员到下一级当班的正调度员再到所辖电厂(站)和变电所的当班值长,建立当班的严格的调度指挥系统,遵守电网调度管理条例,进行调度指挥和运行协调工作,共同确保电网安全连续稳定地正常运行。

第二节 调度管理

一、调度管理的任务

调度管理根据《电网调度管理条例》执行,它的任务是组织、指挥、指导、协调电网内各电厂(站)、变电所的运行;按资源优化配置原则,实现优化调度;充分发挥电厂、变电所的发(供)电设备能力,最大限度地满足社会和人民生产生活用电需要,确保电网的电压和周波在质量允许的范围内,使电网连续、稳定、安全运行。调度对所辖网区运行操作、事故处理、维持正常运行等方面进行全面的管理。

二、调度管理工作

值班调度员在当班时间内受权对电网运行进行全面管理,整个调度管理工作一般包括下述 10 个方面。

(一)电网运行方式管理

各级调度机构在自己所辖电网范围内按预先分工的责任区网进行管理,在值班室里绘制有责任区网模拟图,值班调度是根据模拟区网图进行调度管理,以地(市)调度为例:该地调管理的 110kV 区网及并网电站(厂)和 110kV 枢纽变电所,整个管辖网在模拟图上清晰可见,各电站(厂)、变电所及联络线和开关设备按电网规划统一进行编号和署名,该地网电站(厂)的开机、停机、运行方式的变更都按预先规定的方式进行,只有在事故情况下,调度员才下令开机或停机,改变正常运行方式,以维持电网的电压和频率稳定,或者请示上级调度部门在地网联络线之间进行调度,以满足本地管辖网对电能质量的要求。在本地网内有设备或线路计划检修工作,要改变运行方式或影响用户用电时,调度值班员当立即通知下属有关方面,包括压缩用户用电负荷等。电网运行方式的管理还涉及电网宏观经济效益和各个独立核算的发电厂(站)微观经济效益的问题,且涉及各个火电厂和水电站内部各自经济效益问题,在洪水期为充分利用天然水能资源,让水电站尽量多发电不弃水为原则,这样无疑又影响到火电厂的经济效益,但为了整个社会效益,作为值班调度员应站在国民经济整体高度,对网内运行方式作出科学的合理的安排。

1. 编制运行方式的原则(以地调为例)

(1)保证电网安全稳定运行。

(2)当电网发生事故时,能迅速有效地限制事故扩大和消除事故。

(3)使地区电网电能质量符合规定。

(4)经科学计算核定,做到各处短路电流不超过设备的允许值。

(5)力求做到经济性和灵活性。

(6)充分考虑特殊重要用户供电可靠。

2. 地(市)电网运行方式

地(市)电网运行方式分为年、日运行方式两种。

1)年运行方式

年运行方式应于年初编制好,包括下列内容:

(1)上年度电网运行分析。

(2)本年度电网运行方式:①地区月最大负荷预计;②主设备大修进度计划;③水、火、电综合出力计划;④新、扩、改建设备投运计划;⑤地区系统潮流计算及经济运行方式的确定(包括丰水期、供水期及重大系统事故下的潮流分布情况,监视点电压水平,专用调相机及电容器投退和变压器分接头的调整);⑥根据上级调度要求,编制本地区低频(低压)减载方案;⑦系统运行接线;⑧地区系统运行中存在的主要问题的改进意见;⑨主母线最大短路容量。

2)日运行方式

日运行方式应在前一天17时前编制好,并下达现场,其内容包括:

(1)各发电厂24h出力要求。

(2)计划检修的安排。

(3)接线方式变更和继电保护及安全自动装置定值的要求。

(4)电压调整和负荷预计要求。

(5)特殊运行方式安排和相应的事故处理原则。

年运行方式由所属电力公司总工程师批准,日运行方式由地调所的领导或方式负责人批准。

发电厂必须认真执行日运行方式规定的出力要求(含值班调度员根据系统情况修改的出力要求),不得擅自改变,经努力但仍达不到出力要求时,应立即报告值班调度员。

3. 制定和实施保持电网稳定运行方式的措施

制定和实施保持电网稳定运行方式的措施,防止稳定破坏、电网瓦解和大面积停电事故的发生。

(1)对各种运行方式的稳定情况进行计算分析,提出合理的运行方式。

(2)提出地区主干联络线的动态和静态稳定控制功率和最大可能负荷电流。

(3)提出稳定措施方案,经地区电力公司总工程师批准后督促实施。

(4)对地区电网重大事故进行稳定性校核计算分析,并提出对策。

(5)对稳定装置的动作情况进行统计分析和评价。

(二)负荷的管理

在本级调度部门所辖区内的用电负荷的管理涉及千家万户,除预先有文字调查外对重要的工矿单位或一级负荷大的单位,调度机构还应下到负荷现场掌握这类负荷的第一手资料。对白班、夜班负荷变化大的用电单位,除收取下属用电单位的文字报告外,也必须去现场掌握第一手资料,根据掌握的负荷资料逐步绘制出日负荷曲线,再与实际调度的数据进行核对,这个工作对于电力调度工作意义重大。

对于第一类、第二类、第三类负荷,值班调度员应有缜密的考虑,掌握它们之间所占实际比重,这样在掌握用电负荷情况及它们在网内的分布,在正常安排运行方式时或在事故处理时就能做到心中有数,尽力减少事故发生时对第一类负荷的冲击,减少国家财产和人民生命的损失。

(1)负荷管理的任务(以地调为例):①收集和统计本地区(市)电网负荷资料。②进行用电情况分析。③进行负荷需求预测。④编制、下达供电调度计划。⑤编制、下达事故压电方案。⑥向有关部门报送日、月地区(市)发电和用电情况报表等。

(2)负荷管理人员应按时收集和报送下列负荷资料(以地调为例):①地区及大用户日用电量、最大负荷、最小负荷、平均负荷及负荷率。②每月 5 日、15 日、25 日各节点的有功、无功负荷曲线。③地区电网日、月负荷的同时率及平均最大负荷利用小时。④地区(市)电网照明及生活用电负荷。⑤装机容量大于 1MW 的并网地方厂(站)年、月有功、无功发电量。⑥用户无功补偿容量。⑦用户负荷性质和用电特殊要求。⑧地区(市)保安负荷。⑨其他资料。

(3)负荷预测(以地调为例):①负荷预测分为年度电力电量预测、月度电力电量预测、日负荷预测、保安负荷预测和节日负荷预测。②地区年度电力电量预测包括每月最高、最低负荷及电量,于年前 60 天报省调;月度电力电量预测包括下月最高、最低负荷及电量,于月末前 10 天报省调;日负荷预测包括次日最高、最低负荷及电量、负荷曲线(每 15min 一个点),于当日 11 时前报省调,如因特殊情况需要修改时,应在当日 12 时前提出,并说明原因;地区节日负荷预测包括每日最高、最低负荷及日电量,应在节日前 7 天报省调;地区下年度保安负荷预测应在本年末 60 天前报省调,重要用户的保安负荷应单列。③负荷预测曲线合格率(每 15min 一个点)月累计应不小于 80%(以未修改的曲线为准)。

(4)负荷管理人员应进行以下分析(以地调为例):①地区电网和大用户实际用电曲线的偏差及其原因。②各行业的用电比例、生产特性、用电规律以及用电量与国民经济的关系。③气象和季节变化、原材料供应和负荷的自然增长率对地区电网负荷的影响。④异常运行及事故情况对用户生产的影响。⑤小水、火电对电网发(供)电的影响。

(5)各级调度应会同有关部门于每年 1 月底前编制好超计划用电限电序位表和事故限电序位表,并报地方电力管理部门批准,于 2 月上旬报省调。

(6)各级调度应根据本地区电网实际情况,编制好电网事故时保障重要用户保安负荷的措施。

(7)需要临时保电的线路,申请部门应将保电线路名称、保电负荷和时间报地调认可,地调应将保电情况报告有关单位,需要省调保电时由地调向省调申请。

(8)各级调度应执行供电调度计划,因气候、事故等原因需要调整计划时,应逐级向上级值班调度员提出申请,经同意后按修改的计划执行。

(三)电能质量管理

(1)电网标准频率是50Hz,偏差不得超过规定值,禁止升高或降低频率运行。

(2)电站值班调度员接受上级值班调度员的统一指挥,协助参与电网的调频工作。

(3)电站独立运行时,只涉及一个县调管辖范围,由县调负责该电网的频率调整。县区电网应装有准确度符合要求的频率自动记录装置。该装置应具有频率合格率统计和事故情况下的动态频率过程记录等功能。

(4)电网电压的极限允许波动幅度不得超过额定电压的10%。当各监测、考核点电压波动范围超过额定电压的5%时,应采取措施使电压在60min内恢复到电压曲线规定的范围内运行。

(5)保持运行电压在电压曲线规定的范围内可采取的措施:①调整发电机的无功出力。②投退补偿电容、补偿电抗及动用其他无功储备。③调整潮流,转移负荷。④调整变压器分头。⑤断开空载线路或投入备用线路。⑥电压严重超下限运行时,切除部分负荷。

(6)调整电压时,应尽可能使无功功率在同一电压等级内平衡或就地平衡。如采取措施后仍不能达到规定电压时,应立即报告地调进行调整。

(7)用户新、扩、改建的用电设备接入电网前,用户必须采取措施限制其谐波对电网的影响程度在允许范围内,才能准予接入电网运行。

(8)谐波源设备接入电网,用户须向调度部门提供下列技术资料:①设备型式、参数、电气接线和运行方式。②谐波源设备的接线方式、控制方式和脉冲数。③设备出厂的谐波指标。④用户改善功率因数和限制谐波电流而安装的电容器组(含谐波器)的参数和接线。⑤谐波分析计算或实测报告。

(9)在电网谐波量较高的地点,以及主要谐波源用户与电网的公共连接点,应配备谐波监测装置,并按要求进行监视和测量。

(10)在运行中发现某处谐波超过规定值时,应该做到:①改变谐波源用户与电网的连接方式。②退出有谐波放大作用的电容器组。③调整谐波源用电设备的用电时间。④停止谐波源设备用电,直至采取限制措施后再允许用电。

(四)电能损耗管理

(1)电能损耗实行分级管理。

(2)电能损耗按调度管辖范围分电压等级、分线路、分台区统计分析。

(3)厂、站电能损耗管理的主要工作:①各发电厂负责设置在本厂关口表计的安装(校验工作由电力局进行)。②发电厂、变电站值班人员(维操队员)应抄录每月最后1日24时关口电度表码,并于下月1日报县调。③发电厂、变电站值班人员(维操队员)应记录电压互感器退、投时间及当时负荷,抄录断路器互代时间的电量。④计量表计发生异常情况,应及时报告有关部门处理。⑤各厂、站应将生产和生活用电分开计量。

(五)新设备投运管理

(1)新设备投运,系指新建、扩建、改建的发、输、变、配电(含用户)设备(以下简称新设备)竣工后接入电网运行。

(2)新建的电厂(站)、变电站、开关站、线路的命名和设备编号,按调度管辖范围,由调度部门和有关单位,根据有关规定确定和审批。

(3)设备投产有关图纸和资料应按下述要求向调度部门报送:①设计部门在设计审查前1个月向有关调度部门提供全套图纸和资料。②建设单位应在预计投产前3个月向有关调度部门报送输电线路、电气主接线、继电保护、通信、调度自动化、短路计算、设备选型依据等图纸和资料(含技术参数)。③运行单位(用户设备为用电管理部门)应在预计投产前20天向有关调度部门提供与实际相符的图纸和资料:a.一次接线图(详细注明设备型号、铭牌规格和技术参数);b.三相相位接线图;c.继电保护和安全自动装置配置图、原理图及展开图;d.线路、变压器、电容器、电抗器、消弧线圈、电压互感器、电流互感器等设备技术规范、参数及运行定额;e.电负荷(有、无功)及性质;f.运行单位在新设备投产前向有关调度部门提供线路实测参数。

(4)新设备运行单位在新设备投产前应做好下述准备工作:①提前30天将投产时间报有关调度部门。②提前10天将运行值班人员名单报有关调度部门。③编制现场运行规程,并报有关调度部门。④做好现场设备名称、编号标志。⑤熟悉有关调度规程。⑥准备好各种运行台账。⑦配备好各种运行日志、记录簿、统计报表等。

(5)投产运行方案包括如下内容:①试运行时间、范围及应具备的条件。②新投运设备调度管辖范围划分。③试运行程序和操作步骤(包含冲击、核相、合环、带负荷检查等)。④试运行的一、二次设备运行方式和注意事项。⑤与新投运设备相关的网络一次接线图。

(6)新设备竣工后的工作:①按规定组织交接验收。②验收合格,具备运行条件,运行单位检修管理人员在预定投产日前4天12:00前(晚于12时,视为第2天提出的申请),向有关调度机构的检修管理人员提出试运行申请,申请内容包括投产设备名称、投运时间、试验项目、试运行要求、接带负荷情况等;检修管理人员于投产前2天答复。

(7)有下列情况之一者,新设备不应接入电网运行:①调度部门未收到设计、建设和运行单位提供符合要求的图纸、资料。②一、二次设备图与实物不符。③继电保护和安全自动装置未执行反措要求。④调度通信、自动化设备不能投运或方式不符合规定。⑤无计量装置或计量装置不完善。⑥一、二次设备不能同步投运。⑦注入电网谐波、负序量超标。⑧未按规定办理新设备投产试运行申请手续。⑨新用户变电站和设备投运前未按要求签订调度协议的。

因特殊原因,新设备投产虽达不到以上要求,但不影响电网安全运行的,经本单位主管生产的领导批准后可安排投运送电。

(8)新设备投产试运行期间的调度对象由运行单位的运行人员担任,操作和事故处理由施工单位的值班人员担任,操作的监护及调度联系等由运行单位的运行人员负责。

(9)新设备在施工或试运行中需运行设备停运,施工单位应按规定通过运行单位向有关调度机构申请,并按调度指令执行。

(10)新设备投产运行方案不得作为操作票使用,具体操作以调度指令为准。

(11)对新设备试运行时间的规定:①35kV 及以上变压器、110kV 及以上线路(包括电缆)等除有特殊规定外,一般进行连续 24h 试运行;发电机按有关规定试运行;断路器和隔离开关、母线、电容器、电抗器、电流互感器、电压互感器、避雷器、消弧线圈、消谐器及二次系统等可不进行试运行。②试运行起始时间系指调度操作指令票最后一项执行完毕(对线路),带上预定的负荷(对发电机、变压器等)的时间。③如果试运行设备因故中途停止运行,重新启动则应重新计算起始时间。

(12)在新设备投产试运行时(含进行操作时或试运行过程中),如发生电网事故、紧急融冰或其他特殊情况,值班调度员视情况暂停投产试运行工作,必要时可恢复投产试运行前运行方式。

(六)并网管理

(1)凡要求并入电网运行的发电厂、小电网必须向相应电网管理部门提出并网申请,经电网有关部门对其设备全面检查合格,满足继电保护、安全自动装置、调度通信和自动化要求,明确并网点及电压等级,进行相应的设施改造,并签订并网协议(包括调度合同或协议)后,方能并网运行。

(2)并网单位一旦并入电网运行,一切调度业务必须按《电网调度规程》执行。

(3)小电网并入电网运行,必须按电网要求设置相应的机构从事调度专业工作。

(4)并网单位电气设备运行操作中对主网设备运行有影响时,必须得到电网调度许可。

(5)并网单位运行威胁到主网安全时,电网调度可将其解列。

(6)并网单位必须与其他电网在各种电压等级上无任何电气联系。

(7)并网单位不得随意与主网并、解列运行,并、解列运行必须经电网调度同意,并办理有关手续。

(8)主网发生事故,对并网单位有特殊要求时,并网单位应在设备运行允许的情况下积极配合,共同消除事故,维护电网安全稳定运行。

(9)小电网因故与主网解列运行时,自行承担本电网的调度工作,并负责本网电能质量合格。

(10)并网单位接线和发电容量如有重大变化,应及时报相应调度。

(11)并网设施更新、改造的选型应征求电网有关部门意见。

(12)并网单位在并网点的功率交换,必须按电网要求执行。

(七)继电保护及安全自动装置的运行管理

(1)电气设备必须按规程要求设置继电保护及安全自动装置(简称"保护装置")并进行整定,当电气设备的保护配置和效能不符合规定时,该设备原则上不能投入运行。

(2)电气设备的保护配置和效能不符合规定,有下列情况之一者,该设备可以投入运行,但需报调度备查:①只影响本县区或单一设备的安全运行时,经该设备所在单位主管生产的领导批准者。②影响电网安全,报请地调同意,影响其他地区电网安全,应征得相关调度同意。③当一次设备不能停电时,保护装置又必须退出检验且无其他断路器、保护可代用时,允许保护按套轮流退出,但至少应保留一套主保护正常运行,并应尽可能避免在恶劣天气下进行。④非正常运行方式下,保护效能虽不能满足规程规定要求,但仍能可靠切除短路故障者。⑤定值调整所需时间与方式变更后运行的时间相近时。

(3)保护装置的整定计算管理权限按调度管辖范围划分确定,县调所管辖的保护装置定值不得超过地调下达的上限定值。

(4)电网接线或电源发生重大变化时,接到上级继电保护部门有关综合阻抗和定值限额变化的通知后,必须及时对所辖保护进行核算。

(5)保护装置的投、退、定值的调整,必须按值班调度员的指令执行,现场运行人员(维操队员)对保护装置的投、退、实际定值与调度指令的一致性负责。

(6)在特殊情况下,急需改变保护装置定值时,值班调度员可下令更改定值,事后告继电保护人员核算。

(7)为了保证电网设备的安全,要尽可能地限制使电网保护性能恶化,尤其是要限制使保护失去其效能的运行方式出现。

(8)大电流接地系统正常运行时,变压器中性点接地的分布须符合规定,在操作过程中,允许某一厂(站)短时超过规定数。如中性点的投、退影响到有关调度管辖范围运行方式时,应征得所属调度同意。

(9)现场运行人员(维操队员)应定期对保护装置进行巡视检查,发现缺陷或异常应立即报告值班调度员、通知维修部门处理,并做好记录。

(10)保护装置每次动作,现场运行人员(监控员)必须及时报告值班调度员,做好保护装置动作的详细记录(包括保护屏和控制屏上各种动作信号)。如属误动,应将保护装置退出,保持原状,通知维修部门查明原因。在查明原因前误动的保护装置不得投入运行。若误动已构成事故,且误动原因尚待分析时,由有关部门组织进行检查处理。

(11)故障录波装置动作后,现场运行人员(维操队员)应在1h内向值班调度员汇报故障测距数据,并按规定将录波图和报告报送主管继电保护部门。

(12)保护专用回路需接入其他设施时,必须征得管辖该装置的归口部门的同意。

(13)一次设备的负荷电流,不得超过该设备及其保护所允许的负荷电流,否则应调整负荷或改变其定值,必要时可退出相应的保护。

(14)自动重合闸装置:①不允许非同期重合的双电源线路,若使用三相重合方式时,必须装设检定无压、同期重合闸,其使用方式的一般原则为:a.靠发电厂侧投入检定同期重合方式,对侧投入检定无压、同期重合方式;b.中间线路的主供电侧投入检定无压、同期重合方式,对侧投入检定同期重合方式;c.重合至永久故障对系统稳定影响小的一侧投入检定无压、同期重合方式;d.从方便事故处理来确定检定无压重合闸投入方式;e.为防止断路器或保护拒动时发生非同期合闸事故,严禁相邻线路检定无压重合的方向不一致。②如一台断路器配有两套重合闸,正常运行只投入一套,但两套重合闸的方式开关应切换一致,不投入的一套将其合闸压板退出。③在下列情况下,应退出重合闸:a.试运行的线路送电时和试运行期间;b.断路器允许开断电流可能小于实际短路故障电流;c.断路器切断故障次数超过规定且未检修;d.断路器本身有明显故障或存在其他严重问题;e.线路带电作业要求退出;f.重合于永久性故障可能对系统稳定造成严重后果;g.使用单相重合闸的线路无全线快速保护投入运行;h.线路零起升压;i.全电缆线路;j.融冰回路;k.有其他特殊规定时。

(15)电站应及时对保护装置的动作情况进行分析与评价，分月统计上报有关部门。

(16)低频(低压)减载、解列的管理：①低频(低压)减载的管理实行统一组织、分级管理的原则。运行维护单位负责本单位运行维护范围内的低频(低压)减载及解列装置的安装、调试、调整、定值校验等工作，保证按要求投入运行。②低频(低压)减载装置应按方案要求投入，未经地调同意，不得擅自退出、转移其控制负荷和改变装置的定值。③需退出低频(低压)减载装置控制的可投切负荷每次超过10MW以上时，须经地调值班调度员报省调值班调度员同意，10MW及以下时由地调决定，但低频(低压)减载投切负荷不得低于应投切负荷总量的80%。④电网发生事故时，低频(低压)减载装置动作切除的负荷，未经地调值班调度员报省调值班调度员同意不得送电，但严重危及人身和设备安全者可按规定先送保安电力。⑤当频率(电压)低至装置的整定值，装置检修、校验或故障退出或拒动，值班人员立即手动切除其所控制的断路器。⑥低频(低压)减载装置动作后，县调在6h内将本县区低频(低压)减载装置(含手动拉闸)所切除的负荷数及电量损失数报地调值班调度员。⑦低频(低压)解列装置应按方案要求投入，不得擅自退出或改变装置的定值。

(八)检修管理

1.编制设备检修计划

编制设备检修计划应遵照以下原则：

(1)设备检修的周期与工期应符合有关检修规程的规定。

(2)同一个回路、一个单元上的设备检修应相互配合，电气一次设备检修应相互配合，一次与二次(含通讯和自动化)设备检修应相互配合。

(3)设备年度检修计划应与当年地调年度检修计划及相关厂(站)、线路的改、扩建计划相配合。

2.发(供)电设备检修管理的任务

发(供)电设备的检修，应按调度管辖范围由相应的调度机构统一安排。检修管理的任务如下：

(1)合理安排设备检修计划。

(2)督促检修单位做好准备工作，保证设备检修按计划开、竣工。

(3)总结经验，做好统计分析，掌握检修规律。

3.设备检修计划的管理

设备检修计划的管理具体包括下列内容：

(1)设备检修，由检修单位或用户编制检修计划报主管调度平衡后下达执行。

(2)主设备必须由检修单位分别编制年度大修(包括技术改造)计划，在三季度末报本县电力局生产技术部门，生产技术部门会同县调综合平衡，编制本县电网设备年度大修计划，由市电业局生产技术部门组织审核，经市电业局总工程师批准，于年前20天下达有关单位。

(3)设备月检修计划，各检修单位必须在月前10天提出，县调综合平衡后，于月前5天批复，未完成的月计划应重新提出。

(4)属上级调度管辖设备的检修计划，按《省电网调度规程》及《省电网地区调度规程》

规定执行。

4. 设备计划检修的申请、答复

(1)维护单位检修管理人员必须在预定开工前3天的12时前(晚于12时,视为第2天提的申请)向县调检修管理人员提出申请,县调检修管理人员于开工前2天答复给维护单位检修管理人员。

(2)属其他调度机构调度管辖的设备但由县局维护的,还需由县调检修管理人员在预定开工前3天的12时前(晚于12时,视为第2天提的申请)向设备所属调度机构检修管理人员提出申请,设备所属调度机构检修管理人员于开工前2天答复县调检修管理人员,再由县调检修管理人员于开工前2天答复维护单位检修管理人员。

(3)涉及到对用户停电的检修或施工须经县局供电可靠性专(兼)责人同意,并按要求发布停电通知。

运行设备缺陷需进行处理的,非紧急情况下,维护单位检修管理人员必须在预计开工前1天的12时前向县调检修管理人员提出申请,县调检修管理人员于开工前1天的15时前答复维护单位检修管理人员。

下列临时检修可随时向县调值班调度员申请,由县调值班调度员安排进行:①事故抢修。②严重威胁人身或设备安全时的检修。③配合性检修。

在一个电气连接范围内,同时有几个单位检修时,各单位应分别办理检修申请手续。同一个检修内容涉及几个调度机构时,应分别向有关调度办理申请手续。

检修申请的内容应包括:检修设备名称、主要检修项目、工作起止时间、影响范围(送、配电线路停电应附经现场查勘核对的区域图)、检修后试验和投产要求等。

计划检修不能按时开工,检修申请单位应提前1天(受气候影响可2h前)告值班调度员;超过计划开工时间72h,检修工作票(检修卡)作废,需工作时必须另提申请。

计划检修因故不能按时竣工,需在计划竣工时间2h前向值班调度员办理延期送电申请。

县调管辖范围内的设备检修(包括带电作业)的开、竣工联系:①电站设备检修,由电站调度值班人员向县调值班调度员联系开、竣工。②线路设备检修,由工作负责人向县调值班调度员联系开、竣工。③发电厂或用户设备检修,由发电厂调度对象或用户指定的人员向县调值班调度员联系开、竣工。

检修竣工后应向值班调度员详细汇报检修任务完成情况和设备异动情况,对于断路器、负荷开关、隔离开关、熔断器等必须汇报其位置状态。

设备检修时间的计算:①发、变电设备检修时间从调度通知开工时起,到正式投入运行(或恢复备用)时为止。机炉试运行、试验或其他运行前的一切准备工作,均计算在检修时间内。②线路检修时间从调度通知开工时起,到值班调度员得到具备复电条件的报告时为止。

严禁擅自在停运设备上工作。设备检修完毕,应保证通信和自动化设备恢复到正常状态。

新、扩、改建工程引起线路接线方式变更时,竣工后维护单位应及时修改电气或线路接线图,并按要求报送县调及有关管理部门。

（九）操作管理

1. 操作原则

(1)电气设备一经接入电网,其状态的转换必须根据管辖该设备的值班调度员的指令进行,有特殊规定者除外。

(2)电气设备状态一般分为运行、热备用、冷备用、检修状态 4 种。

(3)值班调度员在指挥操作时必须保证人身、设备和电网的安全,指挥操作前必须充分考虑:①运行方式变化引起的潮流、电压、频率的变化,设备是否过载,供电可靠性,对电网稳定、通信及自动化、对用户等方面的影响。②继电保护及安全自动装置的整定与投退方式。③大电流接地系统主变接地中性点的合理分布;小电流接地系统中消弧线圈的投、退或分头的调整。④可能出现的过电压。⑤可能出现异常情况的事故预想和运行方式变化后的事故处理措施。⑥正常情况下,保证设备检修按计划时间开工。

(4)屏幕显示图(模拟图)在任何时候都必须与实际相符(设备状态、遥测、遥信),操作执行后均应及时校正。

(5)倒闸操作应尽量避免在交接班、高峰负荷、异常运行和气候恶劣等情况时进行。

(6)值班调度员进行操作前,应填写操作指令票。两个或两个以上的操作单位共同完成的操作任务,应填写逐项操作指令票;仅由一个操作单位完成的操作任务,应填写综合操作指令票,新设备投运应填写逐项操作指令票。

(7)下列操作不用填写操作指令票,即时下达,即时执行,但应做好记录:①事故处理(包括事故抢修和预防事故的紧急操作)。②开、停机炉。③继电保护及安全自动装置的投退或定值调整。④单一操作。

(8)拟写操作指令票的要求:①应符合《电业安全工作规程》及电气倒闸操作的有关规定,使用统一调度术语及双重名称,简明整洁,字迹清楚,不得任意涂改。②每张操作指令票只填写一个操作任务,为同一操作目的的多个操作,可填写在一张操作指令票内。③拟写操作指令票以检修卡、运行方式卡、继电保护定值单、上级调度指令和现场实际运行方式等为依据。④拟写逐项操作指令票,电气设备状态的转换顺序:运行状态↔热备用状态↔冷备用状态↔检修状态,严禁跨冷备用状态。⑤操作指令票的拟写、审核不能由同一人完成,且必须有专责审核者。

(9)调度操作指令票经拟写、审核,并在屏幕显示图(模拟图)上核对无误后,应提前预发给操作单位。当值拟写、审核且当值执行的操作指令票可不经预发环节。

(10)拟写、审核、预发人对操作指令票的正确性负责,下令人对下达的操作指令的正确性负责,受令操作人对操作的正确性负责。

(11)操作指令票的执行:①操作指令票的执行应遵守下令、复诵、录音、记录、汇报等制度;②按逐项操作指令票操作时应坚持逐项下令、逐项执行、逐项汇报的原则;③场值班人员根据值班调度员下达的操作指令票或操作指令,按有关规程要求拟写倒闸操作票;④操作过程中如有疑问应停止操作,待弄清情况后方可继续操作;⑤值班调度员只有在得到现场执行操作指令完毕的完整汇报后,该指令才算执行完毕。

(12)调度逐项操作指令票一般包括下列内容:①设备具备停、复电条件的汇报;②负荷的转移,潮流的调整;③继电保护和安全自动装置的投、退与定值调整;④接地中性点的变更;⑤主变分头、消弧线圈分头的调整;⑥电气设备状态的确认及转换;⑦冲击合闸和核相试验;⑧电气设备的解、搭头;⑨将运行方式变更情况告有关单位(包括调度自动化、通信设备运行维护部门);⑩通知检修开工;⑪预计操作时间;⑫拟写的时间和依据;⑬ 操作任务及操作单位;⑭说明及注意事项。

(13)综合操作指令票一般包括下列主要项目:①操作单位;②操作任务;③注意事项(如操作目的、工作内容、保护投退要求、预计操作时间)。

(14)当通信困难时,调度可委托所属调度对象代为转达调度指令。此时,三方对调度指令均应做好详细记录(有录音设备的必须录音),并复诵无误。

(15)进行遥控、遥调操作时,应填写遥控、遥调操作票,并由两人进行,一人操作、一人监护。

(16)调度通过遥控操作处理电网事故或紧急情况后,维护队应对现场一次设备状况进行检查、核对,并根据一次设备运行方式的改变进行继电保护和安全自动装置的调整。

加强监视,防止电网中热备用断路器误合,造成网络长期合环运行。

2. 断路器(重合器)、隔离开关、负荷开关的操作

(1)断路器(重合器)可以拉、合空载电流、负荷电流和该断路器(重合器)短路开断电流以内的故障电流。

(2)禁止带电慢速拉、合断路器(重合器)。110kV 及以上电压等级的断路器,在有电压下禁止就地手动合闸。非蓄电池作为合闸电源的电磁操作机构的断路器,若该断路器出口三相短路,加于合闸线圈端子上的电压低于允许值时,不允许就地电动合闸。

(3)断路器(重合器)在下列情况下,现场运行人员(维操队员)应向值班调度员申请退出重合闸甚至断开其跳闸电源,并尽快检修或改造更新:①短路开断电流不够;②切断故障电流次数超过现场规程规定;③断路器(重合器)本身有明显故障或存在其他严重问题。

(4)隔离开关可进行下列操作:①正常情况下拉、合电压互感器和避雷器;②拉、合空载母线;③拉、合电网没有接地故障时的变压器中性接地点;④拉、合励磁电流不超过 2A 的空载变压器和电容电流不超过 5A 的空载线路, 但 35kV 及以上应使用户外三联隔离开关;⑤户外三联隔离开关拉、合 10kV 及以下且电流不超过 15A 的负荷电流;⑥拉、合 10kV 及以下且不超过 70A 的环路均衡电流;⑦拉、合与断路器或隔离开关闭合的旁路电流(但应断开该断路器的跳闸电源)。

(5)不允许用隔离开关寻找接地故障、冲击新设备和对检修后的线路试送电。

(6)户外跌落保险和单极隔离开关停电时的操作顺序为:先拉开中相,2min 后再分别拉开两边相。送电时的操作顺序与此相反。禁止带负荷拉、合户内高压熔断器。

(7)负荷开关可进行下列操作:①拉、合铭牌允许范围内的正常负荷电流;②拉、合空载电流;③检修后的线路送电(确认无影响送电安全隐患);④进行合、解环操作。

(8)不允许用负荷开关寻找接地故障;不宜用负荷开关冲击新设备。

3. 线路操作

(1)线路停、复电,送、受电侧操作顺序:①直配线路停电:宜先停负荷侧,后停电源侧;复电时操作顺序相反。②联络线路停电:宜先停小电源侧,后停大电源侧;复电时操作顺序相反。

(2)线路停电操作,必须按照拉开断路器、负荷(线路)侧隔离开关、电源(母线)侧隔离开关的顺序操作;复电操作顺序相反。

(3)只有在线路可能受电的各侧都有明显断开点(即线路已停电)时,才允许将线路转为检修状态。

(4)检修后相序、相位可能变动的线路必须核对相序、相位。

(5)消弧线圈补偿系统中的线路停、送电时,应考虑消弧线圈补偿度的调整,防止出现全补偿运行状态。

4.母线操作

(1)母线倒闸操作,必须考虑对母线差动保护的影响和二次回路的相应切换。

(2)用断路器对母线充电时,应考虑充电断路器保护调整。

(3)由运行母线倒换部分或全部出线元件至备用母线供电时,一般应先用母联断路器向备用母线充电,充电正常后,断开该母联断路器的操作电源后方可进行倒换母线的操作。

(4)无母联断路器或母联断路器在检修的双母线,需投入备用母线停用运行母线时,应确认备用母线无问题后,先合上备用母线上的所有应合的隔离开关,再拉开运行母线上所有隔离开关。

(5)母线停电或母线电压互感器停电时,必须防止电压互感器反送电和保护装置因失去电压而误动作。

(6)母线倒闸操作时,现场操作人员应注意避免发生谐振(如避免用带断口电容的断路器投切带电磁式电压互感器的空载母线)。

5.变压器操作

(1)变压器并联运行的条件:①接线组别相同;②电压比相等(允许相差5%);③短路电压相等(允许相差10%)。

对于电压比或短路电压不等的变压器,在任何一台都不过载的情况下,可以并联运行。

(2)变压器投入运行时,应选择保护完备和励磁涌流影响较小的电源侧充电,停电时先停负荷侧,后停电源侧。

(3)投、退110kV及以上变压器时,必须将该变压器中性点接地刀闸合上。

(4)大电流接地系统中两台变压器中性点接地方式互换时,应先合上待接地变压器的中性点接地刀闸,再拉开原来接地变压器的中性点接地刀闸。

(5)运行中的变压器在大电流接地系统侧断路器断开时,该侧中性点接地刀闸必须合上。

(6)中性点接有消弧线圈的变压器停运时,必须考虑消弧线圈的转换和补偿度的调整。

(7)新建或大修改造后的变压器,应核相无误后才能与其他变压器并联运行。

倒换变压器时,应检查投入变压器确已带上负荷后,才允许退出需停运变压器。

6.消弧线圈的运行操作

(1)采用消弧线圈接地的系统(如35kV系统),其故障点的残余电流不应超过10A,

必要时可将系统分区运行。

(2)采用消弧线圈接地的系统,正常运行情况下,其中性点的长时间电压位移不应超过系统额定相电压的15%。

(3)采用消弧线圈接地的系统,一般应采用过补偿运行方式,但在下列情况下可以欠补偿运行:①消弧线圈容量不足,而且在任何可能的不对称情况下中性点的位移电压不超过相电压的70%;②消弧线圈检修;③因故障,网络分割运行。

(4)接入主变中性点的消弧线圈在运行中的投退操作,只有确知网络无接地故障方可进行。

当通过消弧线圈隔离开关的电流超过5A时,未经试验或计算,不得使用隔离开关进行操作。

(5)一般调整消弧线圈分头的操作顺序:过补偿运行下投入线路时,先调整消弧线圈分头,后投线路;退出线路时,先退出线路再调整消弧线圈分头。欠补偿运行下的操作顺序与此相反。

(6)任何情况下不允许将一台消弧线圈同时接于两台变压器中性点上。

(7)数台消弧线圈并联运行,需改变补偿度时,应尽可能调整一台的分头。网络分区运行时,各分区不应发生全补偿,主要的分区应尽量在过补偿状态下运行。

电站有复杂操作时,允许短时(一般为30min)不调整补偿度,但不得因操作出现谐振现象。

7.合、解环操作

(1)合、解环操作前,应考虑继电保护及安全自动装置的投入方式与定值调整、设备过载、电压波动、变压器和消弧线圈分头调整、接地中性点分布、系统稳定及重要用户供电可靠性等问题。

(2)合环前必须确认相位一致,对于220kV及以下电压等级,合环点两侧电压差不超过额定电压的30%、相角差不超过30°,且合环后环网内设备不过载和保护可靠动作的情况下才允许合环操作。电磁环网一般只宜在操作过程中短时间合环运行且不得在多处同时合环。

(3)由同一厂(站)供电的两条线路宜使其在该厂(站)同一母线上,或先合上母联(或分段)断路器,再进行合、解环操作。

(4)环路中有属其他调度管辖的设备时,在合、解环操作前后应告有关调度。

(5)新、扩、改建、大修后线路(含电缆线路)或主变投入运行时,必须确认相序、相位无误才允许合环操作。

(6)两条及以上线路供电的用户,不论在正常接线下是否合环运行,均必须核相无误。若无法做到相位一致,必须有在任何情况下均不会造成误合环的技术措施。

(7)电磁环网应经计算和领导批准才能进行合环操作。

8.并、解列操作

(1)发电机与电网或两电网间无特殊规定时应采用准同期并列。准同期并列操作应符合下列条件:①相序一致;②频率基本相等,频差不大于0.5Hz;③并列点两侧电压基本相等,220kV及以下电网电压差不大于额定电压的20%。

(2)调整两个待并电网的频率时,应首先调整频率不符合标准要求的电网的频率,无法调整时,再调整正常电网的频率,严禁将正常电网频率降低到49Hz及以下并列。

使两个电网频率相同的方法有以下三种:①高频率电网部分机组并入低频率电网;②低频率电网转移部分负荷至高频率电网;③低频率电网限制部分负荷。

解列操作时,应先将解列点有功潮流调至接近零,一般宜由小电网向大电网输送少量有功潮流,无功潮流调至尽量小,使解列后的两个电网频率、电压均在允许范围内。

9.冲击合闸操作

(1)新、扩、改建和大修后的输变电设备在投运前均需进行冲击合闸试验,冲击合闸应注意下列问题:①冲击合闸用断路器的继电保护装置应完备、可靠投入,重合闸应退出,断路器的短路开断电流足够,切断故障电流次数在规定以内。②被冲击设备无异状。③冲击合闸时,应防止发电机自励磁和空载(轻载)线路末端电压升高超过允许值。④防止电网稳定破坏。⑤对变压器或线路串变压器冲击时,大电流接地系统变压器中性点必须可靠接地。⑥应选取对电网影响最小的冲击电源。

(2)新设备冲击次数规定如下:

35kV及以上变压器:5次;

110kV及以上线路:3次;

35kV及以上变压器大修后:3次。

(3)110kV及以上设备冲击合闸前应告县调值班调度员。

10.零起升压操作

(1)零起升压的发电机必须:①容量足以防止发生自励磁,发电机强励及自动调节励磁装置退出;②保护完备、可靠投入,联跳其他断路器的压板退出。

(2)零起升压线路的重合闸应退出,保护应完备、投入,联跳其他断路器的压板应退出。

变压器或线路串变压器零起升压时,中性点接地隔离开关必须合上(中性点接有消弧线圈时,消弧线圈应投入,且补偿度适当),保护应完备、可靠投入。

11.融冰操作

(1)串于融冰回路断路器的保护,除指定投入的保护外,其他保护在融冰时一律退出。

(2)融冰回路的安全自动装置,在融冰时一律退出。

(3)融冰工作影响到其他调度管辖电网的安全运行或需其配合操作时,应向相应调度提出申请,征得其同意后方可进行。

(十)事故处理

1.事故处理的一般原则

(1)事故处理的主要任务包括:①尽速限制事故发展,消除事故根源,解除对人身和设备安全的威胁。②尽可能保持对用户的正常供电。③尽速恢复对已停电用户的供电,尤其是发电厂、重要变电站的自用电和重要用户的保安用电。④调整电网运行方式,使其尽快恢复正常。

(2)值班调度员在事故处理中,必须做到情况明,判断准,行动快,指挥得当。

(3)电网发生事故时,事故单位值班人员(含监控员)应立即向有关值班调度员汇报已发生事故(当事故影响到其他调度管辖的电网或设备时,也应及时向相应调度汇报),经检查后,再汇报下列情况:①跳闸断路器的名称和跳闸时间,设备有无明显缺陷。②保护及安全自动装置的动作情况。③事故的主要表象。

非事故单位应加强监视,做好防止事故蔓延的预想和对策,不要占用调度电话询问事故情况。

(4)为防止事故扩大,事故单位在下列情况下应立即自行处理,并将情况向值班调度员简明报告:①对人身和设备的安全有威胁时,根据现场规程采取措施。②发电厂自用电部分或全部停电时恢复其电源。③发电厂按上级批准的方案采取保厂用电的措施。④安全自动装置达到启动条件而未动作,手动启动部分或全部所控制的断路器和设备。⑤其他特殊规定。

(5)电网发生事故时,如果通信失灵,事故单位除进行必要的处理外,同时应立即设法与调度取得联系。

(6)电网发生局部谐振时,应立即破坏谐振条件(如改变电容、电抗参数;增减线路长度、投退容性或感性设备、合解环;有条件的可改变运行电压数值等)。

(7)电网发生解列事故时,应防止大电流接地系统的各部分成为不接地系统,并根据地调要求配合做好区域性电网的频率和电压调整工作。

(8)事故如发生在交接班期间,应由交班值长负责处理,直到事故处理完毕或事故处理告一段落,方可交接班。在此期间接班人员可应值班调度员请求协助处理事故。

事故处理完毕后,值班调度员应按规定汇报,重大事故依据事故时的原始材料于48h内填写事故处理记录。

2.线路事故处理

(1)线路断路器跳闸,若线路侧无电压按下列原则处理:①如已发现明显故障点、可疑故障点、断路器的短路开断电流小于母线短路电流或大电流接地系统变为不接地系统时,不得强送电。②联络线无论重合闸动作与否(包括未投重合闸),值班调度员应强送电一次。强送电一次不成功,检查断路器等无异况,经本单位主管生产的领导批准后可再强送电一次。③单供线路,无论重合闸动作与否,应强送电一次,若该线路负荷已转移,则可不强送。④经查明确系保护装置误动作,可试送一次(试送前应退出误动保护装置,有条件的可用旁路断路器或其他断路器兼供)。⑤正在进行带电作业的线路断路器跳闸,只有在得到申请带电作业的单位同意后,方可按上述原则处理。⑥电网发生振荡,须待振荡消除后方可按上述原则处理。⑦低频、低电压装置动作断路器跳闸,必须经地调值班调度员同意后方可送电。

(2)联络线断路器跳闸,若断路器两侧有电压,该断路器所在发电厂或变电站值班人员应立即自行检定同期合上断路器,若无法检定同期时,值班人员立即汇报值班调度员,按值班调度员指令处理。

(3)断路器跳闸造成发电厂(小电网)与电网解列,若电网侧有电压,发电厂值班人员(小电网值班调度员)应立即自行检定同期并列。

(4)全电缆线路断路器跳闸,未查明原因不得强送电。

(5)线路过负荷处理:①发电厂、变电站值班人员和监控员应注意监视线路负荷电流,当发现达到或超过允许值时,应立即汇报有关调度。②线路过负荷,值班调度员有条件时,应改变接线方式以转移负荷,否则,应限制或切除部分负荷。

3.母线事故处理

(1)母线失压后,现场值班人员应立即报告值班调度员,然后对保护动作情况和失压母线外部进行检查并报告值班调度员。

(2)母差保护动作,母线失压,找到故障点的,值班调度员按下述原则进行处理:①能迅速隔离的,迅速隔离故障点后对失压母线送电。②不能迅速隔离的,若系双母线中的一组母线故障时,应对故障母线上的各元件进行检查,将确认无故障的元件倒至正常母线并恢复送电。

(3)母线失压,经检查未找到故障点时,可对失压母线按分段试送原则进行试送,用于试送的断路器必须完好,并至少有一套完整的继电保护。有条件时可对失压母线进行零起升压。

(4)母线失压后向母线试送电方法:①通过主变向母线送电;②发电厂母线失压一般用发电机递升加压方法向母线送电;③采用线路最好为无"T"接的空载线路向母线送电;④投入母联断路器保护用母联断路器向母线送电。

严禁用隔离开关、负荷开关向失压母线试送电。

4.变压器事故处理

(1)变压器过负荷时,应立即采取措施在规定时间内消除。

(2)变压器断路器跳闸应按下述原则处理:①有备用变压器,应迅速将备用变压器投入运行;②有条件时将变压器所供负荷转其他变电站供电;③变压器的主保护全部动作跳闸,未查明原因、消除故障前,不得强送电;④变压器的重瓦斯保护和差动保护之一动作跳闸,经所属电业局总工程师批准(对35kV及以下主变,经所在单位主管生产的领导批准)方可试送;⑤变压器后备保护动作及其他情况跳闸,在确定变压器本体无异常时,可试送一次。

5.小电流接地系统接地故障处理

(1)发生接地故障时,发电厂、变电站值班人员和监控员应立即报告有关值班调度员,再检查运行设备状况并及时汇报。

(2)小电流接地系统带接地故障运行的允许时间:①发电机直配网络、纯架空线和接有电缆线路网络不得超过2h;②单元接线的发电机—变压器组不得超过30min;③如接地点在发电机内部应立即减负荷停机;④消弧线圈带接地故障运行时间,应遵守制造厂的规定,制造厂无规定时按现场规程执行。

(3)寻找接地故障的顺序:①分割网络,找出故障区域;②检查母线设备及电源设备;③试拉充电线路和无负荷设备;④在不影响用户用电的情况下,轮流试拉双回路或能够转移负荷的线路;⑤试拉线路长、分支多、负荷轻的次要线路;⑥试拉重要线路。

(4)接地故障点找出后,一般应立即将故障设备退出运行,即使是重要用户,一般也应在规定时间内将故障设备退出运行。

(5)对于接于主变中性点的消弧线圈,在发生接地故障或本身有故障时,不允许直接将其退出运行,若必须退出,只能将接消弧线圈的主变退出后,再停用消弧线圈。

对于接于母线的消弧线圈，在发生接地故障时，不允许将其退出运行。如消弧线圈本身有故障，则应用断路器将其退出。

6. 频率、电压异常处理

(1)地区电网频率异常时，县调应协助地调按照《省电网地区调度规程》进行处理，基本原则如下：

频率低于49.5Hz时，增加所辖并网发电厂的有功出力或限制部分用户用电；

频率低于48Hz时，按事故限电序位表紧急限电；

频率高于50.5Hz时，降低所辖并网发电厂的有功出力。

(2)当考核点母线电压降低到额定电压的95%以下时，应采取措施使电压在1h内恢复到额定电压的95%以上；当考核点电压降低到额定电压的90%以下时，应采取措施，使电压在30min内恢复到额定电压90%以上。可采取的措施包括：①开出所辖并网发电厂的备用机组；②所辖并网发电厂立即动用其事故过负荷能力；③按"事故限电序位表"限电。

(3)当电网局部电压降低，使发电机过负荷时，发电厂值班人员和监控员应立即向有关调度汇报，值班调度员应采取措施(包括降低有功，增加无功及限制相应供电区负荷等)消除发电机过负荷。

(4)电网电压低到严重威胁发电厂厂用电安全时，发电厂值班人员可自行按现场规程规定执行保厂用电措施。

(5)装有低电压解列装置的厂(站)，当电压降低至解列装置动作值而装置未动作时，值班人员应不待调度指令，拉开低电压解列装置所投跳的断路器。

(6)当考核点母线电压升高到额定电压的105%以上时，应采取措施，使电压在1h内恢复到额定电压的105%以下；当考核点电压升高到额定电压的110%以上时，应采取措施，使电压在30min内恢复到额定电压的110%以下。可采取下列措施：①电厂、变电站降低无功出力，并考虑部分发电机进相运行；②必要时值班调度员可改变电网运行方式；③请求地调协助调压。

7. 直流异常处理

(1)发电厂、变电站发生直流回路接地、直流电压降低等异常时，现场值班人员或监控员应及时向值班调度员汇报。

(2)发电厂、变电站发生直流回路接地时，现场值班人员应根据运行方式、操作情况、天气影响等因素判断可能接地的部分。

(3)查找直流接地回路的顺序：①试拉照明回路；②试拉合闸回路；③试拉双电源回路；④试拉控制信号回路。

同时应注意：①在切断各专用直流回路时，切断时间不得超过3s，不论回路接地与否均应合上；②因直流失压可能引起保护及自动装置误动时，应先汇报调度并采取必要防范措施；③发现某一回路有接地时，应及时找出接地点，尽快消除。

(4)若现场值班人员无法找出直流接地点或直流电压降低的原因，则应尽快通知检修人员来查找处理。

第三节 调度制度和调度术语

一、调度制度

电力系统的调度是有章可循的,电力系统调度人员必须遵照《电网调度管理条例》的规定认真执行。发电厂(站)、变电所的运行值长必须服从该级电网调度员的调度指挥,下级调度机构调度员服从上一级调度机构调度员的调度指挥。调度机构调度员在其值班时间内是该级系统网络运行的调度指挥者、领导者,负责管理范围内系统运行方式及运行操作和事故处理等,直接对下级调度机构调度员所辖发电厂(站)变电所值长发布调度命令,这种在当班时间内的高度集中统一的垂直调度指挥系统对电网24h不间断连续生产运行,安全发、供、用电,保证电能电压和频率的质量,保证电网安全是完全必要的,是符合电力生产的客观规律的。

从发电厂(站)、变电所值班员到电网调度员都应自觉执行并维护调度指挥系统正常运作,同时使这个电力生产运行调度系统不受外来干扰,调度值班员有权对非调度系统部门的干扰拒绝执行并同时报告上级主管领导,严格按规章制度办事。

调度制度一般有下述四种制度。

(一)调度管理制度

(1)发、供、用电单位和各级调度,必须遵守调度纪律,服从统一调度。

(2)电站值班员及调度员必须按照规定执行调度指令,真实做好当班值班记录。

(3)电站值班员及调度员必须经过培训、考试、考核合格,并经总工程师批准,方可正式上岗值班。

(4)电站值班员及调度员如有变更,应及时以书面形式报上级调度部门。

(5)各电站值班员及调度员必须保证在任何时间能够受理调度指令。

(6)电站值班员及调度员与上级进行调度联系时,必须使用统一的调度术语,双方应先交换单位(代号)、姓名,做好记录,复诵无误,调度应录音。发生错误,以录音或原始记录为依据确定责任归属,如无记录、录音可查,由发令单位对其后果负主要责任。

(7)电站值班员及调度员不执行或延误执行调度指令,其后果由受令人和支持该受令人的领导负责。如受令人对调度指令有疑议,应立即向发令人提出,如发令人仍重复其指令,受令人必须迅速执行。如执行该指令确会严重威胁人身、设备或电网安全时,受令人应拒绝执行,并报告发令人和本单位直接领导人。

(8)运行值班单位同时接到两级调度相互矛盾的调度指令时,由高一级调度决定执行哪级调度指令,受令人将执行情况分别汇报两级调度值班调度员。

(9)电站值班员及调度员必须及时向上级值班调度员汇报调度指令执行情况。遇有危及人身、设备及电网安全情况时,电站值班调度员应当按照有关规定处理,处理后应立即报告上级有关调度机构的值班调度员。

(10)如有以下行为之一者,按严重违反调度纪律论处,电站应配合有关部门进行调查:①不执行或故意拖延执行调度指令;②擅自越权改变设备状态;③故意违规操作;④性质恶劣的其他行为。

(二)调度岗位责任制度

1. 正值班调度员

(1)领导副值工作,负责电力系统安全,保证电能质量和经济运行。

(2)负责电网运行方式。

(3)负责事故处理并做好事故预案。

(4)审核操作命令。

(5)负责批答检修计划。

(6)接受上级指令。

(7)主持交接班工作。

(8)负责当班值班记录。

2. 副值班调度员

(1)在正值领导下协助正值工作。

(2)填写操作票指令,协助正值发布操作命令。

(3)负责系统模拟图的及时校正。

(4)收集整理系统主要运行数据。

(5)做好事故记录,协助正值处理事故。

(6)负责资料整理工作和清洁卫生工作等。

(三)调度值班制度

(1)调度员应按排定的轮值表值班。特殊情况经调度班长同意可以调班,一般情况下不得连值两班。

(2)调度值班室系电力生产指挥场所,必须保持肃静、整齐、清洁,无关人员不得进入调度值班室。

(3)值班调度员不得用调度电话谈论与调度业务无关的内容,无特殊情况不得转接与调度业务无关的电话。

(4)调度员在值班时间内不得做与调度工作无关的事,不得离开工作岗位,特殊情况需要离开时,应征得调度班长同意。

(5)调度值班室内各种资料、用具、文件等不得随意拿出室外或转借他人,如特殊情况需要外借时,应经值班调度员允许并负责收回。

(6)调度员当班前 4h 内不准饮酒,值班时必须神智清醒。调度员离开本岗位 1 个月以上,应跟班熟悉电网情况,方可正式上岗。

(四)调度交接班制度

(1)交班调度员必须做完本值内的全部工作,在交班前半小时内检查值内工作完成情况和准备向下值交代的事项,为下值工作做好必要的准备。

(2)在处理事故或进行重要操作时,需待事故处理或操作告一段落后,方允许交接班。

(3)接班调度员应提前 10min 进入调度值班室准备接班,并做好下列工作:①仔细阅读交接班记录,检修卡,运行方式联系卡,日发、供电调度计划,有关文件及上级指示,了解电网运行方式、设备运行情况和前几值发生的重大事项、各项操作、检修工作、事故情况,了解本值内检修计划、操作项目及注意事项等。②核对调度模拟盘和屏幕显示图,检查报表记录和调度室内的各种设备。

(4)交、接班调度员做好交、接班准备后,双方起立,开始口头交接班。交班调度员口头向接班调度员交代下列事项:①网接线方式、各厂运行机组、继电保护与安全自动装置的变更,设备检修情况;②日发、供电调度计划变更情况;③本值与上值发生的异常和事故情况;④本值内操作进展情况;⑤上级指示、有关文件及有关单位联系事项;⑥通信、自动化的使用及变更情况;⑦室内设备、用具和图纸资料外借情况。

接班调度员认真听取交班事项,有疑问及时询问,了解清楚后方可同意接班。

接、交班调度员在交接班记录簿上分别签名后,交班调度员才可离开值班室。

(5)调度员应按时交接班,如果接班调度员届时未到或有不适宜值班的异常情况,交班调度员应向领导汇报,并继续值班。

二、调度术语

除以上四种制度外,调度值班员必须使用电网调度系统规定的统一术语,有统一术语,发令人和接受指令的人才有共同的调度语言,正确理解共同的意思,避免张冠李戴,造成误操作误理解的错误。一般通用术语有如下几种。

(一)设备状态

运行:对于电气设备,其相应断路器和隔离开关(不包括接地刀闸)在合上位置。

热备用:设备完好;对于线路、母线、发电机、变压器、断路器等电气设备,其断路器断开,断路器两侧相应隔离开关处于合上位置,相关的接地刀闸断开。

冷备用:设备完好;对于线路、母线、发电机、变压器、断路器等电气设备,其断路器断开,有关隔离开关和相关接地刀闸处于断开位置。

检修:对于电气设备,其断路器和相应的隔离开关(不包括接地刀闸)处于断开位置,并按《电业安全工作规程》要求已做好安全措施。

(二)保护及自动装置

调整:保护及自动装置定值。

动作:保护及自动装置(如距离保护、零序保护、高频保护、低频减载等)。

投入:保护及自动装置。指将保护及自动装置投入跳闸。

退出:保护及自动装置。指将保护及自动装置仅退出跳闸。而"退出重合闸"对综合重合闸则指重合闸采用"停用"方式,即将"方式"开关切换到"停用"位置,断开重合闸合闸出口压板。

投入信号:保护及自动装置。指保护及自动装置已运行,跳闸出口未投。

保护改跳:由于方式的改变,将电气设备的保护由跳某断路器改为跳其他断路器。

(三)运行调整

调整:电气参数(如频率、电压、电流、有功、无功等)、变压器或消弧线圈分头。

投入(退出):无功补偿装置、消弧线圈等。

提高(降低):频率、电压。

加(减):有功、无功。

功率(有功、无功)方向的规定:由线路流向母线规定为“送进”,定为“-”。由母线流向线路规定为“送出”,定为“+”。

阿拉伯数字读音规定:“0”读“洞”、“1”读“幺”、“2”读“两”、“7”读“拐”。

维持:(有功或无功)出力、电压、频率。

过负荷:发电机、变压器、线路等。

试运行:发电机、线路、变压器等。

三相不平衡:电流、电压。

可调出力:机组实际可能达到的最大生产能力。

旋转备用容量:运转设备随时可能发出的最大出力与实际出力之差。

进相运行:发电机。

(四)操作及事故处理

合上(拉开):断路器、隔离开关等。

跳闸:断路器。

重合成功(不成功):断路器。

装上(取下):熔断器。

合(解):环。

开(停)机:发电机。

解(并)列:发电机、电网。

核相:核对相序、相位。

非全相运行:发电机、变压器、线路、断路器等。

具备受电条件:新设备安装、调试、验收完毕,符合《新设备投产试运行方案》中的投运条件。

冲击合闸:母线、变压器、线路等。

强送电:电气设备事故跳闸后未经处理即行送电。

试送电:电气设备故障消除后的送电。

停电巡线:对处于检修状态下的线路巡线。

带电巡线:对处于非检修状态下的线路巡线。

(五)检修

定期检修:按规定的检修周期进行的检修。

计划检修:根据调度机构下达的检修计划统一安排的检修。

临时检修:计划外临时批准的检修。

事故检修:因设备故障进行的检修。

装设(拆除):接地线(即三相短路接地线)。

悬挂(取下):标示牌。

具备停电条件:准备停电设备停下后不会使其他设备过载或线路稳定破坏,或由该准备停电设备供电的用户负荷已转走或已经停电,对有“T”接用户或电厂线路已停电,线路还包括“T”接用户或电厂的线路有一个明显断开点,不会向该线路倒送电。

线路工作可以开工:准备检修的线路已停电,各侧均有明显断开点。

A.对调度:下达的安全措施全部布置完毕。电气设备的状态转换已经完成,已转检修状态或设备检修所要求的状态。

B.对现场:调度下达的安全措施和自设安全措施全部完毕。

符合《电业安全工作规程》的要求,设备处于检修状态或设备检修所要求的状态。

检修竣工,具备复电条件:设备检修完毕,检修人员已撤离检修现场,工作票已收回,设备处于调度通知检修开工时状态。

设备验收合格,具备受电条件:新设备验收合格,一、二次设备接线及相序正确,其断路器断开,有关隔离开关和相关接地刀闸处于断开位置。

(六)部分操作指令示例

1.断路器、隔离开关的操作

(1)拉开×(设备名称)×(编号)断路器

(2)合上×(设备名称)×(编号)断路器

(3)拉开×(设备名称)×(编号)隔离开关

(4)合上×(设备名称)×(编号)隔离开关

(5)拖出×(设备名称)×(编号)小车断路器

(6)推进×(设备名称)×(编号)小车断路器

(7)拖出×(设备名称)×(编号)小车隔离开关

(8)推进×(设备名称)×(编号)小车隔离开关

2.拆除、装设接地线

(1)拆除×(装地线地点)接地线×组

(2)在×(装地线地点)装设接地线×组

3.核相

(1)在×(编号)电压互感器(TV❶)与×(编号)电压互感器(TV)二次侧核相

(2)在×(设备名称)×(编号)隔离开关(或负荷开关)两侧核相

4.解列、并列

(1)用×(设备名称)×(编号)断路器解列

(2)用×(设备名称)×(编号)断路器同期并列

5.解环、合环

(1)用×(设备名称)×(编号)断路器解环

(2)用×(设备名称)×(编号)断路器合环

(3)用×(设备名称)×(编号)隔离开关(或负荷开关)解环

(4)用×(设备名称)×(编号)隔离开关(或负荷开关)合环

6.保护及自动装置投、退

(1)投入×(设备名称)×(保护或自动装置名称)保护或自动装置

(2)退出×(设备名称)×(保护或自动装置名称)保护或自动装置

(3)投入×(线路名称)×(编号)断路器×(保护或自动装置名称)保护或自动装置

---

❶ 电压互感器,简称TV;电流互感器,简称TA。

(4)退出×(线路名称)×(编号)断路器×(保护或自动装置名称)保护或自动装置

7.投入、退出联跳

(1)投入×(设备名称)×(编号)断路器联跳×(设备名称)×(编号)断路器

(2)退出×(设备名称)×(编号)断路器联跳×(设备名称)×(编号)断路器

8.投入、退出某种装置跳某个断路器

(1)投入×(装置名称)装置跳×(设备名称)×(编号)断路器

(2)退出×(装置名称)装置跳×(设备名称)×(编号)断路器

9.保护改跳

×(设备名称)×(编号)断路器×(保护名称)保护,改跳×(设备名称)×(编号)断路器

10.保护改信号

×(设备名称)×(保护名称)保护改为投信号

11.投入、退出重合闸和改变重合闸重合方式

(1)投入×(设备名称)×(编号)断路器的重合闸

(2)退出×(设备名称)×(编号)断路器的重合闸

(3)×(设备名称)×(编号)断路器的重合闸由无压重合改为同期重合

(4)×(设备名称)×(编号)断路器的重合闸由同期重合改为无压重合

12.线路跳闸后送电

(1)用×(设备名称)×(编号)断路器对×(线路名称)线路试送电一次

(2)用×(设备名称)×(编号)断路器对×(线路名称)线路强送电一次

13.对新线路或新变压器冲击

用×(设备名称)×(编号)断路器对×(线路或变压器名称)冲击×次

14.变压器分头调整

将×号变压器×(电压等级)侧分头由×(或×千伏)挡调为×(或×千伏)挡

15.断路器

(1)将×(设备名称)×(编号)断路器由运行转检修

拉开该断路器及其两侧隔离开关,在断路器两侧装设地线(或合上接地刀闸)。

(2)将×(设备名称)×(编号)断路器由检修转运行

拆除该断路器两侧地线(或拉开接地刀闸),合上该断路器两侧隔离开关(母线侧隔离开关按规定方式合上),合上断路器。

(3)将×(设备名称)×(编号)断路器由热备用转检修

拉开该断路器两侧隔离开关,在该断路器两侧装设地线(或合上接地刀闸)。

(4)将×(设备名称)×(编号)断路器由检修转热备用

拆除该断路器两侧地线(或拉开接地刀闸),合上该断路器两侧隔离开关(母线侧隔离开关按规定方式合上)。

(5)将×(设备名称)×(编号)断路器由冷备用转检修

在该断路器两侧装设地线(或合上接地刀闸)。

(6)将×(设备名称)×(编号)断路器由检修转冷备用

拆除该断路器两侧地线(或拉开接地刀闸)。

(7)将×(设备名称)×(编号)断路器代×(设备名称)×(编号)断路器,×(设备名称)×(编号)断路器由运行转检修

按母线方式倒为用旁路(或母联)代×(设备名称)×(编号)断路器方式,拉开被代断路器及其两侧隔离开关,在该断路器两侧装设地线(或合上接地刀闸)。

16. 线路

(1)将×(线路名称)×(编号)线路由运行转热备用

A. 对调度:拉开该线路各侧断路器。

B. 对现场:拉开该线路本侧运行的各个断路器。

(2)将×(线路名称)×(编号)线路由热备用转冷备用

A. 对调度:拉开该线路各侧有关隔离开关(包括可能向线路反送电的 TV),使各侧的各方面至少有一个明显的断开点。

B. 对现场:拉开本侧该线路所属隔离开关(出线隔离开关和旁母隔离开关)或母线侧隔离开关(当出线隔离开关拉不开时),对可能向该线路反送电的 TV,还须从高压或低压侧断开,使各方面至少有一个明显的断开点。

(3)将×(线路名称)×(编号)线路由冷备用转检修

A. 对调度:对该线路各侧均做好安全措施。

B. 对现场:合上本侧该线路接地刀闸或在线路侧装设接地线,在一经合闸即可向线路送电的断路器和隔离开关操作把手上挂"禁止合闸,线路有人工作!"的标示牌。安全措施的设置符合《电业安全工作规程》要求。

(4)将×(线路名称)×(编号)线路由检修转冷备用

A. 对调度:拆除该线路各侧安全措施。

B. 对现场:拆除本侧该线路各项安全措施。

(5)将×(线路名称)×(编号)线路由冷备用转热备用

A. 对调度:合上该线路各侧或一侧准备投入运行断路器两侧的相应隔离开关(包括为防止向线路反送电而断开的 TV)。

B. 对现场:合上本侧为防止向线路反送电而拉开的 TV 高压侧隔离开关和低压侧二次快分开关(或熔断器),合上该线路本侧准备投入运行断路器两侧相应的隔离开关,如用旁路断路器通过旁路母线代线路运行,包括合上该线路旁路隔离开关(即包含了旁路母线、旁路断路器转热备用),断路器母线侧隔离开关按规定方式合上;对于角形接线包括合上该线路隔离开关。

(6)将×(线路名称)×(编号)线路由热备用转运行

A. 对调度:合上该线路各侧或一侧准备投入运行且已转热备用的断路器。

B. 对现场:合上本侧该线路准备投入运行且已转热备用的断路器。

17. 变压器

(1)将×号变压器由运行转检修

拉开该变压器的各侧断路器、隔离开关,并在该变压器的各侧装设地线(或合上接地刀闸)。

(2)将×号变压器由检修转运行

拆除该变压器的各侧地线(或断开接地刀闸),合上除有检修要求不能合或方式明确不合之外的隔离开关和断路器。

(3)将×号变压器由运行转热备用

拉开该变压器各侧断路器。

(4)将×号变压器由热备用转运行

合上除有检修要求不能合或方式明确不合的断路器以外的断路器。

(5)将×号变压器由运行转冷备用

拉开该变压器各侧断路器,拉开该变压器各侧隔离开关。

(6)将×号变压器由冷备用转运行

合上除有检修要求不能合或方式明确不合的隔离开关、断路器以外的隔离开关、断路器。

(7)将×号变压器由热备用转检修

拉开该变压器各侧隔离开关,在该变压器的各侧装设地线(或合上接地刀闸)。

(8)将×号变压器由检修转热备用

拆除该变压器上各侧地线(或拉开接地刀闸),合上除有检修要求不能合或方式明确不合的隔离开关以外的隔离开关。

(9)将×号变压器由冷备用转检修

在该变压器的各侧装设地线(或合上接地刀闸)。

(10)将×号变压器由检修转冷备用

拆除该变压器上各侧地线(或拉开接地刀闸)。

注意:以上不包括变压器中性点接地刀闸的操作,中性点接地刀闸的操作按现场规程规定进行操作。

18.母线

(1)将×千伏×组(段)母线由运行转检修

A.对双母线接线:将该母线上所有运行和备用元件倒至另一母线,拉开母联断路器和隔离开关,在该母线上装设地线(或合上接地刀闸)。

B.对单母线接线:拉开该母线上所有的断路器和隔离开关,在母线上装设地线(或合上接地刀闸)。

C.对单母线断路器分段接线:拉开该母线上所有的断路器和隔离开关,在该母线上装设地线(或合上接地刀闸)。

(2)将×千伏×组(段)母线由检修转运行

A.对双母线接线:拆除该母线的安全措施,对该母线充电。

B.对单母线接线:拆除该母线的安全措施,合上该母线上除有检修要求不能合或方式明确不合以外的隔离开关和断路器。

C.对单母线断路器分段接线:同单母线接线。

(3)将×千伏×组母线由热备用转运行

A.对双母线接线:合上母联断路器,对该母线充电。

B. 对单母线接线：合上该母线上除有检修要求不能合或方式明确不合以外的断路器。

C. 对单母线断路器分段接线：同单母线接线。

(4)将×千伏×组母线由运行转热备用

A. 对双母线接线：将该母线上运行和备用的所有元件倒到另一母线运行，拉开母联断路器。

B. 对单母线接线：拉开该母线上所有元件的断路器。

C. 对单母线断路器分段接线：拉开该母线上所有元件的断路器及母线分段断路器。

(5)将×千伏×组母线由冷备用转运行

A. 对双母线接线：合上该母线 TV 隔离开关及母联隔离开关后，合上母联断路器对该母线充电。

B. 对单母线接线：合上该母线上除有检修要求不能合或方式明确不合以外的隔离开关及 TV 隔离开关后，合上该母线上除有检修要求不合或方式明确不合以外的断路器。

C. 对单母线断路器分段接线：同单母线接线。

(6)将×千伏×组母线由运行转冷备用

A. 对双母线接线：将该母线上运行和备用的所有元件倒到另一母线运行。拉开母联断路器，拉开该母线上全部元件隔离开关。

B. 对单母线接线：拉开该母线上所有元件的断路器后，拉开该母线上所有元件的隔离开关。

C. 对单母线断路器分段接线：拉开该母线上所有元件的断路器及母线分段断路器后，拉开该母线上所有元件的隔离开关及母线分段断路器的隔离开关。

(7)将×千伏×组母线由检修转热备用

A. 对双母线接线：拆除该母线上的地线(或拉开接地刀闸)，合上 TV 隔离开关和母联隔离开关。

B. 对单母线接线：拆除母线上的地线(或拉开接地刀闸)，合上该母线上除因设备检修等要求不能合的隔离开关以外的所有元件的隔离开关。

C. 对单母线断路器分段接线：拆除该母线上地线(或拉开接地刀闸)，合上该母线上除有检修要求不能合的隔离开关以外的所有元件的隔离开关。

(8)将×千伏×组母线由热备用转检修

拉开该母线上全部隔离开关，在该母线上装设地线(或合上接地刀闸)。

(9)将×千伏×组母线由检修转冷备用

A. 对双母线接线：拆除该母线上地线(或拉开接地刀闸)。

B. 对单母线接线：拆除母线上的地线(或拉开接地刀闸)。

C. 对单母线断路器分段接线：拆除该母线上地线(或拉开接地刀间)。

(10)将×千伏×组母线由冷备用转检修

在该母线上装设地线(或合上接地刀闸)。

(11)将×千伏母线方式倒为正常方式

即倒为调度部门已明确规定的母线正常接线方式(包括母联及变压器断路器的状

态）。

19. TV

(1)将×（编号）电压互感器（TV）由运行转检修

切换 TV 负荷，取下二次熔断器，拉开该 TV 隔离开关，对 TV 设置安全措施。

(2)将×（编号）电压互感器（TV）由检修转运行

拆除该 TV 的安全措施，合上该 TV 隔离开关，合上二次熔断器，切换 TV 负荷。

复习思考题

3-1 电力生产的特点是什么？

3-2 电力系统集中统一调度的意义如何？

3-3 电力系统分级调度组织有哪些？

3-4 电力调度的任务是什么？

3-5 电力调度管理的内容有哪些？

3-6 调度员对于各电站（厂）与整个电网的经济效益的关系如何处理？

3-7 如何管理电网运行方式？

3-8 电网调度制度的基本原则是什么？

3-9 电网值班调度员须遵守哪些工作制度？

3-10 当班调度员如何进行交接班？

3-11 调度专用术语有哪些内容？

3-12 电网中设备状态的专用术语有哪些？

第四章 水轮发电机组的运行

第一节 概 述

由水轮机及发电机组成的水轮发电机组是一个电站的核心主体设备，水轮机作为把水力资源的水能转换为机械能的动力设备，对电站水能的经济运用和经济效益及安全运行意义重大；发电机把水轮机的机械能转换为电能，同样是电站的核心主体设备。

水轮机要正常安全运转还需要附属设备调速器及蝴蝶阀和辅助的油、气、水系统及机组自动控制操作保护监测系统。调速器是运行值班中操作调整控制机组的主要附属设备，也是调整发电机组转速(电压的频率)和调整发电机向电网输送有功功率多少的附属设备。频率和有功的调整，一般调速器能自动进行调整。必要时或调度下令增加及减少有功时，运行人员可以通过操作调速器开度来增加或减少进入水轮机的水量来改变有功功率。

发电机由水轮机带动正常发电运转还需要励磁设备及其励磁调节系统和继电保护及二次系统。

在运行中，值班人员要通过操作励磁装置对电压和无功电能进行调整(励磁装置也可以自动调整)，励磁系统直接影响电压和发电机的稳定运行。

电力系统的总负荷中，既有有功功率又有无功功率，由于无功功率不足会使系统电压水平降低，影响用户的正常工作，电站的发电机是电力系统的主要无功电源，为了满足系统无功功率的要求，保障供电电压水平，常常要进行必要的无功功率的调整。发电机装有自动励磁调整装置，它可以自动增加励磁电流而增加无功功率，以满足负荷的要求。必要时，运行人员可以手动在励磁屏上进行调整，以改变发电机所带无功功率的大小；特别要指出的是，电力系统无功不足，严重时会引起电压下降的恶性循环而破坏电力系统的稳定。

发电机正常额定运行时，在功率因数 $\cos\varphi$ 为 0.8 时，根据功率直角三角形，一般有功功率是 4 份时，则无功功率是 3 份，视在功率是 5 份。发电机向电网送出无功功率时，这个无功是感性无功；为了使发电机稳定运行，一般无功不要少于有功功率的 1/4。如果由于故障原因励磁电流减少，进入欠激状态，则发电机向电网送出的是电容性的无功功率，相当于电网向发电机送感性无功功率，即发电机不但不发出感性无功还吸收电网的感性无功。这种状态叫发电机的进相运行。

发电机在运行中，如果励磁电流减少，引起无功减少过度时，可能破坏发电机的稳定运行，严重时还可能引起机组失步或振荡。这个现象发生过程运行人员要引起足够重视。

发电机并入电网后，由于电能特点是发、送、用同时进行的，功率(有功功率和无功功率)必须随时保持平衡。为此，发电机输出功率，要根据电力系统的需要不断进行调节，为了保持电能质量的两个指标即频率(f)和电压(U)的质量，发电机的有功和无功也要根据电力系统的需要不断进行调节,水电站的实质是调节进入水轮机的水量和调节发电机的励磁电流。调水量是通过水轮机调速器自动或运行人员手动进行的,调励磁电流通过发电机励磁调节装置自动或运行人员手动进行。在运行值班工作中,为了保持水轮发电机组的正常安全运转,值班运行人员要加强对水轮机调速器和发电机的励磁调节装置的巡视检查和维护。

第二节　水轮发电机组的试运行

一个水力发电站由设计院设计完成全部图纸后,业主单位招标的土建施工单位进行大坝、厂房等水工建筑物施工,电站厂房施工验收完后,交给机电安装单位进行全部机电设备的安装、调试工作,合格后由业主单位组织安装单位、监理单位和设计院及主要机电产品的有关厂方成立启动验收委员会,进行安装后的试运行,在试运行中,还会处理试运中发现的设备缺陷问题,试运期间,仍由机电安装单位负责,业主单位全力配合,在试运合格后,连续运行 72h,才由业主单位和机电安装单位、监理单位签字验收,正式移交给业主单位。

机组大修后的试运行工作由电站主管生产的厂长或总工程师主持,目的是考核检验大修质量,将技术指标与大修前进行对照,核定消除机组缺陷的质量情况。

新安装机组的试运行,在启动验收委员会领导下进行试运行,包括机组试运行前的机电试验结果检查核对;机组试运行前现场检查,充水试验;水轮发电机组的不带电空载试验;水轮发电机组的带电空载试验;水轮发电机组的并网试验;水轮发电机组的调相操作试验;水轮发电机组的甩负荷试验等。

一、水轮发电机组试运行前的检查

(一)过水系统的检查

(1)引水进水口拦污栅清洁干净。

(2)引水进水口闸门操作自如,并处于关闭落锁状态。

(3)从引水进水口到尾水管尾水门的全部过流道清理完毕。

(4)引水道的通流的闷头、人孔门及阀门已现场确认关闭好。

(5)尾水闸门操作检查正常。

(6)水轮机前的蝶阀调试操作正常,检查无漏水现象,检查模拟事故关蝶阀正常。

(7)确认蜗壳、转轮室、尾水管已清理干净,固定转轮的楔子、吊装工具、临时支架等已拆除。

(8)蜗壳排水阀、钢管排水阀确认处于关闭状态。

(二)水轮机检查

(1)水轮机及附件已全部安装完毕,施工测量记录完整,上下止漏环间隙合格;发电机盘车的摆度值合格,并经总工程师确认。

(2)真空破坏阀、空气吸力阀已竣工,并调试合格。

(3)顶盖排水装置检验合格,水流畅通。

(4)调相补气系统正常。

(5)轴承安装检验合格,数据记录齐全。

(6)导水机构安装完工合格,并处于关位,接力器锁定已投入,导水叶的最大开度及接力器行程已测量合格,关闭后的严密性及压紧行程等符合设计要求,测试记录完整。

(7)各接地部分已连接好。

(8)润滑油合格。

(9)各流量计、压力表、示流计、摆度和振动传感器及各种变送器已安装合格,管道附件良好。

(10)各油水器、管道颜色及标示符合规定,阀门编号符合规定。

(11)属自动控制二次部分的压力、温度等整定值正确。

(三)调速器及其设备检查

(1)调速器整体及管道和油压装置安装完好,调试合格,空载扰动试验的参数调整符合国家标准。

(2)调节保证计算经总工程师审定,确定关闭时间,并整定好。

(3)调速器仪表指针正常及红、黑针位置全部在零位。

(4)油压装置手动和自动启动正常,压力继电器整定正确,高压补气装置阀门位置正确。

(5)调速器系统联动的手动操作的开和关位置正常,并检查调速器、接力器及导水机构联动的动作灵活性、平稳性,检查导叶开度、接力器行程和调速器柜内的导叶开度指示器三者的一致性。

(6)用紧急停机关闭方法检查导叶全开到全关的时间,并核对调保计算数据。

(7)对调速器自动操作系统进行模拟操作,检查手动及自动开机和事故停机时各部件的正确性。

(8)检查全部管道有无渗漏油的情况。

(四)蝴蝶阀操作柜及压力油系统的检查

(1)确认蝶阀手动和自动开启、关闭模拟试验全部合格。

(2)蝶阀油压装置油压泵启动正常,油压正常。

(3)油泵启动放“自动”位置。

(4)蝶阀控制柜电磁阀位置正确,无异常情况。

(5)充气气压表、油压表指示正确。

(6)人工锁锭开阀前已拔出。

(7)管路无漏油现象。

(五)发电机、励磁机、永磁机等的检查

(1)发电机安装后,内部清理完毕,检查定转子、气隙等数据合格,确认无杂物。

(2)机组电气试验全部合格,并经总工程师核准。

(3)各轴承油质、油位正常。

(4)冷却水管路正常,无渗漏现象。

(5)推力轴承的顶转子及装置使用正常,阀门位置正常。

(6)刹车装置试用合格。

(7)发电机内灭火水管路检查试验合格,有专人确认。

(8)发电机转子、集电环、碳刷试验检查合格。

(9)励磁机气隙合格;引出引入线极性正确,检查无误或励磁变压器检查正常。

(10)永磁机接线正确,气隙合格,并查看特性试验结果合格。

(11)测量工作状态的各表计检验合格。

(12)水轮机及发电机各自动控制保护屏上的定值核对正确,控制开关位置正确,全部继电自动模拟操作试验合格。有计算机监控的电站,检查确认调试全部合格,并有继电二次部门专责人员随同检查确认。

二、机组充水试验

(一)充水试验准备工作

(1)经试运现场主管确认,运行前的各项检查已经完毕。

(2)再次确认大坝进水总闸门和工作门处于关闭状态;进水蝴蝶阀(主阀)处于关闭状态;调速器、导水机构处于关闭状态,接力器锁锭已经落锁。

(3)开启尾水门,向尾水管充水,检查顶盖、导水机构、尾水人孔门等是否漏水。

(二)发电引水管充水

(1)充水前应检查引水管,观察总闸门的漏水情况,并处理好。

(2)在专人监护下,先慢慢开启总闸门内的专用充水小阀门,禁止先突然开启大闸门,以防止引水管内气压过大引起放爆事故。

(3)记录引水管内充满水后的平压时间。

(4)平压后,才能开启大闸门,并在静水中重新开启试验,并记录开启时间,然后搁置牢固。

(5)引水管充满水后检查引水管水压读数,检查伸缩节、人孔门、通气孔情况。

(6)全部充满水后,检查正常,并报告运行主管确认。

(三)蜗壳充水

(1)按现场规程,第一次手动操作,写好操作票,打开蝴蝶阀,观察各项动作程序是否正常,并记录开启时间。

(2)手动操作合格后,写好自动操作票,分别进行机房现场和远方操作试验,观察动作过程是否正常。

(3)检查技术供水管道情况和厂房内渗漏水情况,检查渗漏排水泵工作状况。

(4)经试运主管确认,充水正常达一定时间后,才能逐渐进入下一步机组启动阶段。

三、水轮发电机组空载试运行

(一)启动前的准备工作

(1)确认充水试验中发现的缺陷已经处理完毕。

(2)机组周围各层场地清扫完毕;通道畅通;吊物孔已盖好,各部位运行人员已进入预定岗位,测量仪器仪表已调整就位。

(3)调速器面板指针仪表正常，油压装置已完全正常，各阀门已处于开机位置。

(4)机组各轴承油位及测温装置正常。

(5)各部位冷却水、润滑水水压正常。

(6)刹车低压气正常。

(7)上下游水位、各部位原始温度已记录。

(8)发电机顶转子工作按规定已完成，油压撤除后，确认制动风闸已落下。

(9)发电机出口断路器已断开，并拉开相应隔离刀闸。

(10)发电机的励磁开关 MK 处于断开位置。

(11)发电机集电环碳刷已拔出。

(12)水力机械保护装置和测量装置已投入，机组自动屏上各整定值确认正确。

(13)确认机组试验用短接线及接地线已拆除。

(14)临时监视摆度、振动和机组转速的表计已装好到位。

(二)首次启动时用手动操作试验

(1)拔出接力器锁锭。

(2)手动打开调速器的开度限制机构红针指针至略大于空载开度位置，操作动作要求快捷，使机组快速升速，形成轴承润滑油膜，适时调整到额定转速。

(3)专人检查调速器、接力器各压力油管路有无渗油、漏油情况和机组顶盖等处密封情况。

(4)记录机组启动开度和与额定转速相对开度的空载开度值。

(5)及时记录机组振动值、摆度值和转速值。

(6)及时监视机组各部位运转是否正常。

(7)记录机组运行摆度(双振幅)，其值不应超过轴承间隙或制造厂的设计规定值。

(8)记录各部振动值，其值不应超过表 4-1 的规定。

表 4-1　水轮发电机组各部位振动允许值(GB8564—88)　　(单位：mm)

项目		额定转速(r/min)			
		<100	100～250	250～375	375～750
		振动允许值(双振幅)			
立式机组	带推力轴承支架的垂直振动	0.10	0.08	0.07	0.06
	带导轴承支架的水平振动	0.14	0.12	0.10	0.07
	定子铁芯部分机座水平振动	0.04	0.03	0.02	0.02
卧式机组各部轴承垂直振动		0.14	0.12	0.10	0.07

注：振动值系指机组在各种正常运行工况下的测量值。

(9)测永磁机电压与频率关系曲线。在额定转速下，测永磁机绕组输出电压值。

(10)测量发电机一次部分残压值和出口电压互感器二次侧的二次残压值，并测量检查相序是否正确。

(11)检查发电机集电环表面情况并处理。

(12)及时检查监视机组各部位是否转动正常，有无金属撞击声、水轮机室窜水、轴瓦温度升高、油槽甩油、摆度及振动过大等，及时报告启动指挥主管，直至紧急停机。

（三）机组空载运行时调速器系统的调整和检查

（1）电液转换器或电液伺服阀活塞振动应正常。

（2）调速器本体及油压装置油管路渗漏情况检查。

（3）根据永磁机输出电压或机端电压互感器输出残压选择调整调速器输入信号源的变压器抽头。

（4）频率给定整定范围应符合设计要求。

（5）进行手动、自动阀的切换操作试验。接力器应无明显摆动。在自动调速状态下，机组相对摆动值要求如下：对大型调速器不超过±0.15%额定转速，对中小型调速器不超过±0.3%额定转速。

（6）调速器空载扰动试验应符合下列要求：①扰动量一般为±8%；②转速最大超调量，不应超过转速扰动量的30%；③调节次数不超过两次；④从扰动开始到不超过机组转速摆动规定值为止的调节时间应符合设计规定要求；⑤记录压油泵自动启动的周期时间；⑥在调速器自动运行时，记录导叶接力器活塞摆动值及摆动周期；⑦空载扰动试验中的问题，及时进行调整处理，并报告启动运行主管；⑧在相应水头下，满出力时的相应开度初步调整，并按设计要求整定关闭时间，并经总工程师确认。

（四）首次手动启动后的停机及检查

（1）操作开度限制手轮进行手动停机，当机组转速下降至35%左右时，手动打开低压气管路阀门，使风阀加压制动，防止低速运转烧瓦事故发生，停机后解除制动风闸，并进入机组内部，现场检查制动闸下落情况。

（2）停机过程中严密监视、检查各轴承温度变化、转速、继电器动作、油槽油面变化，并录制转速（频率）与永磁机电压关系曲线。

（3）停机后投入接力器锁锭。

（4）停机后的检查包括：①对机组本体的各部分螺栓、螺钉、锁片及键进行检查，是否有松动现象；②检查转子及磁极的所有转动部分焊缝；③检查上下挡风板、挡风圈、导风叶是否松动或异常；④检查制动闸摩擦情况；⑤检查油、水、气管路情况；⑥在相应水头下，调整开度限制机构的限制开度，主令开关的空载开度接点。

（五）过速试验及检查

（1）机组在手动空载启动运行后的摆度与振动值均符合规范要求，在启动主管认可后，才做过速试验。

（2）按设计规范，整定过速保护装置的整定值，一般有105%、115%、140%三个整定值。

（3）先将转速继电器的过速保护的接点出口回路从端子上断开。

（4）以手动方式先使机组转速达到额定值，待运行正常后，逐渐分别升高转速至105%、115%、140%，同时由继电保护专业人员分别调整其相应的转速接点，最后调速至140%的过速保护接点，使其各接点在相应过速下准确动作。调好后，使机组转速回到额定转速，然后将其断开的相应接点出口保护回路在端子处正确连接好。

（5）在过速试验过程中，应监视并记录各部位的摆度和振动值，记录各轴承温度。

(6)过速试验后，全面检查转动部分情况，如转子磁轭键、磁极键、阻尼环及磁极引线、磁轭压紧螺栓等。

(7)检查发电机定子基础情况。

(8)重复前四项中的全部停机及检查项目。

(六)自动开机和自动停机试验

(1)自动开机和自动停机试验的目的是检查自动开机和自动停机回路的正确性，考核设计的自动开机和自动停机回路展开图安装接线的正确性，并处理缺陷。具有计算机监控系统的水电站，自动开机和停机过程由计算机监控系统完成。

(2)自动开机和自动停机前的必备条件，必须经两人检查确认：调速器切换到自动位置；功率给定处于空载位置；频率给定处于额定频率位置；调速器参数在空载最佳位置；水力机械保护回路全部投入，并投入控制回路二次电源，自动开机和自动停机条件完全具备。

(3)自动开机全自动可在中控室进行，操作水机控制 41KK 开关，送出一个开机脉冲即可全部完成自动开机过程，并随即进行各项检查：①自动化元件能否正确动作情况。②调速器动作情况。③发出开机脉冲升至额定转速所需时间。

(4)机组自动停机及停机后的检查项目：①在中控室操作自动控制开关 41KK 扭向停机侧，发出停机脉冲。②记录发出停机脉冲到转速降至 35% 的制动转速时间。③记录自动加闸刹车到机组停止转动所需时间是否与整定时间相符。④检查转速继电器和全部自动化元件动作情况，并处理异常。⑤停机后，再次重复首次手动停机后的检查，特别注意检查制动风闸是否自动落下。

(七)水轮发电机升压试验

(1)确认水轮机全部空载试验完成并合格。

(2)带有复励装置的发电机，应按制造厂的规程规定，对励磁调节器现场调试合格。

(3)发电机按试验规程进行的电气部分试验全部合格，如绝缘电阻及吸收比和耐压试验等。

(4)发电机保护装置全部投入，控制保护二次直流电源投入。

(5)自动开机至额定转速空载运行，并测发电机电压互感器二次侧残压。

(6)励磁调整装置放电压零位位置，合上励磁开关 MK，逐渐调整励磁电流，先升发电机电压至 50% 额定电压值。

(7)检查发电机出口母线情况是否正常。

(8)检查机组摆度、振动情况。

(9)发电机电压互感器二次侧测量相序、相位和各相电压。

(10)检查上述情况正常，经主管同意，调整励磁电流至空载电流值，将发电机电压升至额定值。

(11)在专责电气试验人员主持下，做发电机空载特性曲线试验，最高电压按规程一般允许达 1.3 倍额定电压，并经总工程师确认同意。

(12)在专业电气试验人员主持下，做发电机短路特性试验。

(13)在做空载特性试验时，调整励磁电流要慢慢进行，并检查低压继电器和过电后继电器在整定值下的动作情况，并检查励磁碳刷有无火花。

(14)全部试验完成后，在50%和100%额定电压下做灭磁开关MK跳合试验，检查消弧情况。

四、发电机对主变压器和高压配电装置零起升压试验和电力系统对主变压器全压冲击合闸试验

(一)试验前的检查

(1)发电机电压级的断路器、隔离开关及互感器、避雷器等全部电气设备的高压试验全合格，并经总工程师确认，具备投入运行条件。如附图电气主接线图变压器低压侧的6kV全部电气设备即是。

(2)主变压器、厂用变压器近区变压器全部高压试验合格，变压器油化验合格，分接开关按电网调度要求放挡，中性点接地刀闸按电网调度投入。

(3)主变压器升压侧的高压配电装置全部试验合格。

(4)全部保护装置投入。

(二)水轮发电机组对主变压器及其高低压设备零起升压试验

(1)在无电压情况下，断开主变高压侧与用户和电网相联的断路器及隔离开关。如附图主接线图所示，以1F机组与1B主变压器为例，断开501刀闸、断路器404、406及202、502、206、208、212、214、210、402。

(2)除(1)项开关外，合上1F和1B回路零起升压的全部开关及刀闸，发电机回路只合上零起升压的1F发电机回路开关和刀闸。如1号机零起升压，则只合204、2041及电压互感器回路刀闸2G114、2G124。

(3)按正常开机程序步骤开启1号机组。

(4)励磁调整开关放零位。

(5)合上MK灭磁开关。

(6)调整励磁，分次定时将发电机升压到25%、50%、75%、100%额定电压，分次定期检查全部一次设备运行情况，发现异常立即报告记录处理。

(7)用相序表检查电压回路、同期回路及全部电压互感器二次侧电压的相位、相序是否正确。

(三)电力系统对主变压器的冲击合闸试验

(1)对主变压器的全压冲击合闸试验，不允许由发电机进行，只允许由系统电源进行。

(2)断开主变压器与发电机相联的低压侧断路器及隔离开关，断开供电用户断路器及刀闸，以1B主变压器为例，如附图主接线图中的200、2003，400、4003。

(3)投入主变压器全部保护装置及控制、讯号，主变压器完全处于待带电运行的要求状态，只留下高压断路器500未合上。

(4)投入主变中性点接地刀闸。

(5)联系电网调度部门，向电网送电到本水电站高压侧母线，检查电压正常。

(6)合上主变高压侧断路器，如1号主变500，使电力系统全压对主变冲击合闸5次，每次合闸后，要去现场进行检查后，再逐次合闸，间隔不小于10min。检查主变压器无异

状、异声、异味，并检查主变差动及瓦斯保护有无动作情况，并及时监视盘表的励磁涌流大小，及时记录下来，有条件的录下示波图。

（四）发电机对主变压器及其全部高低压配电设备的短路升流试验

（1）如附图主接线图所示，以1F发电机和1B主变为例，重复或确认零起升压试验的各检查项目。

（2）在无电压条件下，在主变高压侧装可靠的三相短路点，如附图主接线图中，可将短路点装在501刀闸的本电站母线侧。

（3）按正常开机程序步骤开机，用调速器手动调整，配合励磁电流调整开关，慢慢将电流升至发电机额定电流为止。

（4）检查电流盘表及电流互感器情况。

（5）测量主变等差动保护的电流向量图等。

五、水轮发电机组并列及带负荷试验

（一）水轮发电机组空载并列试验

（1）检查全站公用同期回路，周期表、周波表、电压表接线正确，同期表切换开关STK（SA1）"断开"位正确；并对全站所有断路器同期点开关TK（SS）"断开"位检查。

（2）全站现场只留一个公用TK（SS）插入操作把手。

（3）先以手动进行准同期方式并列试验。在正式并列试验前，应先断开相应的隔离开关，进行模拟并列试验，以确定同期装置的正确性。全站所有同期点都要模拟一次。

（4）正式进行手动准同期并列试验（具体操作程序步骤见第三节的同期与并列部分）。有条件时可以录制电压、频率和同期时间的示波图。

（5）手动准同期模拟合格后，再用自动准同期做模拟试验。

（6）同期并列由2人进行操作。

（二）水轮发电机组的带负荷试验

1.水轮发电机组的带负荷试验

（1）操作调速器开度限制机构慢慢增大开度，使有功负荷分段逐步增加。

（2）观察各仪表指示及机组各部位运行情况和不同负荷下尾水补气装置工作情况。

（3）观察机组在加负荷时有无振动区，记录振动区相应的水头和相应的开度值。

（4）测量摆度与振动值，必要时进行补气试验。

2.水轮发电机带负荷下励磁调节器试验

（1）发电机有功功率分别为0、50%、100%额定值下按设计要求调整励磁电流使发电机无功功率从零到额定值（注意：励磁电流不准超过额定值）。

（2）在有功功率已达到额定值时，调整励磁电流，增加无功功率，在励磁电流已达额定值时，检验无功功率能否达到额定值，$\cos\varphi$ 能否达到额定值。调节过程中应平稳而无跳动。

（3）在发电机有功功率分别为25%、50%、100%额定值时，减少无功功率，观察检验机组运行的稳定性。

（4）条件具备时，可测定并计算水轮发电机的端电压调差率、调差特性等，且应具有较好的线性，并符合设计要求。

(5)条件具备时，可测定并计算水轮发电机端电压静调差率，其值应符合设计要求。当无设计规定时，对半导体型不应大于0.2%～1%；对电磁型不应大于1.0%～3.0%。

(6)对晶闸管励磁调节器，应分别进行各种限制器的保护试验和鉴定。

(7)进行生产厂家要求的励磁调节器其他项目试验。

3.机组突变负荷试验

在其他试验全部合格的条件下，使机组突然增加或突然减少负荷，变化量不应大于额定负荷的25%，并应自动记录机组转速、蜗壳水压、尾水管压力脉动、接力器行程和功率变化过程，及时选择各负荷工况下的调速器的最优调节参数。

六、水轮发电机组甩负荷试验

(一)甩负荷试验应具备的条件

(1)将调速器的参数选择在空载确定的最佳值。

(2)再次确认或调整好调速器在相应水头下，额定负荷时的最大开度位置，在此最大开度下，按设计调保计算结果，整定调速器全关时间，并经总工程师确认。

(3)调整好测量机组振动、摆度、蜗壳压力、引水管压力、机组转速(频率)和接力器行程等电量和非电的监测仪表。

(4)所有继电保护及自动装置均已投入。

(5)自动调节励磁已选择在最佳值。

(6)机组试运中发现的缺陷已确认处理好。

(7)按正常开机程序步骤开机运行。

(8)与电网调度中心已经联系好，并确认同意。

(9)总指挥及各岗位人员已就位。

(二)机组甩负荷试验

甩负荷试验应在额定负荷的25%、50%、75%和100%下分别进行，并记录有关数据，同时应录制各种参数变化曲线及过程线。记录格式见表4-2。

当电站受运行水头和电力系统条件限制时，若机组不可能在带额定负荷下甩额定负荷，则可按当时条件在尽可能大的负荷下进行甩负荷试验。

(三)自动励磁调节器的稳定性和超调量检查

当发电机甩100%额定负荷时，按规范要求，发电机电压超调量不应大于额定电压的15%～20%。振荡次数不超过3～5次，调节时间不大于5s。

(四)水轮机调速系统调节性能检查

检查校核导叶接力器紧急关闭时间、蜗壳水压上升率和机组转速上升率等，均应符合调节保证计算的设计规定。如有不符，应经总工程师确认并处理。

(五)调速器动态品质检查

考核机组甩负荷时，调速器的动态品质应达到如下要求：

(1)机组甩100%额定负荷后，在转速变化过程中超过稳态转速3%以上，波峰不应超过2次。

表 4-2　水轮发电机组甩负荷试验记录

机组负荷(kW)	记录时间	机组转速(r/min)	导叶开度(%)	导叶关闭时间(s)	接力器活塞往返次数(次)	调速器调节时间(s)	蜗壳实际压力(MPa)	真空破坏阀开启时间(s)	吸出管真空度(mmH_2O)	大轴法兰处运行摆度(mm)	上导轴承处运行摆度(mm)	水导轴承处运行摆度(mm)	上、下机架振动(mm)		定子振动(mm)		转速上升率(%)	蜗壳水压上升率(%)	永态转差系数		转轮叶片关闭时间(s)	转轮叶片角度(°)	转动部分上抬量(mm)
													水平	垂直	水平	垂直			指示值(%)	实际值(%)			
	甩前																						
	甩时																						
	甩后																						
	甩前																						
	甩时																						
	甩后																						
	甩前																						
	甩时																						
	甩后																						
	甩前																						
	甩时																						
	甩后																						

上游水位：　　　　　下游水位：　　　　　记录整理：

技术负责人：　　　　　　　　　　　　　　年　月　日

注：(1)转速上升率＝(甩负荷时最高转速－甩负荷前稳定转速)÷甩负荷前稳定转速×100％；

(2)蜗壳水压上升率＝(甩负荷时蜗壳最高水压－甩负荷前蜗壳水压)÷甩负荷前蜗壳水压×100％；

(3)实际调差率＝(甩负荷后稳定转速－甩负荷前稳定转速)÷甩负荷前稳定转速×100％。

(2)机组甩100%额定负荷后,从接力器第一次向关闭方向移动起到机组转速摆动值不超过±0.5%为止,所经总历时不应大于40s。

(3)接力器不动时间,对于电液调速器不大于0.4s,对于机械调速器不大于0.5s。如有不符时,应经总工程师确认并处理。

(六)转桨式水轮机甩负荷后检查

对转桨式水轮机,甩负荷后应检查调速系统的协联关系和分段关闭的正确性,观察并检查突然甩负荷引起的抬机情况。

七、水轮发电机组连续带负荷试验

(1)完成以上试验内容经验证合格后,再经总工程师核准后,按相应规程规定程序和步骤,将机组并入电力系统,带额定负荷连续试运行。连续试运行的时间,对新投产机组为72h,对大修机组为24h。调相试验步骤方法参见第四章第三节进行。

若由于水库没有达到设计水位等外部特殊原因使机组不能达到额定出力,可根据具体情况确定机组应带的最大负荷值。

(2)根据正式运行值班制度,正常值班工作并记录运行有关全部参数。

(3)在连续运行后,由于机组及附属设备的制造和安装质量原因引起运行中断,经检查处理合格后重新开始连续试运行,中断前后的运行时间不得累加计算。

(4)连续试运行后,应停机检查并将蜗壳钢管的水排空,检查机组流道部分及水工建筑物排水系统情况,消除并处理连续试运行中所发现的所有缺陷。

(5)连续试运行后,应及时消除水力机械和电气设备的所有已发现的缺陷。

(6)新投产机组72h试运行,并经停机处理好发现的所有缺陷后,即可开始为期一年的试生产。试生产可由电站建设单位委托生产单位进行。等生产期满后,方可办正式移交手续。

第三节　水轮发电机组的正常运行

新机组经安装或大修机组经检修试验试运行合格后,即可投入正常运行。机组正常运行操作基本程序为机组启动、并列、增(减)负荷、调相、运行检查监视、解列、停机等项操作。凡涉及操作,必须根据值长命令,先写好操作票,经水机班长审定后,由两人进行操作,其中技术较高的一人作监护人。现场操作时实行核对复诵制。

一、机组启动

(一)冷备用机组启动前的检查与操作

正常运行情况下,机组按命令处在热备用状态时,启动前一般不需要做准备工作。当机组停机时间较长,处在冷备用时,再重新启动时,启动前应做下列准备检查工作。

1.调速器检查

调速器应处于全关位置;开度限制指示指零;转速调整指示零位,功率给定整定额定值;锁锭投入;调速器的总供油阀关闭。

2.油压装置检查

压力油槽油位、油压、油质正常；集油箱油位、油质正常；压力继电器整定值正确，动作可靠；油泵工作平稳。

3.制动系统检查

制动风闸落下退出制动位置；信号灯亮；制动柜(架)各阀在机组投入运行位置；低压气正常。

4.顶转子操作

新装机组或大修机组，自投产之日算起的停机时间，第一年超过24h，一年后超过72h，规定机组启动前必须顶转子，以使润滑油进入推力轴承与镜板的摩擦面。顶转子操作按以下步骤进行：

(1)检查调速器在全关位置，锁锭投入。

(2)操作制动柜(架)上高压三通旋塞阀(或阀门)，切换到顶转子位置；制动闸的排油阀在全关位置(参见图1-13低压气系统图)。

(3)关闭高压油泵的回油阀，打开供油阀，启动高压泵，压力油压升到规定值，顶起转子高4～6mm，保持2～3min。

(4)打开高压油泵的回油阀和制动闸的排油阀，使制动闸复归，指示灯亮，并到现场查看制动阀落下。

(5)检查制动闸复归情况，关闭制动闸的排油阀，将制动柜(架)上的阀门切换到正常运行位置。

(6)如果是电动启动的高压油泵，应切断其电源。

5.主阀操作

(1)开主阀前必须先手动拔出人工锁锭(机组本体检修必须落人工锁锭)。

(2)主阀开启前先开旁通阀向蜗壳充水，直到主阀两边平压为止。

(3)平压后主阀为球阀的，开启前必须使球阀的工作密封退出；主阀为蝶阀的，开启前必须先排空气围带中的压缩空气。

(4)主阀开启操作可在中控室或机旁进行。第一次操作必须按操作票手动进行。主阀全开，开启位置指示灯亮。

(5)进水主阀全开后旁通阀关闭。

(6)主阀操作也可一次全自动完成。

6.冷却水、润滑水供水操作

打开各冷却水、润滑水供水总阀门；调整供水量与水压使滤水器出口压力为0.3MPa；各轴承冷却水为0.1～0.2MPa；水润滑的水导轴承的润滑水水压按制造厂设计值调整；发电机空冷器水压按当时运行要求调整。

(二)机组启动应具备条件

(1)水轮机主阀在全开位置，主阀开启位置指示灯亮。

(2)导水机构全关，开限指示指零。

(3)机组无事故，事故继电器未动作。

(4)制动闸已复归，复归指示灯亮。

(5)冷却水、润滑水已投入流量,水压正常。

(6)制动系统气压正常(0.4～0.7MPa)。

(7)开机准备工作就绪,指示灯亮。

(8)发电机回路断路在断开位置。

(9)发电机励磁的灭磁开关 MK 在断开位置,励磁电压调整在零位。

(10)继电保护和自动控制回路确认已验收合格。

(11)电气液压调速器的平衡表指示正确。

(三)机组启动操作

1.自动开机操作

(1)开调速器总供油阀,拔出接力器锁锭。

(2)将调速器手动、自动切换手柄切换到自动位置。

(3)由水机室值班长通知电气室值班长,机组准备工作就绪,准备开机。

(4)在中控室扭动开机控制开关 41KK(SA),机组启动,并升至额定转速,运行人员应密切注意机组情况,水机人员要加强现场的监视检查。

2.手动启动(机旁操作)

(1)值长通知水机班长准备手动开机。

(2)将调速器手动、自动切换手柄,切到手动位置。

(3)开启调速器供油总阀。

(4)拔出接力器锁锭。

(5)快速操作开限机构至启动开度开机、调整开度限制机构,使机组转速达到额定转速。

二、机组并列

(一)发电机升压

当机组转速升到额定转速后,水机班长通知电气班长合上灭磁开关 MK 励磁,并调整励磁升压。升压时应注意如下事项:

(1)三相定子电流应等于零。

(2)升压过程中,应防止空载电压过高。发电机在额定转速、额定电压时,应检查励磁电流的调节手柄是否在空载位置,同时比较此时的励磁电流和电压值是否与正常空载值相近。

(3)三相定子电压值大小应平衡。

(二)发电机同期与并列

发电机电压升到额定值后,即可准备同期(并网)操作。并列工作必须谨慎,防止非同期合闸引起事故。发电机同期(并列)方式有准同期与自同期两种。

1.准同期

准同期是指先建立发电机电压,然后与系统同步。待“电压”与“频率”满足条件后,切并列断路器(如附图主接线图中的 204、206、208 断路器)的同期开关 TK(SS)到“工作”同期位置。同期闭锁继电器 TJJ(KA)的切换开关 BK(SA2)切至“同期投入”位(即 SA2 接点断开，使KA继电器的接点串入合闸二次回路。SA2切至“退出”时是将SA2接点短接，KA退出，适应不需同期的单电源操作）。

调电压和频率，投入同期表（一般改用组合式同期表）切换开关STK（SA1），先投“粗略同期”检查监视电压表、周波表；再投“精确同期”，检查同期表（S）指针转动情况和同期闭锁继电器TJJ（KA）动作情况。选择时机，投入发电机的主断路与系统并列。

1）准同期并列必须满足的条件

（1）待并发电机的电压与电网（系统）电压相等，其偏差不大于额定电压的±5%。

（2）待并发电机的频率与电网频率相等，其频率偏差不大于±0.25Hz。

（3）待并发电机与电网相位相同，其偏差在±10°相位角以内。

（4）待并发电机与电网相序相同。

以上要求，在操作时，由电压表、频率表、同期表、同期闭锁继电器监视。

发电机暂态电抗很小，系统与待并发电机两者较小的电压差将会造成较大的冲击电流。若偏离了上述四个条件，进行非同期并列，在很大的冲击电流作用下会造成事故，严重时会烧坏发电机，甚至扭断主轴。

2）发电机准同期并列操作

发电机准同期并列操作方法有手动、半自动、自动三种。小型水电站的水轮发电机多采用手动和半自动准同期。对于乡村小型水电站，还使用简易的灯光法同期并列方式。

手动准同期操作步骤为：

（1）合上待并发电机的隔离开关。

（2）操作调速器的开度限制机构，使待并发电机的频率与系统频率近似相等，其偏差在允许范围内。

（3）合上励磁开关MK，发电机励磁。

（4）调整待并发电机的励磁电流，使电压与系统电压近似相等，其偏差在允许范围内。

（5）投入待并发电机的断路器的同期切换开关TK（SS）到同期“工作”位置。

（6）闭锁切换开关BK（SA2）放“同期投入”位。

（7）将同期表切换开关STK（SA1）放“粗略同期”时，双方电压表、周波表投入。

（8）放“精确同期”时，整步表投入并开始旋转。

（9）监视同期继电器TJJ（KA）动作情况，当同期表指针，由“慢”向‘快”方向旋转（即待并发电机频率略高于运行母线电压频率），缓慢平稳趋于红线时（指针快到红线之前），操作该发电机断路器控制开关KK（SA）合闸，发电机的主断路器（如附图中的204、206、208）即合闸与电网并列。

（10）TK（SS）切至“断开”位，拔出断路器的同期切换开关TK（SS）把手。

（11）将STK（SA1）切回“断开”位。

（12）BK（SA2）切至退出位。

（13）调整有功和无功负荷。

2. 自同期

自同期是指当发电机转速接近额定转速时（相差±2%），在不加励磁的情况下先合发电机的主断路器（如附图中的204、206、208），然后再合上励磁开关MK加励磁的并网方式。

采用自同期的优点是操作简单，在系统发生故障情况下，备用机组可迅速并入系统。但并网时冲击电流要比准同期大。小型水轮发电机的同期方式大多采用手动准同期。

为了防止非同期并列，有下列情况之一者禁止合闸：

(1)情况一：同期表指针旋转过快时不准合闸。因为，此时待并发电机的频率与系统频率或两者的相位相差较大，不易掌握适当的合闸时间，往往会造成非同期合闸。

(2)情况二：同期表跳动而不是平稳地摆动经过红线，禁止合闸。因为，这可能是同步表内部机构卡阻或接点松动引起，表示不正确，也往往造成非同期合闸。

(3)情况三：同期表经过红线不动时，禁止合闸。

(4)情况四：同期闭锁继电器 TJJ(KA)常开接点断开，合闸无效。

在附图主接线图中的发电机 1F 同期并列操作步骤如下：

(1)检查 1F 断路器 204 在断位。

(2)检查 2041 隔离开关在合位。

(3)发电机 1F 开机完成。

(4)插入 204 的 TK(SS)把手，切到接通同期“工作”位置。

(5)闭锁切换开关 BK(SA2)放“同期投入”位。

(6)合上灭磁开关 MK。

(7)调整励磁电流和机组开度，使发电机电压、周波与系统的电压、周波接近。

(8)将 STK(SA1)同期表切换开关切“粗同期位”。

(9)调整电压、周波，并监视同期闭锁继电器 TJJ(KA)。

(10)将 STK(SA1)切“精确同期”位置，同期表投入。

(11)选择时机，并监视 TJJ(KA)同期继电器接点闭合情况。当同期表指针由“慢”向“快”方向旋转(即待并发电机频率略高于运行母线电压频率)，缓慢平稳趋于红线时(指针快到红线之前)，手动操作发电机的主断路器 204 的控制开关 KK(SA)，合上 204 断路器。

(12)TK(SS)切到“断开”位，拔出 TK(SS)同期锁片。

(13)STK(SA1)切回“断开”位。

(14)闭锁切换开关 BK(SA2)切至退出位。

(15)调整励磁和水机开度限制机构，调整有功和无功负荷。

三、水轮发电机的增(减)负荷操作

当水轮发电机组并入电网带负荷后，调整有功功率和无功功率到额定值，操作方法如下：

(1)操作开度限制机构，使红针达到比预定的与水头相适应的额定出力略大的限制开度。

(2)增加有功功率。操作调速器的转速调整机构黑针，使其增大指示，使导水机构实际开度增大，调整机组有功功率到额定值。

(3)增加无功功率。用增加励磁的方法调整无功功率到额定值，并监视励磁电流不允许超限。

减少有功功率与无功功率的操作与上述相反，机组在运行中可根据电网调度，用与上述相同的方法进行功率调整。

四、发电机转调相和调相转发电操作

发电机改作调相机运行，实质是作为一台空载的同步电动机并在电网上运行。这台同步电动机又叫同步补偿机，不需要外部的水能，不发有功只发无功，只需要调整励磁电流，就可以向电网输送无功电能。

(一)发电机转调相操作及动作过程

(1)将调相专用控制开关 43KK 扭向“调相”位置。

(2)发电机组先卸去有功负荷，然后关闭机组导水叶。

(3)调相压气回路接通，补‘低压气压下转轮室内的尾水，监视空压机启动情况，使转轮在空气中旋转后，又自动停止补气。

(4)检查监视调相运行情况。

(二)调相转发电操作及动作过程

(1)将调相专用控制开关 43KK 扭向“发电”位置。

(2)调速器开度限制机构使导水叶开度打开，即带上有功负荷。

(3)调相启动压水的水位信号器停止工作，压缩空气停止进入转轮室，转轮由水冲动。

(4)检查发电机正常运行情况。

(三)调相停机

如果在调相运行中需要停机，则只需直接将开停机的控制开关 41KK 扭向“停机”位置即可，即自动关导叶跳发电机开关和跳励磁开关停机。

(四)停机调相

首先，必须按发电机启动机组并网运行；然后按发电机转调相程序操作，将发电机转为调相机运行即可。

五、正常运行中监视检查及动作过程

水轮发电机在正常运行中，应定期进行巡视检查监视。在有计算机监控的水电站中，在中央控制室的上位机显示屏上，按设计点击菜单，进行画面切换，监视检查，同时还必须定时到现场进行巡视检查监视。

(一)发电机温度监视

1.发电机定子绕组与铁芯温度监视

带负荷的发电机，因铜损和铁损产生热量，使定子温度升高。当温度超过绝缘材料允许值时，会使绝缘材料特性老化，机械强度降低，严重时将绕组击穿，发生短路导致发电机燃烧。

发电机绕组温度最好一般控制在 60～80℃，最高温度不得超过 105℃。定时切换测温装置，并抄表。特别注意在同一环境温度下、同一负荷条件下，发电机温度的反常变化情况。

2.发电机风温监视

当发电机运行中电压与电流保持不变时，发电机与铁芯温度决定于冷却介质的温度与温升。因此，除监视发电机绕组和铁芯温度外，还需认真地监视发电机出口风温。为避免发电机结露，最低进风温度不低于5℃；为防止发电机过热，最高进风温度应低于40℃，一般在20～30℃较为合适。

（二）发电机电压、电流和功率因数的监视

1.电压监视

发电机在额定转速和额定出力不变的条件下，电压变动范围允许在额定电压的±5%范围内运行，最高电压不大于额定电压的110%，但此时励磁电流不得超过额定值。最低电压应根据系统稳定运行的要求确定，一般应不低于额定电压的90%，此时定子电流不超过额定值。

2.电流监视

发电机定子电流应不超出额定值，三相不平衡电流不应超过电流的20%，任意相电流不应超过额定值，并遵守表4-3允许短时过负荷的规定。

表4-3　水轮发电机短时过负荷电流允许值

定子绕组过负荷电流(A) / 额定电流(A)	1.1	1.12	1.15	1.25	1.5
过负荷时间(min)	60	30	15	5	2

3.功率因数 $\cos\psi$ 监视

发电机的功率因数 $\cos\psi$ 额定值为0.8，一般不超过0.95情况下可正常运行。若配有自动励磁装置的发电机，必要时可在功率因数等于1条件下运行，但不允许进相运行。当功率因数低于0.8时，监视定子电流和励磁电流不超过额定值。发无功功率的多少，由励磁电流不超过允许值决定，并考虑发电机的稳定运行。

（三）机组轴承的监视

1.温度监视

轴承在工作中与轴颈（镜板）发生相对运动，产生摩擦并产生热量，润滑油起润滑与冷却作用。在运行中轴承温度过高，会使润滑油黏度下降、油质劣化，导致油膜厚度减薄，润滑条件恶化，严重时引起瓦衬熔化。因此，运行人员务必加强轴承瓦温和油温的监视。

运行中轴承通常温度为60℃以下，信号（故障）温度一般为60℃，事故温度为70℃，用于停机轴承润滑油油温一般不得高于55℃。

2.油质油面的监视

1）油质监视

水轮发电机组一般采用30号汽轮机油。油质除定期化验外，还需在运行中注意观察。油色应透明呈橙黄色。若油色混杂发白，表示油中含过量的水分，油色发黑变暗是油中含杂质和碳分引起的。碳分增加是油温度过高造成的，往往是烧瓦的预兆，必须引起运行人员的足够重视。

2)油位监视

油位正确是保证轴承安全运行的重要条件之一。油位过高,会引起轴承甩油;油位过低,会因油量不足而使轴承过热,甚至使瓦衬熔化(烧瓦)。轴承油位应在标准油位线±10mm 范围内运行。

(四)机组振动与声响的监视

机组在运行中发生的振动与摆度,可用传感器监视,或定期用百分表测量。机组各部位的振动值应不超过表 4-1 中的规定值。各部摆度应不大于设计规定,无规定时一般不超过轴瓦的间隙值。

运行中若发现机组异常振动,可先试行调整水轮机开度,避开可能的气蚀振动区,机组内部有金属摩擦和撞击声,应立即停机进行检查,查明原因,然后进行排除。

(五)水轮机运行的监视

1.主轴密封监视

主轴要求密封不过热,漏水量小。

液压式端面密封:运行时依靠水压使 U 形橡胶密封环端面紧贴转环进行密封,密封的注水压力为 0.05~0.1MPa。

石棉盘根主轴密封在运行中要求稍有漏水,以达润滑冷却摩擦面的目的,但是不能成线漏水,以避免水进入水导轴承。

2.导水机构监视

导水机构监视能达到:剪断销无剪断,连杆、拐臂间无杂物,导叶套筒处不漏水,顶盖排水畅通,水轮机室无大量积水,接力器动作正常。

(六)冷却及润滑水水压水量的监视

其主要包括冷却水水压指示正常,水流畅通,示流器指示正常。

(七)励磁机和永磁机的监视

励磁机和永磁机的监视包括以下几个方面:

(1)励磁机碳刷及整流子无火花。

(2)集电环上无黑色碳粉。

(3)励磁机、永磁机运转声音无异常。

(4)如果是可控硅励磁,应检查励磁变压器无异常响声,无异味。

六、水轮发电机组的解列和停机

(一)解列

(1)由值长发出停机令。

(2)用转速调整机构调实际开度黑针到空载开度。

(3)调节发电机的励磁,卸去全部无功功率。

(4)把开度限制机构指针红针打到空载开度。

(5)断开发电机出口的主断路器,使水轮发电机组与电网解列,并跳开励磁开关 MK。

(二)停机

(1)操作励磁调节手柄,将发电机电压减至零。

(2)确认跳开励磁开关 MK。

(3)操作开度限制机构,实际开度黑针到零位,导水叶全关。

(4)机组转速逐步降低,当降低到额定转速的 35%左右,自动或手动投入制动闸,至机组停止运行。

(5)投入调速器接力器锁锭(冷备用时投入)。

(6)关闭调速器的供油总阀。

(7)复归制动闸,指示灯亮,并去现场检查制动闸是否全部落下。

(8)关闭机组冷却水总供水阀。

(9)全面检查机组情况。

(10)若较长时间停机或导水叶漏水严重,可在当班值长同意下,将水轮机导叶前的主阀关闭。

第四节　水轮发电机组运行故障与事故处理

水轮发电机组在发电运行中由于本身及外部原因,都可能发生一些故障,而发电机是电力系统中最重要的设备,发电机的安全工作对电力系统的稳定运行和对用户不间断供电起着决定性的作用。因此,针对发电机运行中可能出现的故障,在发电机上必须装设比较完善的继电保护装置;同样,在水轮机上也必须装设有关的保护装置。

运行中的发电机,定子绕组和励磁绕组回路都可能发生故障,在电气方面常见的故障如下:

(1)定子绕组相间短路。定子绕组发生三相或两相短路时,引起很大的短路电流,造成绕组过热,故障点产生的电弧使绕组绝缘损坏,甚至会导致发电机着火事故。这是发电机内部最严重的故障。

(2)定子绕组单相接地。最常见的发电机定子绕组单相接地故障是由于绝缘损坏而引起的绕组一相碰壳。发电机一般是在非直接接地系统中运行的(6kV、10kV 等系统),单相接地后,引起发电机电压系统电压不正常运行,而且发电机电压系统电容电流的总和流经定子铁芯,当此电流较大时,如超过 5A,可能使铁芯熔化,还可能扩大成为相间短路,铁芯的局部熔化使绕组烧坏,给发电机检修工作带来很大困难。

(3)定子绕组一相匝间短路。定子绕组某一相发生匝间短路时,被短路的各匝将有短路电流流过,产生局部过热,破坏绕组绝缘,并可能发展为单相接地故障或相间短路故障。运行实践表明,大部分匝间短路都发展为单相接地故障。不同时发生单相接地的匝间短路的情况极少。而且,对于定子各相绕组没有并联分支的发电机来说,要实现匝间短路保护太复杂了,且还不够完善。所以,只有在各相绕组有并联支路时,才考虑装设专用的匝间短路保护装置。

(4)发电机励磁回路可能发生一点或两点接地故障。当发电机励磁回路发生一点接地时,由于没有构成接地回路的通路,故对发电机没有直接的危险。但是,如果这时一点接地没有消失,另一点又出现接地,则形成了两点接地故障,构成了接地电流回路,这时被短接的一个磁极或多个磁极磁势减少,于是就破坏了磁通的对称性,使发电机产生强烈的机械振动,转子是凸极的水轮发电机,振动更为严重。所以,水轮发电机是不允许励磁回路带一点接地运行的,其目的是防止出现两点接地的危险后果。

(5)转子失去励磁电流故障。由于水轮发电机转子磁极绕组断线或灭磁开关控制部分缺陷或误动灭磁开关等原因,造成发电机转子的失磁故障,机组可能失步及振荡。同步发电机从电网吸收大量无功功率,使发电机变为异步运行,以致发电机端电压降低及定子电流增大,引起电机过热,威胁机组安全运行。

另外,水轮发电机组在运行中突然甩掉负荷时,因水轮机调速器动作较慢(也可能是调速器动作时间整定不当或调速器本身故障),导致转速升高很快,可能使发电机电压超过额定电压很多甚至达200%以上,使发电机绝缘损坏。

在发电机运行中,除上述故障外还会出现一些不正常工作状况,如过负荷及由外部短路引起的过电流等。不正常工作状态的出现将导致定子绕组温度升高,使绝缘提早老化,因此不允许发电机长时间在不正常状态下工作。

对发电机出现的故障和不正常工作状态,必须采取措施,可靠地进行保护,根据《继电保护和自动装置规程》,水轮发电机一般装有下列继电保护装置:

(1)纵联差动保护。为了对发电机定子绕组的多相短路进行保护,当发电机中性点侧有各相的引出线时,必须装设纵联差动保护装置,作为发电机的主保护。对于小容量的发电机可用电流速断保护代替纵联差动保护。保护动作时,跳发电机断路器,跳灭磁开关,水轮机停机。

(2)过电流保护。对于发电机外部短路所引起的短路过电流,装设过电流保护装置,作为发电机内部故障的后备保护之用。

(3)横联差动保护。为了对发电机定子绕组的一相匝间短路进行保护,对于绕组为星形联结而且每相有两个并联引出支路的发电机,需装设横联差动保护装置。

(4)为了对发电机定子绕组的单相接地进行保护,装设单相接地保护装置。对于非直接接地系统(6kV、10kV电压系统等)装设绝缘监察装置发报警讯号。

(5)过负荷保护。为了反应发电机因过负荷引起的电流增加,装设过负荷保护装置,发信号报警。

(6)过电压保护。对于水轮发电机,由于某些原因,突然甩掉负荷,而原动机水轮机的进水不可能立即同时关断,机组过速引起过电压,对这种过电压必须装设专门的过电压保护装置进行保护。

(7)励磁回路接地保护。对于水轮发电机转子励磁回路出现一点接地,没有故障电流的回路,为防止再出现两点接地危险,必须装设转子磁极励磁回路的一点接地保护装置,以防出现两点接地的严重后果发生。一点接地保护一般装设两个电压表来定期检查即可。

(8)失磁保护。由于励磁回路断线故障或灭磁开关误动而跳闸引起发电机失去励磁。一般是利用转子励磁回路灭磁开关的辅助接点联锁跳开发电机出口断路器。

(9)定子温度检测。在发电机定子线圈、铁芯处装有测温元件,定期检测定子温度,对定子部位进行监测监视保护性检查。

水轮机出现的故障和装设的保护装置如下:

(1)机组推力轴承、上导轴承、下导轴承、水导轴承过热事故,水轮机自动关机。

(2)调速器压油槽油压下降到事故油压时,机组自动停机。

(3)调相运行时,为了防止机组误跳闸解列的低速运转,机组自动停机进行保护。

(4)发电机的差动保护等电气保护动作时,机组自动停机。

(5)水轮机轴承润滑水中断,而备用水又未及时投入时,机组自动停机。

(6)下列特殊紧急情况下,还可以自动或手动关闭进水主阀(蝴蝶阀),对机组进行保护:①机组在事故停机过程中又遇到剪断销被剪断事故,剪断销信号装置动作,自动事故紧急停机。②机组转速过速达140%额定转速时,自动事故紧急停机。③当调速器本身故障而无法停机时,可以手动事故紧急停机按钮紧急停机。

(7)机组在运行中出现不能正常运行的情况,但又不必立即停机时,则自动发出报警故障信号,提示运行人员立即去检查并处理好故障。一般有如下故障提示信号:①轴承温度及其油箱内油温异常升高,但又没有达到停机时的事故温度,则自动发出提示故障报警信号。②空气冷却器热风温度异常升高,则自动发出提示故障报警信号。③在停机过程完成后,制动风闸未落下时,则自动发出"制动风闸未落下"提示故障报警信号。④机组在运行中,轴承油位油面不正常时,则自动发出"轴承油位油面不正常"提示故障报警信号。

水轮发电机组在运行时,在中央控制室除有自动的光字牌事故和故障信号外,还有一些故障是不可能自动发信号的,如机组振动、气蚀、发电机磁极键松动、励磁滑环火花,调速器机械不灵敏等。这些故障就要运行值班人员加强巡视检查才可能发现。

机组在运行发电过程中因外界或自身原因,会出现异常现象与故障,这些异常会通过仪表或保护装置反映出来,如继电器掉牌,就会发出音响和光字牌信号或计算机监控系统的语音提示。此时,值班人员要依据运行规程规定,根据语音和光字牌提示的故障及事故性质认真思考,在值长统一指挥下,迅速而有条不紊地处理,并避免使故障扩大,以免造成严重后果。

机组发生事故时,通过机组自身的保护装置可自动停机,但是运行人员不能因此而放松警惕,要防备保护装置失灵。如发现事故苗头,危及机组安全,应按运行规程规定及时停机。对于不能装设保护装置的故障或事故,如突发金属撞击声、发电机振荡等,应报告值长酌情紧急果断人工处理。

一、发电机运行故障及事故处理

(一)发电机过负荷

这种故障是发电机定子电流超过额定值。机组一般不允许过负荷运行,但在系统发生事故时,短时间过负荷是允许的。过负荷值和允许时间按制造厂规定。若制造厂未作规定时,对空气冷却的发电机可按表4-2执行。

当发电机定子电流超过额定值,应先检查有功功率和无功功率及电压,注意电流超过允许值所经历的时间,一般先采取降低励磁电流的办法,在不使电压过低和无功过小的情况下,尽可能地减少定子电流。若此方法不奏效,则再降低发电机的有功,在告知电网调度的情况下,或切除一部分负荷,使定子电流降低到允许值。

(二)发电机振荡

当电力系统发生特大严重短路事故时,电网稳定性可能被破坏,机组产生剧烈的振

荡,其现象是:

(1)定子电流表指针剧烈摆动,并超过正常允许值。

(2)定子电压表指针剧烈振荡,电压往往会下降。

(3)有功功率表指针在全盘范围内摆动。

(4)转子励磁电流表在正常值附近摆动。

(5)频率和发电机转速忽上忽下,发电机发出呜呜叫声。

机组发生振荡时,电气值班人员应采取以下措施:

(1)立即报告值长,并汇报电网调度员。

(2)对无自动调整励磁装置的发电机,在励磁电流不超过额定值的条件下,应尽快手动增加励磁电流,使机组进入同期。

(3)对投入自动励磁装置的发电机,监视励磁电流的变化,并应减小水轮机开度,以减少发电机的有功负荷,使机组恢复同期。

(4)在采用上述措施仍不能恢复时,立即报告电网调度员,将机组迅速解列。

(三)发电机的非同期并列

发电机在同期并列过程中合上断路器时,当发电机出现定子电流突然升高、发电机电压大量降低、发电机内发出吼叫声、定子电流表剧烈摆动后慢慢恢复正常、发电机强励动作、光字牌亮、信号继电器掉牌等现象时,根据这些现象,即可判定发电机非同步并列。

此时,运行人员应在值长同意下,立即跳开发电机出口的断路器,迅速停机。然后用2 500V摇表测定定子绝缘,并检查发电机定子上、下端部有无变形。经检查确定发电机未受损伤后,方可再开机并网运行。

(四)发电机失去励磁

发电机失去励磁的现象是励磁电流表指针指零位,有功功率表指示低于正常值,定子电流表指示升高,功率因数表进相($\cos\varphi>1$),无功表偏负,发电机从电力系统吸取无功功率。

在失励时,应先检查励磁开关是否跳闸,如果没有跳闸,应在调节励磁无效的情况下,将发电机解列,以免故障扩大。停机后,会同电试专责人员对励磁回路进行全面测试检查,并由专责人员处理好。

(五)发电机差动保护动作

差动保护是发电机的主保护,差动保护动作一般是发电机内部故障所致,包括保护区内的母线、电缆和互感器等,运行人员必须高度注意此类故障。

差动保护动作现象是差动保护动作信号继电器掉牌,事故喇叭响,“发电机事故”光字牌亮,机组自动跳出口开关解列、停机。

差动保护动作停机后,应首先对发电机重点进行检查,用2 500V摇表测量发电机对地绝缘及相间绝缘,检查其绝缘是否击穿,内部是否有冒烟着火痕迹等现象。然后对保护区内的设备(如电流互感器、电压互感器、母线电缆)进行详细检查,如测量绝缘、有否短路等情况。

若上述检查情况正常,则应检查差动保护的整定值是否正确,或者是否有保护误动情况。在未查明差动保护动作原因之前,不允许随意判为误动,而强行开机并网发电。而如果作出保护误动结论，也必须查明误动原因，并报技术主管确认。

（六）发电机着火

如果发电机出风口处冒出明显的烟气与火星，或有绝缘烧焦的气味，那么经值长确认同意后，值班人员应立即采取下列紧急措施：

(1)水机值班人员应立即用开度限制减少有功至零值并操作紧停按钮，将发电机组与系统解列灭磁。

(2)确认发电机灭磁开关 MK 跳闸，已灭磁失压，再迅速打开发电机消火水管，值班人员按安全操作规程，用四氯化碳和 1211 等灭火器灭火，禁止用泡沫灭火机和砂子灭火。

(3)待灭火降温后根据事故发生的现象和部位仔细检查，必要时由检修专责人员解体检查，查明原因，分别加以处理。

（七）发电机油断路器跳闸

发电机油断路器跳闸，一般由发电机主保护动作引起，现象是断路器跳闸指示绿灯亮、红灯灭或有音响信号，发电机有功、无功功率表指零。油断路器跳闸原因很多，大致有以下几种：

(1)发电机内部故障，如定子绕组短路，差动保护等主保护装置动作。

(2)发电机外部故障，线路或母线短路，线路雷击等引起短路的过电流，导致发电机后备保护延时动作跳闸。

(3)水力机械事故，如水轮机轴瓦温度达事故温度等。

(4)继电保护本身缺陷误动作。

(5)运行人员误操作误动引起跳闸。

当发电机自动跳闸时，运行人员应做好下列工作：检查灭磁开关是否跳开。如没有跳开，应立即将其断开，磁场变阻器放到最大位置；查明跳闸原因，报告技术主管，根据实际情况分别进行处理。

（八）发电机定子温度升高异常

发电机定子温度可用定子温度检测装置进行定期检测。对 B 级绝缘，一般情况下在 80℃左右，最高 105℃。如突然出现异常升高应做好记录，报告值长，组织分析原因，及时处理。定子温度升高原因可能有电流过大、冷却风温度过高等多种原因。

（九）发电机定子回路单相接地故障

发电机同一电压级网络回路任一点单相接地都会发生单相接地故障讯号，所以不必立即停机，一般可以允许运行 2h 左右。首先用切换电压表检查，确定哪一相接地，如果确认该电压级系统接地，则按顺序先拉开连接在发电机电压网络回路上的不重要回路，直到单相接地讯号消失为止，即可确认接地回路。如果最后只剩下发电机本身这一条回路，还继续发单相接地故障讯号，则就能确认单相接地发生在发电机回路，再作拉路试验，最后确认在发电机本身内部，则停机检查，并通知专责人员处理。

二、水轮机运行故障及事故处理

（一）水轮机气蚀和振动

水轮机在运行中发生气蚀时，尾水管噪声增大，机组振动，摆度加大。基本原因是水轮机在不稳定区间运行引起。运行人员应调整导水叶开度，避开水轮机在不稳定振动区运行。

(二)水轮机出力不足

水轮机出力不足，是指水轮机出力达不到在该设计运行水头下相应的保证功率。造成水轮机出力不足的原因很多，下面只说明一下管理和运行方面的因素。在运行中机组出力明显下降原因有以下几个方面：

(1)小型机组出力不足，常见原因是通水流道堵塞。其故障点有：①进水口拦污栅杂物堵塞，阻力增大使拦污栅前后水位差增加，过水量减少，从而使机组段水头与流量减少，使机组出力不足。②转轮叶片过水流道堵塞，小型混流式水轮机转轮流道狭窄、扭曲。运行中因拦污栅栅条间距过大，或隧洞、引水道中碎石、杂物落入并堵塞转轮流道，使水轮机出力减少。

(2)低水头轴流式水轮机，因尾水管补气不当，或尾水管淹没深度不够，使尾水真空破坏，引起水轮机出力不足。低水头轴流式水轮机尾水管回收能量，占水轮机总利用能量的比例可达30%～50%。低水头轴流式机组因补气不当，而造成机组出力下降。

(3)止漏环间隙过小或其他原因，使转轮与固定部件擦亮。

(三)机组过速

1.造成原因

机组过速原因是机组甩负荷，调速器失灵；或者关闭时间整定值过大，使机组转速大于过速继电器整定值(一般为额定转速的140%)，机组紧急停机，同时主阀自动关闭。

2.处理方法

运行人员应密切监视机组停机过程情况和主阀关闭情况。停机后要全面检查机组，并做好记录，由专责人员检查调速器和过速保护整定值。确认完好后，值班长下令方可再次启动。

3.注意事项

当调速器失灵引起机组过速，又遇到保护自动控制回路故障时，机组不自动停机，运行人员应迅速按紧急停机按钮或手动操作调速器的紧急停机阀，使导水机构关闭。若无效，应迅速关闭主阀。

(四)剪断销剪断

1.造成原因

导水机构在动作过程中，个别导叶被异物卡住或其他原因使导叶不能转动时，该导叶的剪断销被剪断，其他导叶依然转动，以此保护导水轮机构安全。

2.剪断销剪断表现的现象

剪断销剪断表现的现象有以下几方面：

(1)剪断销信号装置发信号，水力机械故障信号光字牌亮。

(2)主副导叶臂分离或拐臂与连杆分离。

(3)因水力不平衡使机组振动，摆度、噪音增大。

3.防范措施

(1)提高上游进口拦污栅质量，并保持完好率，防止过大漂浮物进入引水室后进入导叶。

(2)提高导水机构质量,导叶应灵活,无别扭状。

(3)采用尼龙轴承时应先浸水,后加工,防止因间隙过小,尼龙套浸水膨胀后抱死轴颈,使导叶转动不灵活。

4. 处理方法

(1)立即通知有关检修专责人员,将调速器切到手动位置,调整导叶开度(负荷)以适应修理需要,便于在不停机条件下更换剪断销,并查明原因,对个别导叶卡住异物时需要作特别处理。

(2)若在运行中无法处理,应及早停机,关闭主阀后,再更换导叶剪断销。

(五)主轴密封不好严重漏水

水轮机主轴密封常见故障是未密封好严重漏水,威胁水导轴承安全运行。密封种类很多,因结构的不同,而有不同的故障点和不同的处理方法。下面只介绍最常用的石棉盘根密封和液压端面密封的处理方法。

1. 石棉盘根密封

这种密封方式的漏水原因,一般为盘根压紧量不够。处理方法是均匀、对称地适当调整压环压紧螺栓的紧度,减少漏水量。若盘根严重磨损或盘根破损,则必须对盘根进行更换。

2. 液压端面密封

这种密封的工作原理是依靠水压(0.05~0.1MPa)使橡胶U形密封环端面紧贴转环进行密封。

其密封失效原因有:

(1)U形密封环起始位置不到位,使密封端面与转环间隙过大,超过标准,以致使注入的压力水通过U形密封环的润滑水孔,在此间隙中泄漏,不能使密封紧贴转环,致使密封不到位,引起漏水严重。

(2)密封配合间隙不当使密封卡死。密封在水压力作用下,压力水向密封内外圆柱配合面渗透,外圆柱面承压面积大于内圆柱面,所以密封有一个抱紧力。安装时要求内圈与密封座的间隙大于外圈间隙,若配合间隙不当,或U形密封环的刚度太差,在渗透水压的作用下使U形密封卡死,而造成严重漏水。

(3)U形密封或转环过度磨损而使密封失效。

(六)水轮机抬机事故

1. 事故现象及原因

水轮机在甩负荷时,尾水管出现过度真空,形成尾水反击或水轮机进入水泵工况,会产生上升力。当向上作用力大于机组转动部分重量时,其多出的外力使机组上抬,这种现象称抬机。抬机在低水头的有长尾水管的轴流式水轮机中较为容易出现。

抬机高度往往受转轮与顶盖之间的轴向间隙限制。抬机严重时会导致转轮叶片的断裂,顶盖损坏,推力轴承损坏,风扇断裂而引起发电机烧损的重大恶性事故。

2. 防止抬机事故措施

防止抬机事故措施有以下两种:

(1)经过调节保证计算,在甩负荷后,机组转速升高率 β 不超过规定值的条件下,可适当延长导水叶关闭时间,或采用导水叶分段关闭措施。

(2)装真空破坏阀。要求容量足够,动作正确、灵活。机组甩负荷时在尾水管出现真空时,补入大量空气,利用空气弹性可减轻尾水反击力和上抬力。

(七)水导轴承润滑水中断事故

水导轴承润滑水中断事故是指示流器动作、事故停机、事故音响喇叭叫、事故信号光字牌亮,此时运行值班人员立即通知专责人员迅速检查示流讯号器并检查水压,并检查是否烧瓦并及时处理好。

三、机组轴承故障及事故的处理

(一)轴承油位

轴承油位保持正常值是保证轴承安全正常运行的重要条件之一。轴承油槽上的油位计应标出清晰可见的标准油位线。立轴机组在运行中因离心力作用,油位会略有升高,但也有一个稳定的油位,油位允许偏差为 ±10mm。机组运行中运行油位超出允许范围,将会出现轴承故障或事故,危及机组安全运行。

1. 轴承油位过低

轴承油位过低使轴承润滑油不足,引起轴承过热,是运行中轴承烧瓦的主要原因之一,应引起运行人员的注意。通常在轴承上装有低油位浮子继电器保护,当油位过低时,继电器动作,“水力机械故障”光字牌亮,警铃响,应通知油务专责人员加油。

2. 轴承油位过高

油位过高将引起轴承甩油,会污染环境和发电机绕组。运行机组油位过高的主要原因是冷却器漏水,使水流入轴承油中,漏水使汽轮机油乳化,呈乳白色。经值长现场确认后,申请停机检查,先化验油中含水情况,并通知检修专责人员来现场修理冷却器。

(二)机组运行中冷却水中断

冷却水中断示流继电器动作,“水力机械故障”光字牌亮,故障电铃报警,这时检查,冷却器进口处压力表指示为0。冷却水中断原因有误操作、阀门故障、取水口或滤水器堵塞等。采用水泵供水的机组水泵故障也会引起冷却水中断。冷却水中断应立即查明原因,及时加以消除,方可继续维持运行。

(三)轴承温度不正常升高

机组启动后,温度上升速度有一定规律。正常运行机组轴承温度随着室温升降,其变化遵循一定规律。轴承温度在较短时间内上升过快,但其值还未超过警戒温度,此时应首先检查油位、油色和冷却水的水压与流量有无异常,做好记录,并及时报告值长。轴承温度不正常上升,继续发展往往是烧瓦的先兆,运行人员应给予特别注意,积极查明原因,并作出判断是否需停机检查。轴承解体后能发现轴瓦局部高温痕迹。

(四)轴承故障温度

轴瓦达到故障温度(60℃)时,信号继电器动作,“水力机械故障”光字牌亮,警铃响。运行人员应立即检查轴承冷却系统工作情况,水压和流量是否正常。为维持运行,可临时采取大冷却水量和提高水压的方法。若温度继续升高,应立即申请停机,查明原因进行处理。

(五)轴承事故温度

轴瓦温度达 70℃,事故继电器动作,“水力机械事故”光字牌亮,警笛响。调速器自动关闭,机组紧急自动停机。

运行人员监视自动停机过程,若自动系统失灵或未投入,则采用手动停机操作,并做好记录,立即向上级报告,并会同检修专责人员分析,作出正确结论,查出事故原因,并检修处理好。

复习思考题

4-1 新安装的水轮发电机组试运行主要内容包括哪几个方面?其目的是什么?

4-2 简述调速器的作用,如何操作调速器?

4-3 发电引水钢管充水试验的条件是什么?

4-4 发电引水过水建筑物及过水设备包括哪些?

4-5 水轮发电机组安装后应做哪些试验?

4-6 新安装的水轮发电机组第一次启动的条件是什么?试运前检查项目包括哪些?首次开机、停机的操作步骤包括哪些?

4-7 发电机首次升压条件是什么?升压如何进行,其操作步骤包括哪些?

4-8 电力系统对主变压器冲击合闸试验应注意哪些事项?试验步骤包括哪些?

4-9 简述水轮发电机组甩负荷试验目的、试验条件及其操作步骤。

4-10 简述调速器关闭时间整定的意义,并论述调速器关闭时间整定值过大过小有什么不好。

4-11 试述水轮发电机组开机前为什么要顶转子?

4-12 水轮发电机组在运行中如何调整有功功率和无功功率?

4-13 机组正常自动开机操作有哪些步骤?

4-14 机组运行中,运行人员对轴承温度、油质、油位、冷却水如何监视?

4-15 试述水轮发电机组正常运行中值班人员进行巡视检查项目包括哪些?

4-16 水轮发电机组运行中轴承允许温度多高?

4-17 发电机定子温度在运行中如何检测?

4-18 水轮发电机组运行中如出现振动,如何处理?

4-19 写出水轮发电机组并网操作票(以附图主接线图中 1 号机 204 开关进行并网为例写出)。

4-20 同期点断路器同期开关 TK(SS)切向“断开”或“投入”位时是何意义?

4-21 同期闭锁继电器 TJJ(KA)的接点什么情况下自动接通合闸回路?

4-22 同期继电器 TJJ(KA)的同期闭锁开关 BK(SA2)什么情况下接通“投入”及“断开”位?

4-23 同期表切换开关 STK(SA1)“粗略同期”及“精确同期”位时,表示什么意义?

4-24 接到值班主管调度命令,要停 1 号机,要做哪些准备工作?

4-25 停机后，如何检查刹车风闸是否落下复归？

4-26 水轮机接力器锁锭在什么情况拔出？什么情况下投入落锁？主阀蝴蝶阀的人工锁锭在何时必须投入？何时必须拔出？

4-27 调速器的开度限制的红针和黑针各表示什么意思？如何操作？

4-28 机组试运行如何组织指挥？

4-29 当轴瓦温度报警时，怎样进行处理？

4-30 当发电机差动保护动作时，怎样进行处理？

4-31 发电机励磁装置有何作用？失磁运行的后果是什么？

4-32 水电站如何保持频率和电压的稳定？

4-33 机组在运行中突然跳闸甩负荷的后果是什么？

4-34 水轮发电机组在运行中如何调整有功功率和无功功率？

第五章　水力机械油、气、水系统运行

第一节　概　述

水电站的动力设备除水轮发电机组的水轮机及发电机主机外，还有机组的附属设备，如调速器及蝴蝶阀等。要使机组正常运行还必须要有油系统、气系统和水系统这些辅助设备系统。它们组成一个不可分割的整体。

油、气、水都是流体，电站使用它们，都必须设置一些设备，包括油泵、压气机、水泵以及贮藏设备、输送管网、控制阀门、净化处理设备、自动化元件，监视仪器等。由这些设备所组成的油、气、水的复杂管线回路，就是油、气、水系统。这些系统的正常安全运转，与机组本体的正常安全发电直接相关联。如调速器油压低于某整定值时，机组就会事故停机；低压气压故障下降到某整定值机组将无法停机；水轮机润滑水压故障低于某整定值时，水轮机组就会事故停机等。

作为运行值班人员，除熟悉主机及附属设备外，还要熟悉油、气、水这些辅助设备及系统，加强维护检查和巡视，保持它们正常安全运行，是整个电站安全运行的重要组成部分。

第二节　调速器压力油系统的运行

调速器压力油系统的油源来自电站油库，水电站压力油型号一般为透平油 22 号、23 号，它作为传递能量的介质之用，轴承润滑油也用 22 号、23 号的透平油，其质量标准参见表 5-1。压力油系统见图 1-10 混流式水轮发电机组用油系统图及图 1-11 调速器压力油路示意图。油库的油经过管道进入集油桶 16 中，经压油泵 10 加压后进入压力油槽 9 中，压力槽油占 1/3，高压气占 2/3，调速器压力油路示意图参见图 1-11 调速器系统压力油路示意图，压力油专供水轮机组推动机组接力器之用，使导水叶打开或关闭，达到增加和减少有功及开机停机的目的。这套装置安装在发电机层的机组旁边。运行中阀门 321、1102、1101、1103、1104 都处于关闭状态，并挂警示牌。用压力油操作的蝴蝶阀压力油系统，基本上与调速器用压力油系统相似，也是由压力油泵及压力油槽和集油槽及其管路组成，将压力油送入蝴蝶阀自身的液压操作系统，然后去开启蝴蝶阀或关闭蝴蝶阀，参见图 1-12 蝴蝶阀油压系统图。

一、新安装设备系统投产前的检查

(1)根据设计图纸，对电动机一次回路的熔断器、开关、电缆头和电动机进行检查。

(2)查看电气回路及电动机的电气试验的绝缘电阻、直流电阻等试验结果是否合格，是否符合国标标准。

(3)电动机外壳接地是否良好。

表 5-1 绝缘油和透平油标准

序号	试验项目	绝缘油		新透平油		运行中透平油
		新油	运行中油	轻	中	
1	外状	透明(5℃)	—	透明(0℃)	透明(0℃)	—
2	在50℃时，恩氏黏度(E°)值不大于	1.8	—	3.2	4.3	不超过新油的25%
3	闪点(℃)不低于	135°	不比新油降低5℃	180°	180°	不比新油降低8℃
4	凝固点： (1)气温不低于－10℃地区 (2)气温不低于－20℃地区 (3)气温低于－20℃地区	 －25℃ －35℃ －45℃	 — — —	－15℃	－10℃	—
5	机械杂物	无	无	无	无	无
6	游离碳	无	无	无	无	无
7	灰分不大于(%)	0.005	0.01	0.005	0.005	—
8	活性碱	无	无	无	无	无
9	酸值不大于(KOHmg/g油)	0.05	0.4	0.02	0.02	1.0
10	钠试验等级	2	—	2	2	—
11	氧化后酸值不大于(KOHmg/g油)	0.35	—	0.35	0.35	—
12	氧化物沉淀不大于(%)	0.1	—	0.1	0.1	—
13	电气绝缘强度不低于(kV)： (1)用于35kV及以上设备 (2)用于6～35kV的设备 (3)用于6kV以下设备	 40 30 25	 35 25 20	 — — —	 — — —	 — — —
14	酸碱反应	无	无	无	无	无
15	抗乳化强度不大于(min)	—	—	8	8	—
16	水分	无	无	无	无	无

(4)对照设计图纸，检查电动机控制回路各压力继电器接点整定值及触点是否正确。

(5)手动、自动切换“开关”位置正确。

(6)检查油泵启动时的卸负阀动作正常，机体运转自如。

(7)检查试验油泵安全阀动作正常。

(8)压力油槽油位正常，气油比例合理。一般气占2/3，油占1/3。

(9)油样化验确认合格。

(10)管路颜色正确。

(11)管路阀门编号正确。

(12)检查管路阀门正常，管路无泄漏现象。

二、系统的投入运行和停止运行

(1)第一次切“手动”位置,启动电动机和油泵,并检查是否运转正常。

(2)切向“自动”位置,升高和降低油压,检查油泵自动启动和自动停止状况,并记录时间长短。

(3)水轮发电机组开机运行时切换开关放“自动”位置。一台放“主用”,一台放“备用”。

(4)机组停机热备用时,本装置仍投入运行,只有机组和调速器大修时才停止运行,切除电源停运,并关闭主供油阀。

三、运行中的巡视检查及异常处理

(1)检查油泵自动启动情况,启动时间间隙是否频繁,异常时记录启动间隔时间是否超常。

(2)检查备用油泵是否启动频繁,如果频繁启动后,检查管路及调速器管路系统是否漏油、泄油。

(3)检查压力油桶中油气比例是否合理,否则补高压气进行调整。

(4)集油槽油位是否在正常范围内,油量不足,应由专责人员从油库加油。

(5)检查调速器用油管路有无漏油、渗油。

(6)电动机及其电气回路检查,用鼻子闻、耳朵听、眼睛看,电动机和油泵运转声音正常,无异味。

(7)定期由检修专责油务人员,对运行中的油取样化验检查,也可以同机组轴承用油取样化验同时进行。

(8)检查电动机回路有无断相运行情况发生。如有,应及时停油泵,更换供电回路熔断器等,或调整启动器触头压紧度。

(9)如遇压力油槽泄漏事故或压力油槽爆破事故,将造成调速器无法关机的严重事故时,必须果断关闭主阀,停止向蜗壳进水,将水轮机组停止下来,按紧急停机规则处理。

第三节　低压气和高压气系统运行

水电站气系统有低压气系统和高压气系统,如图 1-13 低压气系统和图 1-14 高压气系统所示。

高压气系统主要有空气压缩机、电动机、启动设备。一般有两台高压气机,不另设储气罐。高压气的气压标准与油压装置的压力标准相同,一般为 25kg/cm^2,专供油压装置的压力油槽充气用,使压油槽压力保持连续的弹性。向压力油槽充气是定期进行的,发电机组发电运行时,进入压力油槽的 306 和 308 气阀处于关闭位置。在用油压操作蝴蝶阀的水电站,设有蝶阀专用压力油桶,如图 1-14 中 YS－2.0H 即是蝶阀操作专用压油槽。高压气机一般手动操作,只在对压力油槽补气时,才手动开机补气。

低压气系统主要有低压气机、电动机及启动设备、压缩机管道、储气罐气水分离器。

低压气压力一般为 7kg/cm^2,主要用做水轮机组停机过程中转速下降到 35%时制动刹车用,还用做蝴蝶阀圈带充气,机组调相运行时压尾水用,检修时的风动工具和设备的清扫用气等。水轮机组正常发电运行时,323 处于关位,阀门 313、312、311、322、321 及 331、330 处于通路位,325 开向刹车管道,关闭高压油泵顶转子的油管路,314 处于关位。

一、新安装设备投产前的检查

(1)根据设计图纸,对高、低压气机的供电一次回路的开关、熔断器和电动机进行外部检查。

(2)电动机各项电气试验,包括定子绕组直流电阻值、对地绝缘电阻值等项试验应全部合格。

(3)电动机外壳接地良好。

(4)电动机自动控制回路的检查,压力继电器整定值及接点检查。

(5)空气压缩机本体检查,包括卸荷阀动作检查合格,空气过滤器检查。

(6)空气压缩机输出气管及阀门按编号进行检查,各阀门处于正常的关或开的位置。例如:248 和 246 气水分离器的排污阀运行中处于关位,只在定期排污时,由值班人员定期打开排污用。

(7)确认压力储气罐压力试验合格。

(8)如果是水冷式空气压缩机,启动时,冷却水压应正常。

(9)低压气机启动时应自动打开卸荷排气阀,实现空载启动,经一定时间才自动关闭带负荷正常运转。

二、系统的投入运行和退出运行

(一)低压气机

(1)首先将空压机的电动机启动回路的切换开关放"手动"位置,进行手动启动,观察电动机和空压机运转情况,检查卸荷阀动作正常,空载启动运转正常。

(2)检查电动机和空压机及全部管路和阀门情况有无漏气泄气现象。

(3)"手动"位置运行正常后,将切换开关切向"自动"位,一台机放"主用",另一台机放"备用"。

(4)进行空压机"自动"停机试验,压力在 7kg/cm^2 时即自动停机。

(5)进行备用机"自动"启动试验,压力下降到 5kg/cm^2 时,备用机自动启动,两台空压机同时运转。

(6)进行"主用"机启动试验,压力下降到 6kg/cm^2 时,"主用"机自动启动。

(7)"主用"和"备用"一般 1~2 个月互换一次,定期进行轮换改变。

(二)高压气机

高压气机一般用手动操作,操作时注意声音、气压等。检查管路及阀门情况。

(三)运行中的巡视检查和异常处理

(1)定期对高压气机进行手动开机运转检查。

(2)低压气机较长时间未自动启动运转时,应切换手动进行开机运转检查。

(3)自动启动过程中,监视启动间隔时间是否异常。

(4)检查各压力表指示情况,压力继电器接点动作情况。

(5)检查管路“阀门”位置正确,有无漏气现象。

(6)定期对储气罐及油水过滤器进行排污。

(7)检查润滑油是否正常。

(8)检查气体压力正常。

(9)检查冷却水压力正常。

(10)检查油槽油位正常,油质合格。

(11)检查转动声音正常,有无振动。

(12)检查空气过滤器正常。

(13)定期将低压气机的“主用”和“备用”轮换切换。

(14)检查刹车回路管路阀门位置是否正确,自动刹车阀门 45DCF 是否位置正确。

(15)调相机运行时,检查巡视低压气压尾水情况,并监视低压气机启动运转情况,有无异常,压力是否正常。

(16)压力油槽油气比失调,需要补高压气时,必须报告主管,并写好操作票,由一人进行操作,一人进行监护。

(17)检查进出口管路温度是否过高,过高时,报告主管,分析处理。

(18)空压机运转中故障和消除方法参见表 5-2。

(19)分析故障,报告主管,通知检修专业有关人员来处理。

表 5-2　空压机运转中的故障和消除方法

故障现象	原因	消除方法
轴承过热	轴承的间隙未调整好; 油质不好或油量不足	重新装配轴承,调整间隙; 更换新油或调节油量
轴承内发响	轴承松动	上紧螺钉,取消一些垫片
气缸和气缸盖过热	冷却水不足; 润滑油流量不足; 活塞工作不正常	检查冷却水的流量和出口处水温; 检查水管是否被堵塞; 检查油管是否被堵塞
气缸内发响	胀圈松动; 活塞或胀圈由于润滑不好而烧坏或结焦	换掉胀圈; 检查润滑油流量
气缸内骤然发生严重的响声	冷却水由于气缸盖之间的垫料不严漏入气缸内;气阀损坏	换新的垫料; 取出缸内外界物,修理空压机
阀发响	弹簧太弱; 阀损坏	增加阀上荷载,换弹簧; 换掉损坏部分
排气压力降低	胀圈漏气;压力调节器卡住, 活塞不严,弹簧损坏	检查胀圈,必要时换掉;拆洗压力调节器; 检查调节器活塞,换掉弹簧
排气压力过高	排气阀上的荷载过大; 安全阀有毛病	调整排气阀上的荷载; 检查安全阀工作情况
进气压力降低	进气阀截面面积太小(构造上的缺点); 空气过滤器不干净	换进气阀; 拆洗空气过滤器

续表 5-2

故障现象	原因	消除方法
排气管的温度过高	冷却水套不干净； 中间冷却器不干净； 冷却水量不足	拆洗冷却水套； 拆洗中间冷却器； 增加冷却水量
气缸中有水	水腔或缸体垫片漏水； 中间冷却器密封不严或水腔破裂	拧紧气缸连接螺栓； 更换垫片或检修气缸
填料箱漏气	密封圈、油封环或活塞杆磨损； 活塞杆有纵向擦伤； 密封元件不能抱合	修磨或更换密封圈、油封环或活塞杆； 修磨或更换活塞杆； 更换密封元件
活塞环磨损过快	进气不清洁； 油质不合要求； 活塞环弹力大，磨损快； 活塞槽浅； 活塞环开口间隙过小	清洁过滤器； 更换润滑油； 更换活塞环； 修理活塞槽深度； 修理开口间隙
冷却水排除时串气	气缸与缸盖垫片破裂而串气； 冷却管破裂而串气	更换垫片； 更换冷却器
润滑油温度过高	油量不足； 油太脏；质量不好； 轴瓦配合过紧	加添新油； 将油过滤或换新油； 检查空压机运行机构
排出空气中油水含量过高	油水分离器失灵，积存油水过多； 刮油环与活塞杆接触不严； 将机身内润滑油带入气缸	检修清洗油水分离器； 研磨调整刮油环
润滑油压力逐渐降柢	油过滤器及过滤元件堵塞； 油管路连接不严密； 运动机构轴衬磨损大，使间隙增加，漏油过多； 油泵齿轮磨损，轴间隙过大	清洗过滤器等； 拧紧连接螺母或加衬垫； 应检查轴颈与轴衬；

第四节　供水系统的运行

水电站的生产技术供水系统如图 1-15 所示。

本供水方案每台机组的水源取自主阀前的引水管道，自流供水方式，进水阀为 205 阀。机组之间通过联络阀 261 和 213，互相备用。对低水头电站，因为水压不够，另设有专用水泵由上游或下游抽水作为供水系统的水源。由图 1-15 可知，水源从引水管引水经过 205 阀后，要经过水过滤装置过滤，然后作为水导轴承润滑水，深井泵启动时润滑用水，下导轴承和上导轴承冷却用水，发电机空气冷却器冷却用水，还作为发电机层、空压机室、通信机室、蓄电池室、变压器冷却供水等处生产及厂房生活用水和全站的消防用水。上导轴承、下导轴承和空冷器的冷却水起冷却作用，带走热量后排至尾水管下游天然河道里。

一、新安装系统投入运行前的检查

(1)进入205阀前的过滤网及水过滤网清洗试验检查合格。

(2)各阀门编号标示和位置正确，管路颜色符合规定。

(3)水导润滑水的主供水管道上和备用水管道上阀门210、211、212已打开，主供水阀214、215阀门已打开。

(4)水管道上自动电磁阀47DCF电气回路绝缘及接点试验检查合格，联动试验合格，并处于关位。自动回路47DCF模拟动作验收合格。

(5)上导轴承、下导轴承及空气冷却器的进水和出水阀门已打开。

(6)主供水电磁阀46DCF电气绝缘及接点检查合格，并经检查动作正常，开动自动模拟动作验收合格。

(7)确认全部供水管路试水试压合格正常。

(8)46DCF、47DCF开机联动模拟试验合格。

(9)如果是水泵提水的供水系统，应对水泵本身及其电动机进行全面检查；并对引水回路进行检查；如果是离心水泵还应检查出水管路的出水阀及止回阀是否正常，引水底阀是否正常，吸水管充水是否正常等。

二、系统的投入运行和退出运行

(1)第一次投入运行时，从进入阀205阀开始逐个打开各个阀门分段进行充水试验，每一段合格后，再打开下一段阀门。例如：一般顺序为205→200→46DCF→201，再分别逐段逐项开阀门进行充水检查试验。

(2)全部阀门打开充水试验后，经检查合格，水流水压正常。

(3)全部充水后，现场检查各处水压，示流讯号器是否正常，管道有无渗漏水现象，特别注意发电机空气冷却器的漏水检查。

(4)停机后，冷却水由46DCF自动关闭，并应现场检查。

(5)发电机灭火管道在供水系统试水时特别注意检查关闭其阀门。

(6)严冬寒冷低温时，注意按现场运行规程规定，停止供冷却水。

(7)由水泵供水的供水系统，水泵的开停要专人值班负责，并按水泵运行规程开和停。

三、运行中的巡视检查和异常处理

(1)分别沿每台机组水源进水阀205，逐一检查各处水管阀门是否有渗漏现象，机组之间管路互联阀门260、213、261、262应处于开位。

(2)各处示流器是否动作正常。

(3)各处水压表指示是否正常。

(4)各处自动电磁阀46DCF、47DCF位置是否正确。

(5)定期对水过滤器进行切换冲洗。冲洗时监视水压变化，防止冲洗时因水压下降造成润滑水中断的误停机事故发生(必要时临时解开事故停机回路再切换)。

(6)发现并证实冷却水漏入轴承油槽时,立即报告,及时处理,直至停机处理。

(7)查看发电机空气冷却器水压表指示情况,管道有无漏水、渗水现象。

(8)如果供水系统的水源是由水泵抽水供给的,则应巡视检查水泵及电动机运转情况,并检查自动启动是否正常,检查蓄水池水位水流正常。

(9)如发现水压下降至标准值(一般 $2kg/cm^2$)以下或异常时,应记录并报告主管,组织分析水压下降原因,进行处理,特别对水导轴承润滑水压下降异常情况,应紧急分析处理,避免烧瓦或造成停机事故发生。

(10)如果是水泵供水系统,还要检查水泵运行是否平稳、声音是否异常、润滑油情况、轴承温度情况。

(11)离心泵故障及消除方法见表 5-3。

(12)分析故障,报告主管,通知检修专责人员来现场处理。

表 5-3 离心泵故障及消除方法

故障现象	原因	消除方法
水泵不出水	①总扬程超过设计扬程; ②进水管路或填料函漏气; ③水泵转速过低及转向不对; ④吸水扬程太高	①改变安装位置,改进管路装置,降低总扬程; ②堵塞漏气处,压紧或更换填料; ③改变旋转方向,用转速表检查转速,调整皮带轮直径,提高转速
水泵出水量不足	①进水管淹没水深不够,泵内吸入了空气; ②进水管路接头处漏气、漏水; ③进水管路或叶轮有水草杂物; ④输水高度过高; ⑤减漏环及叶轮磨损太多; ⑥功率不足; ⑦填料漏气; ⑧吸水扬程过高	①增加水管长度,水面上放块木板,阻止空气进入水泵; ②重新安装,堵塞漏气、漏水; ③加以清除; ④降低输水高度; ⑤更换减漏环及叶轮; ⑥加大配套动力; ⑦旋紧压盖或更换填料; ⑧调整吸水扬程
耗用功率太大	①转速过高; ②泵轴弯曲,轴承磨损过大; ③填料压得太紧; ④叶轮与泵壳卡住; ⑤流量及扬程超过使用范围; ⑥直联传动轴心不准,皮带传动过紧	①调整降低转速; ②校正调直,更换轴承; ③旋松压盖螺栓或将填料取出打扁一些; ④调整达到一定间隙; ⑤调整流量扬程,或关小出水管闸阀,减少出水量,降低轴承功率; ⑥校正轴心位置,调整皮带松紧度

续表 5-3

故障现象	原因	消除方法
水泵杂声和振动	①基础螺丝或其他螺丝有松动; ②泵轴弯曲,叶轮或轴承损坏; ③直联传动两轴心没有对正; ④吸程过高; ⑤进水管漏气或淹没水深不够; ⑥泵内掉进杂物; ⑦叶轮平衡性差	①旋紧螺丝; ②校正和更换叶轮或轴; ③校正或调整轴心; ④降低安装位置; ⑤加以堵塞或加深淹没深度; ⑥加以清除; ⑦进行静平衡试验、调整
轴承发热	①润滑油不足或油质不好; ②轴承装配不正确或间隙不当; ③皮带太紧; ④泵轴弯曲或轴心没对正; ⑤轴向推力太大,摩擦生热; ⑥轴承损坏	①加油或更换润滑油; ②修正调整间隙; ③适当放松; ④校正调整轴心; ⑤注意平衡孔的疏通(BA型泵); ⑥更换轴承
填料函发热或漏水过多	①填料压得太紧; ②水封环装置不对; ③填料、轴承或轴套磨损过大; ④填料质量太差	①调整至少有一滴水漏出为止; ②使水封环正好对准水封管口; ③更换填料、轴承及轴套; ④填料一般为棉质方形、需浸入牛油中煮透,外面涂上黑铅粉
水泵在运行中突然停止出水	①进水管口吸入大量空气或突然堵塞; ②叶轮被吸入杂物突然打坏	①加深淹没水深或停车清除杂物; ②停车更换叶轮
轴承被卡死转不动	①减漏环太小或不均匀; ②轴承损坏被碎片卡住; ③填料与轴干摩擦,发热膨胀; ④轴弯曲被锈住,轴承壳失圆和填料压盖螺丝太紧	①更换或修理减漏环; ②更换轴承,清除碎片; ③使壳内灌水,冷却后再运行; ④加以检修,校正、调整压盖螺丝

第五节　排水系统的运行

水电站的排水系统有厂房渗漏排水系统和检修排水系统,如图 1-16 所示。渗漏排水一般先流入厂房内最低的一个集水井内,然后用水泵抽出排至尾水下游河中。渗漏排水包括机组顶盖排水、滤水器冲洗水、气系统的油水分离器、储气筒罐内污水、空气冷却器外冷凝水、水轮机层及各层的积水、厂房内渗漏水。它们都集中流入集水井里,由水泵排出至下游尾水。作为备用,必要时,在蝴蝶阀坑,还装有排渗漏水的备用泵。另外,还有机组检修时的检修排水泵,主要是在检修时,关闭尾水门,关闭上游主阀,并关闭有关入孔门后，排除尾水管和蜗壳内的积水，排至下游尾水中，如图1-16 281、285阀在检修时打开排水用，运行中281、285阀是关闭的。

一、新系统投运前的检查

(1)集水井已全部清扫完毕，无杂物、异物。

(2)引水管的莲蓬头安装正确，清洗干净，无异物。

(3)深井泵的启动润滑水管阀门已开，水源已接通。

(4)深井泵机械部分活动自如。

(5)电动机及电气主回路熔断器、开关、电缆头正常。

(6)电动机的绕组直流电阻值和绕组绝缘电阻值等项试验合格，电缆试验合格。

(7)电动机外壳接地良好。

(8)自动启动用的浮子继电器位置已整定好，自动回路和控制电源正常。

(9)蝶阀现场渗漏排水备用泵及电气回路检查正常。

(10)检修用排水泵平时不用，但要定期检查机械和电动机及电气回路，并定期空载(关闭出水阀门)运转1h，平日拔除电源熔断器，其回路不带电。

二、新安装水泵的投入运行和停止运行

(一)渗漏排水深井泵

(1)检查深井泵润滑水正常。第一次手动启动开机，将电气开关切向“手动”位置，手动开机后，进行全面检查，检查水泵和电动机运转情况，并作手动停机检查试验。

(2)手动“位置”开机正常后，将开关切向“自动”位置，检查每台机自动启动和运转情况。

(3)正常运行时一台放“主用”，另一台放“备用”，在集水井高水位时，备用泵同时启动，两台水泵同时运转。

(4)在集水井水位升高时，分别检查每台机“主用”和“备用”回路启动情况，确认检查浮子继电器接点是否可靠。

(5)水泵运转时检查出水管排水情况。

(6)渗漏排水泵长期24h放“自动”运行。集水井水位低时自动全部停止。水位上升时又自动启动。

(7)机组检修时，检修排水泵要专人24h现场值班。

(二)离心水泵

离心水泵开机先检查灌引水正常，并关闭出水阀门，先空载运行正常后，再打开出水阀门正常运转。

三、运行中的巡视检查和异常处理

(1)集水井非水关系到厂房安全，失误时，井水漫机房造成事故，所以必须每两小时到现场巡视检查一次。

(2)查看深井泵启动情况、备用泵启动情况，听声音是否正常，有无电动机断相异常运行状况。

(3)查看集水井水位上升情况。

(4)检查出水口排水情况。

(5)定期将两台水泵的“主用”和“备用”进行互换，切换电气自动开关，改变其“备用”或“主用”。

(6)当发现水泵不能自动启动、集水井水又上涨时，立即切换至“手动”位置，将水泵启动排水。手动启动排水后，通知专责人员修理自动回路，或检查浮子继电器故障情况。如果手动启动也失效不能运转，必须及时记录，并报告主管，组织分析原因，由专责人员进行抢救。

(7)检修排水泵在机组大修时，因长期未启动，水泵、电动机及电气回路要由专责人员全部清理，检查并电气试验合格，再启动水泵。电气试验一般要检查测量回路及电动机的绝缘电阻值和绕组直流电阻值。检修排水泵启动后，事关检修人员安全，必须有专责值班人员现场24h值班。

(8)按现场运行规程规定，定期对电动机进行绝缘电阻摇测检查。

复习思考题

5-1 调速器压力油系统组成如何？压力油的用途有哪些？

5-2 调速器压力油系统在运行中检查巡视一般项目包括哪些？

5-3 巡视检查中，发现油压下降到20kg/cm^2，油泵还不启动运转，你怎么办？

5-4 油压装置的压油槽内油与气的比例有何要求？如何进行补气操作，并对相应的示意图进行说明。

5-5 水电站中低压气系统组成如何？并说明它的用途？

5-6 在运行中，如何对低压气系统进行巡视检查维护？

5-7 低压气刹车管路与顶转子的高压油管路有什么联系？运行中应注意什么？

5-8 高压气系统的组成如何？它的用途是什么？

5-9 水电站供水系统有哪些方式？从发电引水管取水方式的系统是如何组成的？

5-10 水电站技术供水用途是什么？

5-11 在发电运行中，如何对机组润滑水和冷却水进行巡视检查？

5-12 巡视检查中发现供水水压不正常时将如何处理？

5-13 讨述水电站有哪些排水类型，并简述每种排水的作用。

5-14 在巡视检查中发现渗漏排水系统的水泵不启动，你怎么办？

5-15 在机组大修时，检修排水是排出哪里的水？并如何值班管理？

5-16 低压气气压不正常，水轮发电机组可以停机吗？为什么？

5-17 低压系统在正常运行中有哪些要定期进行操作？（提示：主备用倒换、储气罐定期排污、电动机摇测绝缘电阻等，主用和备用动作正确性检查。）

5-18 简述蝴蝶阀操作用的油压系统的组成。

5-19 简述润滑水中断的危害和后果。

5-20 供水水压不正常时将如何处理？

第六章 变压器的运行

第一节 概 述

一、变压器简介

变压器是一种静止的电器,它是由绕在同一个铁芯(由硅钢片叠成)上的两个或多个线圈组成的,线圈之间通过随时间交变的磁通相互联系着而传输能量(自耦变压器的线圈之间还有电的联系)。它的功能是把一种等级的电压和电流变成为同频率的另一种等级的电压(升高或降低)和电流,从而把发电厂发出的电能远距离地输送并合理地分配和使用。电力变压器是水电站的最重要的变压升压设备,而变电站又是一个电网里的重要组成部分。

水电站常用三相油浸式变压器。如图 6-1 所示,它利用电磁感应原理工作,将铁芯和绕组浸在盛满绝缘油的变压器油箱中;由各种绝缘材料,如绝缘油、绝缘纸、酚醛压制品、环氧制品、绝缘漆、电瓷、布带、黄蜡管、黄蜡绸、木材等组成变压器的绝缘;绕组引出线由变压器套管引出至油箱的外面;设有分接抽头,可通过切换装置进行电压调整,调压分有载调压(即带电切换分接开关)和无载调压(即不带电切换分接开关)两种;由储油柜(俗称油枕)、油位计、净油器、吸湿器构成油保护装置。由安全气道、压力释放阀、瓦斯气体继电器等组成安全保护装置;温度汁或温度讯号器具安装在油箱盖上测温孔内,测量变压器顶层油温;中小型变压器(容量在 7 500kVA 及以下)采用油浸自冷方式冷却;当变压器容量超过10 000kVA 时采用油浸风冷或强迫油循环水冷却方式,并在变压器外面另装冷却风扇或油泵和水泵等冷却装置。

变压器的种类很多,一般分为电力变压器和特种变压器两大类。电力变压器是电力系统中输配电的主要设备,容量从几十千伏安到几十万千伏安;电压等级从几百伏到 500kV 以上。电力变压器的主要类型有:

(1)按它的用途可以分为升压变压器、降压变压器、配电变压器、联络变压器(联结几个不同电压等级的电力系统)、厂用变压器(供发电厂本身用电等)。

(2)按变压器的绕组可以分为双绕组变压器、三绕组变压器、多绕组变压器、自耦变压器。

(3)根据变压器冷却条件来分,有油浸自冷变压器、干式空气自冷变压器、油浸风冷变压器、油浸水冷变压器、强迫油循环风冷变压器、强迫油循环水冷变压器、干式浇铸绝缘变压器等。

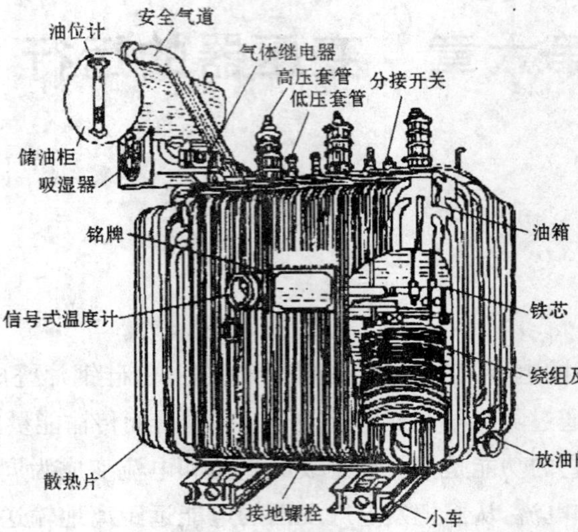

图 6-1　油浸自冷式变压器外形

(4)按调压方式来分,有无载调压变压器、有载调压变压器等。

二、变压器的保护

为了使变压器长期安全、正常、连续、稳定运行,最大限度地发挥变压器的效率,变压器一般应该按额定方式运行,但是由于变压器在运行中负荷是经常变化的,即负荷曲线有高峰和低谷,在高峰时可能过负荷。当变压器过负荷时,绝缘寿命损失将增加,而轻负荷运行时绝缘寿命损失将减小,因此可以相互补偿,不增加变压器寿命损失的过负荷称为正常过负荷。正常过负荷是每天都可以使用的,并不因此缩短变压器的正常使用寿命。

变压器在运行中冷却介质的温度也是变化的,在夏季油温升高,变压器带额定负荷时的绝缘寿命损失将增加,而在冬季油温降低,带额定负荷时的绝缘寿命损失将减小。因此,当按年等值环境温度运行时,变压器绝缘寿命损失冬夏自然补偿,而不降低变压器的正常使用寿命。由此有些过负荷运行状态是允许的,有条件短时间过负荷对变压器不会造成危害,而超时过负荷运行状态是不允许的。

变压器是电力系统的数量较多的核心设备之一,它的故障将对发(供)电的可靠性和系统的正常运行带来严重的影响。同时大容量的变压器也是非常贵重的设备,因此必须根据变压器的容量大小和重要程度,装设性能良好、动作可靠的继电保护装置,让它及时跳闸停电退出运行。

变压器一般可能发生的故障有:

(1)变压器内部绕组的多相短路、单相匝间短路、单相接地短路等。

(2)变压器外部绝缘导管及引出线上的多相短路、单相接地短路等。

(3)变压器内部绝缘油受潮等引起绝缘油不合格。

变压器内部故障不仅会损坏变压器,而且由于绝缘物和变压器油在电弧的作用下急剧气化,可能导致油箱爆炸。导管及引出线上发生相间或一相碰壳短路,将产生大的短路电流,损坏变压器,破坏电力系统正常运行。

变压器的不正常工作状况主要有:

(1)由于外部短路引起的过电流。

(2)由于电动机自启动或并联工作的变压器被断开及高峰负荷等原因所引起的过负荷。

(3)油箱油面异常降低。

(4)绝缘油的温度异常升高。

变压器外部短路引起的过电流会使变压器线圈过热,线圈绝缘加速老化,引起内部故障。变压器在不减少正常使用寿命条件下,允许过负荷。

根据上述故障和不正常工作状态,为了保证变压器的安全运行,变压器一般装设下列保护装置。

(一)瓦斯保护

容量在 800kVA 以上(车间内的变压器容量在 400kVA 以上)的变压器应装设瓦斯保护,用以反映变压器油箱内部故障时产生的瓦斯气体而动作的保护,有动作时只发讯号的轻瓦斯保护和动作时跳闸停电的重瓦斯保护。它也能反映油面下降的故障。

(二)纵联差动保护

容量在 10 000kVA 及以上(并列运行时,容量在 6 300kVA 以上)变压器应装设纵联差动保护,用以反映变压器内部绕组,绝缘套管及引出线相间短路等。它和瓦斯保护一起构成变压器的主保护。

(三)电流速断保护

对于小容量的变压器,不装差动保护,而在其电源侧装设电流速断保护作为主保护。

(四)过电流保护

变压器的过电流保护用的电流互感器装在电源侧,是作为外部短路及变压器内部短路的后备保护。

(五)零序过流保护

在中性点直接接地系统中,在变压器中性点引线上安装保护用的电沅互感器,用以装设零序过流保护,即作为变压器的单相接地保护,主要用做外部电网接地短路的后备保护。

(六)过负荷保护

过负荷保护装置在变压器过负荷时,该保护发出提示报警信号。

(七)温度讯号保护

温度讯号保护是变压器上层油面上引出温度讯号器,在变压器油温超过整定值时(一般整定在 80~90℃),即发出报警讯号,对运行人员进行提示。

三、变压器运行方式

下面就变压器运行方式必须遵守的条件及机械冷却变压器的允许运行方式做全面介绍。

(一)额定运行方式

(1)变压器在制造厂规定的额定使用条件下,全年可按额定容量运行。变压器运行时，铁芯、绕组损耗使各部位发热，导致变压器温度升高。若变压器的温度长时间超过允许值，将加速绝缘老化甚至绝缘破裂，或发生电气击穿而造成故障。

变压器在运行中各部分的温度不相同，绕组温度最高，铁芯次之，绝缘油温度最低，运行规程规定以变压器上层油温确定变压器运行中的允许温度，它主要取决于绕组所采用的绝缘材料。我国电力变压器大多采用浸漆处理过的纸、木材和棉纱等有机材料作为绝缘材料，即通常所说的 A 级绝缘，它运行在 40℃空气温度时，其绕组极限工作温度为 105℃，变压器上层油温不超过 95℃，而一般情况下，为使变压器油不致过速氧化，上层油温以不超过 85℃为宜。

一般变压器工作温度每升高 8℃，其绝缘寿命要降低一半，这就是变压器的 8℃规则。

(2)油浸式变压器最高上层油温可按表 6-1 的规定运行(以温度计测量)。

表 6-1　油浸式变压器最高上层油温

冷却方式	冷却介质最高温度(℃)	最高上层油温度(℃)
自然循环、自冷、风冷	40	95
强迫油循环风冷	40	85
强迫油循环水冷	30	70

当冷却介质温度下降时，变压器最高上层油温也应相应下降。为防止绝缘油加速劣化，自然循环变压器上层油温一般不宜经常超过 85℃。

(3)不应以额定负荷时上层油温低于表 6-1 规定作为该变压器过负荷运行的依据。对于经改进结构或改善冷却方式的变压器，应通过温升试验以确定其负荷能力。

(4)干式变压器各部分的温升不得超过表 6-2 的规定。

表 6-2　干式变压器各部分的温升

<table>
<tr><th colspan="2">变压器的部位</th><th>温升限值(℃)</th><th>测量方法</th></tr>
<tr><td rowspan="5">绕组</td><td>A 绝缘</td><td>60</td><td rowspan="5">电阻法</td></tr>
<tr><td>E 绝缘</td><td>75</td></tr>
<tr><td>B 绝缘</td><td>80</td></tr>
<tr><td>F 绝缘</td><td>100</td></tr>
<tr><td>H 绝缘</td><td>125</td></tr>
<tr><td colspan="2">铁芯表面及结构零件表面</td><td>最大不得超过接触绝缘的允许温升</td><td>温度计法</td></tr>
</table>

(5)为了使三绕组及自耦变压器的各绕组温度不超过允许值，应按下列条件运行：①每一绕组负荷不得超过其额定值；②自耦变压器在高、低压侧同时向中压侧送电时(或相反方式送电时)，应按公用绕组电流不超过其额定值监视变压器负荷。

(6)变压器的外加一次电压可以比额定电压高，但一般不得超过相应分头电压值的 5%。不论电压分头在何位置，如果所加一次电压不超过其相应额定值的 5%，则变压器的二次侧可带额定电流。根据变压器的构造特点(铁芯饱和程度等)，经过试验或经制造厂认可，加在变压器一次侧的电压允许比该分头额定电压增高10%。此时，允许的电流值应遵守制造厂的规定或根据试验确定。

(7)无载调压变压器在额定电压±5%范围内改换分头位置运行时，其额定容量不变。如果为-7.5%和-10%分头时，额定容量应相应降低2.5%和5%。

有载调压变压器各分头位置的额定容量应遵守制造厂的规定。

(二)允许的过负荷运行方式

变压器的过负荷能力是指在不损害绝缘和不降低寿命的前提下，变压器在短时间内能输出的最大容量，它可能大于变压器的额定容量。

变压器允许过负荷的实质是变压器长期在低负荷或低环境温度(低于40℃)下运行所节存的寿命，来补偿短时过负荷使绝缘老化而缩短的寿命，最终保证变压器正常寿命(约20年)不变。

变压器可以在限定条件下正常过负荷和事故过负荷的情况下运行。

正常过负荷可以经常使用，其允许值根据变压器的负荷曲线、冷却介质的温度及过负荷前变压器所带的负荷情况来确定。

事故过负荷只允许在事故情况下使用(如运行中一台变压器故障且无备用变压器，则其余变压器允许按事故过负荷运行)。

(1)变压器在一定的严格条件下，可以正常过负荷和事故过负荷的情况下短时运行。变压器存在较大的缺陷(例如冷却系统不正常，严重漏油，色谱分析异常等)时不允许过负荷运行。

(2)干式变压器的过负荷运行应遵守制造厂的规定。油浸式变压器正常过负荷运行可参照下述规定：①全天满负荷运行的变压器不宜过负荷运行；②变压器在低负荷期间，负荷系数小于1时，则在高峰负荷期间变压器允许的过负荷倍数和持续时间，由运行现场规程确定；③在夏季，根据变压器的典型负荷曲线，其最高负荷低于变压器的额定容量时，则每低1%可允许冬季过负荷1%为限，但以过负荷15%为限，并由现场情况确定；④变压器在过负荷运行前，应遵守现场规定，应投入全部工作冷却器，必要时应投入备用冷却器；⑤油浸变压器事故过负荷的允许值，按照不同的冷却方式和环境温度，可参照表6-3、表6-4的规定运行(此时应投入备用冷却器)，干式变压器可参照制造厂的规定；⑥变压器经过事故过负荷以后，应将事故过负荷的大小和持续时间记入值班记录及变压器的技术档案内。

(三)机械冷却变压器的运行方式

(1)油浸风冷变压器在风扇停止工作时允许的负荷，应遵守制造厂的规定。当上层油温不超过55℃时，则可不开风扇在额定负荷下运行；当上层油温超过55℃时，则自动启动风扇。

(2)油浸风冷变压器当冷却系统发生故障，切除全部风扇时，变压器允许带额定负荷运行的时间应遵守制造厂的规定，如制造厂无规定时，可参照表6-5的规定。

(3)强油循环风冷及强油循环水冷的变压器，当冷却系统发生故障切除全部冷却器时(对于强油循环风冷变压器，系指停止油泵及风扇；强油循环水冷变压器系指停止油泵及循环水)，在额定负荷下允许的运行时间为20min。运行后，如油面温度尚未达到75℃时，则允许上升到75℃，但切除冷却器后的最长运行时间不得超过1h。

表6-3　油浸自然循环冷却变压器事故过负荷允许运行时间　（单位：h:min）

过负荷倍数	环境温度(℃)				
	0	10	20	30	40
1.1	24:00	24:00	24:00	19:00	7:00
1.2	24:00	24:00	13:00	5:50	2:45
1.3	23:00	10:00	5:30	3:00	1:30
1.4	8:00	5:10	3:10	1:45	0:55
1.5	4:45	3:10	2:00	1:10	0:35
1.6	3:00	2:05	1:20	0:45	0:18
1.7	2:05	1:25	0:55	0:25	0:09
1.8	1:30	1:00	0:30	0:13	0:06
1.9	1:00	0: 35	0:18	0:09	0:05
2.0	0:40	0:22	0:11	0:06	+

表6-4　油浸强迫油循环冷却的变压器事故过负荷允许运行时间　（单位：h:min）

过负荷倍数	环境温度(℃)				
	0	10	20	30	40
1.1	24:00	24:00	24:00	14:30	5:10
1.2	24:00	21:00	8:00	3:30	1:35
1.3	11:00	5:10	2:45	1:30	0:45
1.4	3:40	2:10	1:20	0:45	0:15
1.5	1:50	1:10	0:40	0:16	0:07
1.6	1:00	0:35	0:16	0:08	0:05
1.7	0:30	0:15	0:09	0:05	+

表6-5　油浸风冷变压器切除风扇后允许带额定负荷运行时间

空气温度(℃)	-10	0	+10	+20	+30	+40
允许运行时间(h)	35	15	8	4	2	1

（4）强油循环风冷及强油循环水冷的变压器，运行时必须投入冷却器，在各种负荷情况下的冷却器台数，应在现场规程中予以规定。

冷却装置的维护遵守表6-6的规定。

（5）吹风冷却的干式变压器，当冷却风机因故障停止工作时，其允许的运行时间应遵守制造厂的规定。

（四）允许的短路电流和不平衡电流

（1）变压器的允许短路电流应根据变压器的阻抗与系统阻抗来确定，但不应超过线

表 6-6　冷却装置的检查、试验项目、周期和标准

序号	项目	周期	标准	说明
1	强油水冷、强油风冷和油浸风冷控制箱的检查	大、小修时	应符合制造厂规定	
2	潜油泵和风扇电机的检查试验:①绝缘电阻的测量;②交流耐压试验;③振动检查	大、小修时	(1)绝缘电阻不低于 0.5MΩ; (2)交流耐压 1 000V 持续时间 1min; (3)转动正常,无明显振动和杂音(无基础电机),对有基础电机者振动值不大于下列规定: 额定转速(r/min):3 000　1 500　1 000 振动值(双振幅,mm):0.06　0.10　0.13	(1)使用 500V 兆欧表; (2)小修时不作交流耐压试验; (3)潜油泵轴承内注入变压器油可允许运行 30min,无油空转通电时间不超过 20s
3	差压继电器和流动继电器的试验	大、小修时	应符合制造厂规定	
4	水冷却器压力试验	(1)大修时; (2)1~2 年一次	应符合制造厂规定	
5	风冷却器、散热器压力试验	大修时	应符合制造厂规定	

圈额定电流的 25 倍。当超过 25 倍时,应采取限制短路电流的措施。应在设计时考虑。

短路电流的持续时间不得超过表 6-7 的规定。

表 6-7　短路电流允许时间

短路电流倍数	20 以上	20~15	15 以下
持续时间(s)	2	3	4

(2)变压器三相负荷不平衡时,应监视最大电流相的负荷。

接线组为 Yy_n0 和 Yd11 的配电变压器,中性线电流的允许值分别为变压器额定电流的 25%和 40%(制造厂另有规定者应遵守制造厂的规定)。

(五)瓦斯保护装置的运行

(1)变压器运行时轻瓦斯保护应投入信号,重瓦斯接入跳闸。

(2)变压器在运行中进行滤油、加油及换硅胶时,应先将重瓦斯改接信号,此时变压器的其他保护装置(如差动保护、电流切断装置等)仍应接入跳闸位置。工作完毕,变压器空气排尽后,方可将重瓦斯重新投入跳闸位置。

(3)当油位计上指示的油面有异常升高,或油路系统有异常现象时,为查明原因,需要打开各个放气或放油塞子、阀门,检查吸湿器或进行其他工作时,必须先将重瓦斯改接信号,然后才能开始工作,以防瓦斯保护误动作跳闸。

(4)在地震预报期间,根据变压器的具体情况和瓦斯继电器的类型来确定将重瓦斯投入跳闸或信号。地震引起重瓦斯动作停运的变压器,在投运前应对变压器及瓦斯保护进行检查试验,确定无异状后方可投入。

(六)变压器分接开关的运行维护

(1)对于无载调压变压器,由专责电试人员,按调度命令,在变换分接头时应正反方向各转动五周,以便消除触头上的氧化膜及油污,同时要注意分接头位置的正确性。变换分接头后应测量线圈直流电阻及检查锁紧位置,并应对分头变换情况做好记录。变压器分接头的位置应有专门的记录,以便能随时核查。

(2)变压器的有载调压开关应按下列要求进行维护:①每三个月在切换开关中取油样做试验。若低于标准时换油或过滤。当运行时间满一年或变换次数达 4 000 次时亦应换油。其他维护要求参见表 6-8。②新投入的调压开关,在变换 5 000 次后,应将切换部分吊出检查,以后可按实际情况确定检修的期限。换油与检查的步骤应按制造厂规定。③为防止开关在严重过负荷或系统短路时进行切换(应先查看负荷电流大小再操作),应在变压器回路中加装电流闭锁装置,其整定值不超过额定电流的 1.5 倍。④开关应有瓦斯保护与防爆装置,当保护装置动作时,应查明原因。⑤电动操作机构等应经常保持良好状态。运行人员要定时巡视检查。

表 6-8 有载调压开关的试验项目、周期和标准

序号	项目	标准	周期	说明
1	测量触头接触电阻	一般不大于 500μΩ	大、小修时	
2	测量触头接触压力	应符合制造厂规定	大修时	检查切换开关的主触头与动触头的压缩量
3	测量限流电阻	应符合制造厂规定	大、小修时	电阻式有载调压开关进行
4	大修时	应符合制造厂规定	大修时	
5		并参照《电气设备预防性试验规程》中绝缘油部分		

(七)变压器的并列运行

随着现代发电厂、变电站容量的增大需要将两台或多台变压器并列运行,以担负系统所分配的容量,并以此提高供电可靠性,减少备用容量,根据负荷大小调整投运变压器台数,达到提高经济效益的目的。

并列运行就是将两台或多台变压器的一次侧绕组、二次侧绕组分别并接到与其相应电压的母线上。

并列运行的变压器应满足以下条件：

(1)各并列运行变压器的相序及接线组别相同。

(2)各并列运行变压器的变比相同(误差允许在±0.5%)。

(3)各并列运行变压器的短路电压百分数相等(误差允许在±10%)。

如此规定的目的是在满足条件(1)、(2)时，使变压器空载时绕组内无环流；满足条件(3)时，使变压器容量与负荷成正比。

为了使并列运行的每台变压器均能得到合理的利用，变压器容量大小比一般以3:1为宜。

新装或变动过内、外连线以及改变过接线组别的变压器，在并列运行前必须核定相位，并检查极性。

(八)变压器的经济运行

(1)发电厂和经常有值班人员的变电所，应按照负荷变化情况确定使用变压器台数的数量。

(2)预先编制变压器的停电送电计划，减少一昼夜中的操作次数，停用变压器的时间一般不少于2～3h，此时许可与变压器的经济运行方式有一定的出入，可以相互调配负荷，并列运行的变压器也应考虑负荷的经济分配，使在一定的期间内总的损失为最小。

第二节　新变压器投运前的检查和试验

变压器在投运前，必须按规定进行检查和试验，合格后方可投入运行。

(1)变压器安装完成，现场已清理，并经过业主单位验收合格；检修后的变压器电气试验验收合格(电气试验项目见附录)，安全措施全部拆除，工作票已收回。

(2)变压器本体及附件无缺陷，外表整洁，油漆完整无脱落。

(3)冷却系统的风扇或强迫油循环系统的油泵及水泵正常，管路确认合格。

(4)变压器主体无缺陷，瓷瓶无裂纹、破损，外表清洁无遗留杂物，各连接处紧固，接触良好，引线也良好，无异常。

(5)各部密封均严密完好，无渗油、漏油现象，储油柜油位正常，油箱与气体继电器的坡度符合要求。

(6)呼吸器的气道应通畅，硅胶未变色或失效，呼吸器具油封内已注油，各部放气塞已经拧紧，且无剩余气体。

(7)分接开关的手、电动操作均应灵活、准确，三相分接开关的位置应一致，挡位于符合电网和用户要求的位置上。

(8)二次接线排列整齐可靠，继电保护装置模拟动作正确、可靠。

(9)油泵、水泵、风扇等运转正常，信号指示正确。

(10)变压器的接线组别与铭牌相符，相序正确，相色漆完整。

(11)各种配套设备合格、齐全。变压器外壳接地良好，接地线应牢固。

(12)气体继电器完好，安全气道、防爆膜完好无裂纹，温度计与测温装置完整良好。

(13)各部分油位应正常，而且油枕的油位应标有－35℃、＋15℃、＋40℃的油位监视线。

(14)油再生装置及呼吸器的吸湿剂颜色正常。

(15)瓦斯继电器安装正确,有1%~1.5%(以变压器的顶盖为准)的升高坡度;由顶盖管道引入瓦斯继电器的方向有2%~4%的升高坡度,以便瓦斯继电器能正常动作。

(16)变压器防雷保护应符合规程要求。

(17)防爆管应无油,玻璃应完整。

(18)进出线的相位标示正确、清晰。

(19)油的温度仪指示正确,信号动作温度整定值正确。

(20)变压器的消防设备完备,事故排油措施完善。

(21)检查各散热器、热虹吸器及瓦斯继电器与油枕之间的阀门在打开位置。

(22)110kV变压器中性点接地刀闸按调度要求已合上。

(23)油的简化试验和绝缘强度试验应合格。

(24)变压器外壳应有良好的接地,接地电阻应合格。

(25)保护整定值和压板在投入位置。

(26)继电保护、测量、信号及控制回路接线正确,二次部分模拟操作已验收合格。保护整定值和压板在投入位置。

(27)按国家标准,变压器绕组的绝缘电阻、直流电阻和耐压试验等各项电气试验合格。检查记录或经生产主管进一步检查或确认。

(28)对于有两台变压器并列运行的变电站,要进一步检查或确认是否符合并列运行的条件,即组别、相序、变比、短路电压都要相等。

另外,新装变压器投运前还必须作空载冲击合闸试验。

变压器投入运行前,应选择发电机作电源,作空载零起逐步升压通电试验,合格后,再选择大电网作电源,作全压空载冲击合闸试验。以附图中电站电气主接线1B主变压器为例,开关200及400处在断开位,利用大电网作电源,用开关500跳合对主变1B作全压空载冲击合闸试验。

在此应注意:一般不允许用发电机全压对变压器进行冲击合闸试验,那样有可能损坏发电机。新装变压器必须经过5次全压冲击合闸试验,大修后的变压器必须经过3次冲击合闸试验,每次间隔10min。未发现异常情况时才能投入运行,在冲击合闸前,差动、瓦斯等所有保护都必须投入跳闸,并记录其冲击合闸电流值。

变压器带额定负荷后要由专责人员测三相电流的向量图,绘制出六角图形。

第三节　变压器的投运和退出

变压器的投运和停运操作,应严格遵守运行操作制度的规定,参见本教材有关运行制度的规定。

运行操作的总要求是:必须根据电网值班调度员或电站值班负责人命令,受令人复诵无误后,写好操作票,按倒闸操作要求进行操作。

一、变压器的试运行

变压器首次带负荷运行前，必修经过零起升压及空载运行，然后必须经过至少5次的空载冲击合闸试验，停电检查合格后方能带负荷正常进行运行。

变压器首次投入空载运行应从零起升压，逐渐将电压升到额定值。在升压过程中监视表计指示的变化，观察三相电压、电流是否平衡。升压到1/2额定值时，暂时停止升压，对变压器进行全面检查，均正常后再升压至额定值。在此过程中还要进行包括空载电流、空载损耗、变比等参数的记录检查。

空载运行无问题后，再作空载冲击合闸试验，经检查合格，并经技术主管确认，则可转入带负载试运行。在带负载运行中随变压器温度的升高，应陆续启动一定数量的冷却器。负载试运行一般从25%负载开始投运，接着逐步增加到50%～75%，最后满负载运行2h，满负载后检查变压器本体及各附件均正常后结束。

另需注意：第一次带电后运行时间不应少于10min，以便倾听变压器内部有无不正常杂音。

正常发电时变压器的空载运行则仅仅是过渡到负载运行的一个短暂过程。

二、变压器的正常运行

变压器在正常运行情况下，它的投入和退出操作原则如下：

(1)变压器一般装有断路器，变压器投入和退出须用断路器，对空载变压器也如此。

(2)对小容量变压器如水电站中厂用变压器，若未装设断路器时，亦可用隔离开关投入或退出空载变压器(空载电流不超过2A为限)；但须注意切断电压为20kV及以上变压器的空载电流，必须用带有消弧角和机械传动装置并装在户外的三联刀闸。若因条件限制三联刀闸必须装在户内时，则应在各相间装不易燃的绝缘物，使其三相互相隔离，以防止三相弧光短路。

(3)变压器投入、退出时操作顺序为：退出时应先停负荷侧，后停电源侧，投入时应从电源侧逐级投入。

(4)在电源侧装隔离开关，负荷侧装断路器的电路投入变压器时，应先合电源侧隔离开关，再合负荷侧隔离开关，最后合负荷侧断路器。退出变压器时应先拉负荷侧断路器，再拉负荷侧隔离开关，最后拉电源侧隔离开关。

(5)停运时间较长的变压器投运前须测量绝缘电阻并作油样简化试验，测量绝缘电阻时必须将高低压侧电源和连接的互感器断开，并同时断开接地的中性点。若变压器的绝缘电阻小于规定值时应报告技术领导人，以便决定是否投入运行。

(6)新投或大修后变压器送电，重瓦斯先改投信号位置，应选择大电网电源进行全压充电试验；送电后，经24h运行放气正常后改投跳闸位置。

三、分接开关调整原则

(1)无载分接开关调整时，按照调度命令，运行人员做好安全措施，由电试专责人员进行调整，必须拉开变压器各侧断路器及隔离开关，布置好安全措施后，方可进行调整。调整后，应注意三相分接位置一致，并测其线圈直流电阻值符合要求。

(2)有载分接开关调整，可在运行中按照制造商的规定进行调整，调整后应检查控制屏上分头位置指示与现场实际分头位置指示一致。

四、变压器中性点刀闸拉、合原则

按电网调度统一安排的运行方式，按调度命令执行。

五、变压器停电检修典型操作票

双卷变压器(图6-2)两边装有断路器和隔离开关400、4001和300、3001。在已正常送电情况下，写出停电检修操作票(包括安全措施)。

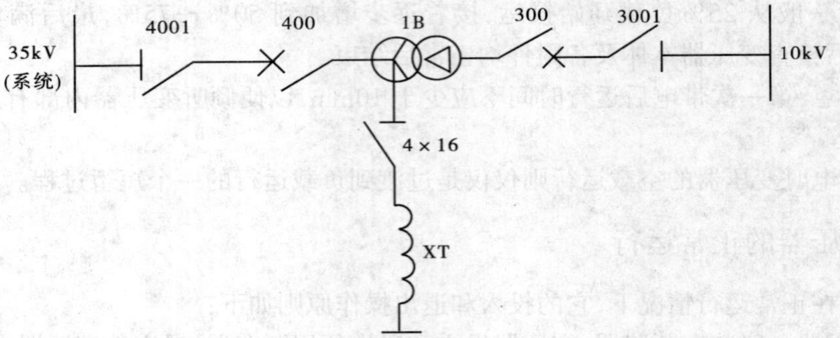

图6-2　双卷变压器

操作票由一人根据模拟图纸，核对名称、编号、位置；按操作顺序填写(不准颠倒顺序)；值长审查签字；操作时实行监护唱票复诵制。

变压器停电检修典型操作票如下：

(1)通知用户，1B检修停电(提前3天)。

(2)跳开300(在中控室操作)。

(3)检查300断路器回路电流表指示为0。

(4)检查300在断开位置(在现场)。

(5)拉开3001。

(6)取下300合闸熔断器(在开关现场)。

(7)跳开400(在中控室操作)。

(8)检查400在断开位置(在现场)。

(9)拉开4001。

(10)取下400合闸熔断器(在现场)。

(11)取下400二次操作保险器(在中控室)。

(12)取下300二次操作保险器(在中控室)。

(13)拉开1B变压器保护全部退投连接片(在中控室)。

(14)拉开1B的35kV中性点消弧线圈的接地隔离开关4×16。

(15)验电(在400和4001之间)。

(16)在 4001 操作把手上落锁。

(17)在 3001 操作把手上落锁。

(18)在 4001 的 1B 侧装临时接地线。

(19)在 3001 的 1B 侧装临时接地线(此处无电源时也可不装)。

(20)在 4001 把手上挂“有人工作,禁止合闸!”的警告标示牌。

(21)在 3001 把手上挂“有人工作,禁止合闸!”的警告标示牌。

(22)在 400 控制开关 KK 上挂“有人工作,禁止合闸!”的警告标示牌。

(23)在 300 控制开关 KK 上挂“有人工作,禁止合闸!”的警告标示牌。

(24)在 1B 周围装安全围栏(限制检修人员活动范围)。

(25)操作票有关人员签字,即完成。

运行人员陪同检修负责人到现场查看,按规定办好工作许可手续,再办理检修工作票开工手续。

六、变压器检修后的送电操作

以附图电气主接线中的 31B 近区用电变压器检修后送电为例。送电操作票如下:

(1)检修后,电气试验合格,继电保护等二次部分已投入并模拟试验合格,并经生产技术主管组织验收合格,确认可以投运。

(2)检查安全措施已拆除,工作票已签字收回。

(3)检查 302 在开位。

(4)检查 304 在开位。

(5)检查 306 在开位。

(6)合上 2101。

(7)合上 3001。

(8)检查 2101 在合位。

(9)检查 3001 在合位。

(10)合上 210 合闸保险。

(11)合上 300 合闸保险。

(12)合上 300 二次操作保险。

(13)合上 210 二次操作保险。

(14)合上 210。

(15)检查 210 合闸位置指示正确。

(16)检查变压器空载运行正常。

(17)合上 300。

(18)检查 300 合闸位置指示正确。

(19)通知三条送电线路的用户,可以送电。

(20)得用户明确回答确认后,逐一给用户送电。

(21)检查变压器运行情况。

(22)操作人及监护人操作完后签字,交回操作票给值长。

第四节　变压器运行中的巡视和检查

变压器在运行中，要定期做好巡视和检查工作，一般每班3次，除通过各种测量仪表、保护、信号指示等了解变压器的运行情况外，还要由运行人员在现场眼看、耳听、鼻闻，以发现仪表不能反映的问题，以便及时发现异常和缺陷并进行处理，从而保证电站的安全、可靠、连续、运行。

一、变压器正常运行中的巡视检查项目

变压器正常运行中的巡视检查项目包括如下内容：

(1)负荷电流是否在额定范围内。

(2)冷却用风扇或油泵及水泵运转是否正常。

(3)储油柜和充油套管的油位、油色正常，无渗油、漏油。

(4)变压器的温度讯号器指示正常，一般不大于85～90℃。

(5)有载调压装置油枕油位应低于本体油枕油位。

(6)变压器声音无异常。

(7)外表清洁、完整，无遗留物。

(8)本体无渗油、漏油。

(9)呼吸器硅胶应完好，无受潮变色。

(10)瓦斯继电器内充满油。

(11)各引线松紧适当，接头无过热发红现象。

(12)冷却装置运行正常，油泵、水泵转动应均匀正常，油压和水压在允许范围内，风扇运转正常。

(13)瓷套管外部应清洁、无破损裂纹、无放电痕迹及其他异常现象。

(14)运行中的各冷却器温度应相近，油温正常，管道阀门开闭正确。

(15)安全气道及保护膜应完好无损。

(16)瓦斯继电器内应无气体，继电器与储油柜间连接阀门应完整。

(17)如果是室内变压器，则变压器的门、窗、门闩应完整；房屋应无漏水、渗水；照明和空气温度应适宜。

(18)有载调压装置分头现场与主控位置指示一致。

(19)主变负荷符合运行规定。

(20)主变中性点接地刀闸位置符合运行要求。

(21)引线接头、电缆、母线应无发热现象。

(22)消防设施齐全、完整等。

(23)变压器保护、测量仪表等二次部分检查。

(24)外壳接地良好。

二、特殊巡视检查项目

变压器在特殊巡视过程中的检查项目包括如下内容：

(1)过负荷时：监视负荷、油温、油位变化，接头无过热，冷却装置运行正常。

(2)大风天气：引线摆动情况及有无搭挂杂物。

(3)雷雨天气：瓷套管有无放电闪络，避雷器放电记录器动作情况。

(4)大雾天气：瓷套管有无放电现象，重点监视污秽瓷质部分。

(5)大雪天气：各接触点发热情况，有无雪引起短路后果的危险。

(6)短路事故后：检查主变及接头有无异状。

(7)根据变压器的构造特点，还应在现场规程中补充检查的项目。

三、定期检查工作

(1)取油样化验并作耐压试验，必要时，取油样作色谱分析。

(2)冬季取下避雷器作预防性试验。

(3)停电时，用摇表测量线圈之间和线圈对地之间的绝缘电阻值，并与上次测量值比较(中性点接地时应先拉开接地刀闸)。

(4)停电时，测各侧线圈直流电阻值(包括分接开关部分)，并与上次测量值比较。

(5)外壳和铁芯接地情况检测。

(6)按规程规定，定期进行交流耐压等预防性试验。

(7)冷却泵主用和备用的定期切换。

(8)对停用时间比较长的备用变压器要按规程规定，定期充电，防止受潮，并测绝缘电阻值。

第五节　变压器的故障和事故处理

变压器故障的种类多种多样，变压器投运时间各异，所经历的过电压、过电流以及维护使用情况都不尽相同，故障发生的趋势亦不同。

一、常见的故障

变压器的常见故障包括：

(1)绕组绝缘老化；层间或匝间短路；局部过热；绝缘受潮以及短路造成的机械损伤等。

(2)铁芯(磁路)芯片间绝缘老化；穿芯螺丝或轭铁碰接铁芯；压铁松动引起振动或音响异常；接地不良形成间歇放电；芯片叠装不良造成铁损增大等。

(3)分接头接触不良引起局部过热；分接头之间因污物而造成相间短路或表面闪络。

(4)变压器油受潮，油化验不合格。

(5)冷却系统故障，风扇或油泵、水泵出现异常，或冷却水进入油中。

(6)油箱漏油；油温计失灵；防爆管发生故障等。

因为变压器的故障不仅仅是某一方面故障的直观反映，它涉及诸多因素，有时甚至会出现假象，由故障到损坏，常会有一个渐变的过程，因此运行值班人员只有在掌握一定的理论基础上积累大量的实践经验，仔细观察分析故障现象，仔细倾听异常声音，分析油化验结果，并充分了解变压器过去及现在的实际运行状态，进行分析和诊断，才能准确可靠地找出故障原因，判明事故性质，提出较完备的合理的处理办法，使故障尽快得到消除。在此主要只说明运行人员值班时如何处理发生的事故，以维持其他正常设备的连续安全运转。设备本身内部缺陷检修工作一般不在讲述之列，而由专门的检修课程讲述。

二、异常运行情况及事故处理

变压器出现故障及事故时，变压器的继电保护装置动作，如温度升高故障，会自动发出故障信号，光字牌也会亮或有语音提示；内部故障，差动保护会动作（差动保护范围内的母线等故障差动保护也会动作）；内部严重故障时，瓦斯保护会动作；外部短路故障时，作为后备保护的过流保护会动作。对于不能引起继电保护动作的异常情况，如吸湿剂的颜色变化；内部声音不正常等；引出线接头接触不良而发热发黑等。运行值班人员要根据具体情况，按照现场运行规程及时报告或采取对策。

（一）主保护差动保护动作

1. 表现现象

差动保护动作光字牌亮，事故喇叭叫，或事故语音提示（有计算机监控系统的水电站），各侧断路器事故跳闸。

2. 处理方法

（1）运行值班人员在值长统一指挥下进行处理。

（2）运行值班人员应做好事故记录。

（3）查看信号继电器掉牌情况，不允许未经同意，个人去复归。

（4）去变压器现场检查，有无发热、喷油和异味等。

（5）对属于差动保护范围内的变压器外套管、母线、电缆头等进行检查，有无故障存在。

（6）拉开各侧开关，做好安全措施，报告生产主管，通知检修专责人员来现场，协同对变压器内部进行绝缘及油化验等检测。

（7）经值长同意，两人在场，复归信号继电器掉牌。

（8）没有查明原因之前，不准未经技术主管同意，随意判作误动而恢复送电。

（二）重瓦斯保护动作

1. 表现现象

重瓦斯保护动作光字牌亮，事故喇叭叫或事故语音提示（有计算机监控系统的水电站），各侧断路器事故跳闸。

2. 处理方法

（1）运行值班人员应做好记录。

（2）现场检查防爆膜是否损坏，瓦斯继电器内是否有气体。

（3）如果瓦斯继电器内有气体，则停电后，做好安全措施，收取气体；如果气体能燃烧，则报告主管，并通知检修专责人员。

（4）其他参见差动保护处理的一般处理原则。

(三)轻瓦斯保护动作

1.表现现象

轻瓦斯保护动作光字牌亮,故障电铃响,或故障语音提示。

2.处理方法

(1)运行值班人员应做好记录。

(2)现场查瓦斯继电器内有无气体.如果有气体,则停电后,做好安全措施,收取气体;如果气体能燃烧,则报告主管,并通知检修专责人员作内部检查。

(3)如果气体不能燃烧,则放气后(也可能是新检修投运内部混有空气引起)做好绝缘检查后,经主管同意,复归掉牌,恢复送电。

(四)过流保护动作

过流保护动作作为差动等主保护的后备保护,一般装在电源侧,所以使变压器也处在保护范围内。

1.表现现象

过流保护动作光字牌亮,事故喇叭叫,或事故语音提示(有计算机监控系统的水电站),断路器延时事故跳闸。

2.处理方法

(1)运行值班人员应做好记录。

(2)到现场进行外部温度、油温、油位等检查,包括引出线检查。

(3)联系电网调度员,外线有无故障,有无越级跳闸动作可能。

(4)如果确认正常时,复归掉牌后,可以试送电一次。试送不成功时,则按差动保护动作处理原则处理之。

(五)过负荷动作

1.表现现象

过负荷动作光字牌亮,故障电铃叫,或语音提示。

2.处理方法

(1)运行值班人员应做好记录。

(2)检查电流表指示,如果确系过载,则联系调整减低负荷电流,并复归掉牌。

(六)零序过流保护动作

零序过流保护动作作为变压器接地故障的保护,同时作为高压系统侧系统中接地故障的后备保护(指中性点直接接地系统)。

1.表现现象

零序过流保护动作光字牌亮,事故喇叭叫,或事故语音提示(有计算机监控系统的水电站),各侧断路器延时事故跳闸。

2.处理方法

(1)运行值班人员做好记录。

(2)检查变压器及引出线有无接地现象。

(3)询问电网调度员,系统有无接地故障。

(4)如果确认变压器及引出线等没有接地故障,则复归掉牌后,试送电一次;如果不成功，则通知检修专责人员来检查变压器本身，并与调度联系。

（七）声音异常处理

变压器运行时，电流通过铁芯产生交变磁通就会发出“嗡嗡”的均匀电磁声，声响的强弱正比于运行电压和负荷电流的大小。这是变压器正常运行的声响。如果出现其他的噼啪放电声响，则说明变压器出现了故障。于是应立即报告，现场确认并分析，及时通知检修专责人员来现场停电检查处理。

（八）套管故障

1. 表现现象

套管破损、裂纹、闪络和漏油。

2. 处理方法

运行值班人员做好记录，加强检查监视，立即报主管，选定时机，申请停电处理。

（九）冷却系统故障及处理

1. 表现现象

风扇或油泵及水泵停止运转，或运转不正常。

2. 处理方法

(1)运行值班人员检查确认后，按现场运行规程规定处理，并适当降低变压器负荷。

(2)做好记录。

(3)检查其电气回路是否完好，熔断器是否熔断，开关是否跳闸。

(4)立即报告并通知检修专责人员处理。

（十）油温升高并报警

1. 表现现象

温度升高光字牌亮，故障电铃叫或语音提示。

2. 处理方法

(1)到现场检查确认温度升高值，先检查负荷是否过载及冷却系统是否故障。

(2)温度指示有无假象。

(3)记录并报告，查明原因及时处理。

（十一）防爆管向外喷油

防爆管向外喷油的处理方法如下：

(1)立即报告并将变压器停电；拉开各侧开关。

(2)通知检修专责人员处理。

(3)先将其与运行设备隔离。

(4)立即报告电网调度员。

（十二）变压器看不到油位或油质变黑或炭化

变压器看不到油位或油质变黑或炭化的处理方法如下：

(1)报告并现场再次确认。

(2)先降低负荷。

(3)申请停电由检修专责人员处理。

(十三)变压器着火事故

变压器着火事故的处理方法如下：

(1)立即断开着火变压器各侧开关、刀闸及冷却风扇等电源，并报告生产主管。

(2)根据火灾情况速拨 119 火警电话，向消防单位汇报着火单位、位置、地点和火灾性质。

(3)迅速报告电站领导，组织人员采用干粉灭火器灭火，不得已时，可取用防火砂灭火。

(4)若顶盖上部着火，立即打开变压器事故放油阀排油，并疏通堵塞的排油池以便排油。

(5)若变压器内部故障引起着火，则不能放油，以防变压器爆炸。

(6)灭火中，应先将起火的变压器与运行设备隔离，防止造成运行设备短路接地。

(7)对外来协助救火人员，应交代安全注意事项，防止造成人员触电伤亡及意外情况发生。

复习思考题

6-1 变压器结构组成主要部件和变压器的运行方式有哪些？

6-2 变压器在电力生产中的作用是什么？

6-3 变压器并列运行的条件是什么？

6-4 A 级绝缘变压器各部分允许温度各为多少摄氏度？

6-5 变压器上层油温的意义是什么？运行中一般为多少摄氏度？

6-6 变压器铭牌上主要有哪些参数？

6-7 新变压器投入运行前应做哪些检查和试验？

6-8 水电站里新主变压器的零起升压试验如何进行？

6-9 水电站里新主变压器全压空载冲击合闸试验进行的程序和步骤包括哪些？

6-10 变压器如何投入和退出运行？

6-11 根据附图电站电气主接线图写出 2 号主变停电检修操作票。

6-12 变压器运行中巡视检查项目包括哪些？

6-13 强迫油循环水冷却的变压器的冷却系统运行中如何维护检查？

6-14 变压器在运行中的异常现象有哪些？运行人员应如何处理？

6-15 在什么情况下应立即将变压器退出运行？

6-16 变压器轻瓦斯保护动作后运行人员应如何处理？

6-17 变压器重瓦斯保护动作后运行人员应如何处理？

6-18 变压器纵差保护动作后运行人员应如何处理？

6-19 变压器过流保护动作如何处理？

6-20 变压器运行中维护的定期工作包括哪些？

6-21 变压器常见故障有哪些？应如何处理？

6-22 无载调压变压器调整分接头的程序和步骤包括哪些？

6-23 有载调压变压器调整分接头的程序和步骤包括哪些？

6-24 在实际运行中你碰到了哪些变压器故障？是如何处理的？

第七章 电气设备的运行

第一节 概 述

按所使用的灭弧介质的不同,高压断路器可分为油断路器、六氟化硫断路器、真空断路器和空气断路器等。其中油断路器、六氟化硫断路器、真空断路器为水电站常用断路器种类。高压断路器是电力系统一次设备中非常重要的大量的工作设备,也是电力系统里重要的操作电器,与它连接控制的一次电路,在正常负荷投入或转移时,它应该准确地断开或合闸,且可以由运行值班人员进行远方控制操作;在设备(发电机、变压器、电动机等)出现故障或母线、输配电线路出现故障时,在继电保护及自动装置的启动下(无须运行人员干涉),自动迅速可靠地将故障的设备或线路切除,使之与非故障部分隔离,从而保证非故障部分继续安全运行,保证电网安全。低压 400V 的空气断路器也有上述作用。

隔离开关与断路器不同,它结构简单,没有灭弧装置,不能用来接通和断开正常的负荷电流,更不能自动切断故障的短路电流。它的主要作用只是将高压设备装置中需要检修的部分,如发电机、变压器、输配电线路等,与其他带电部分可靠地隔离。检修工作人员可以安全进行作业,而不影响其余带电部分照常送电运行。

如附图电气主接线图中,1F 发电机停机检修时,跳开断路器 204,手动拉开隔离开关 2041 后,隔离开关 2041 就把发电机及断路器与带电母线隔离开了。母线及其他带电设备照常送电运行,检修工作人员就在断路器及发电机上进行检修作业。隔离开关有明显的断开间隔,保证了检修工作人员的安全。隔离开关在电路中主要起一个与带电设备相隔离的作用。

电气设备的种类很多,除断路器和隔离开关外,还有电流互感器、电压互感器、避雷器、熔断器及大量的低压电器。本书中只能以典型引入,举一反三。本章介绍的是电气主接线图上除发电机、变压器以外的一次电气设备(主要是开关电器)和直流及防雷接地系统设备的运行,并简单介绍由电气设备组成的高压开关柜及低压配电屏的运行。

第二节 新电气设备投运前的检查和试验

一、高压断路器投运前的检查和试验

高压断路器投运前的检查和试验主要包括以下内容:

(1)首先检查投运前断路器分、合闸机械指示器处于“分”位置,断路器两侧隔离开关应都处于断开位置。

(2)断路器本身及套管清洁、无裂纹、缺损及放电痕迹。

(3)断路器外壳接地线紧固,接触良好。

(4)断路器分、合闸机械位置指示器指示正确;其分合位置与断路器实际分合状态相符合;各部机械零件正常,无损坏现象,机械闭锁销子应打开。

(5)各元件接触紧固且良好,螺丝无松动,小车插头应正常。

(6)断路器操作机构各部销子无断裂或脱离,跳闸弹簧无断裂,弹簧缓冲器或油缓冲器应清洁、固定牢靠、油量充足、动作灵活无卡阻现象,缓冲作用良好,辅助开关动作应准确可靠,接点无电弧烧损现象。

(7)断路器各相绝缘电阻值应符合规定:一般 3～10kV 用 1 000V 摇表测量,不小于 300MΩ。

(8)每相导电回路直流电阻值合格,如 SN1－10 为 95μΩ。

(9)操作回路熔断器电流值符合设计值。

(10)拉、合闸操作试验和保护模拟跳闸试验合格。

(11)油漆应完整,相色标志正确。

(12)二次回路的导线和端子牌完好。

(13)若为高压油断路器,则还需检查油面应在标准位置,既不超过最高线,也不低于最低线;油色透明无杂质,油标玻璃管及油箱外部清洁无渗漏油;确认油化验合格,油耐压试验合格。

(14)若为真空断路器,则要检查其灭弧室真空度,使符合要求。

(15)若为六氟化硫断路器,则要检查其密封良好,无漏气和潮气侵入现象,气体压力值和 SF_6 气体质量应符合产品技术要求。

(16)确认其他电气试验项目、标准合格。

另外,对操作机构主要检查以下内容:

(1)操作机构应固定牢固,外表清洁完整。

(2)电气连接可靠且接触良好。

(3)液压系统无渗漏油,油位正常、空气系统无漏气、减压安全阀动作可靠、压力表指示正确。

(4)操作机构与断路器的连动正常,无卡阻现象,手动跳闸脱扣机构应动作灵活。

(5)机构箱的密封垫应完整,电缆管口、动口应予以封闭。

二、高压隔离开关投运前的检查和试验

高压隔离开关投运前的检查和试验主要包括以下内容:

(1)隔离开关的触头应接触紧密良好,动静触头无脏污、杂物,压紧弹簧和铜辫子无断股和损伤现象。

(2)瓷瓶和连接拉杆无断裂现象,操作机构各连接部分销子牢固可靠、无脱落现象,动作灵活可靠。

(3)闭锁装置应良好,电锁销子在正确位置。

(4)油漆应完整,相色标志正确。

(5)带接地刀的隔离开关联动可靠,接地刀接地应良好。

(6)相间距离及分闸时,触头打开角度和距离应符合规定,合闸时三相同期性要符合

规定。

(7)电气试验项目及标准合格。

三、互感器投运前的检查和试验

电力系统往往采用高电压、大电流回路将电能送往用户，大电流高电压无法用仪表直接测量。互感器的作用就是将高电压、大电流变成低电压、小电流。其中变换电压的为电压互感器，变换电流的为电流互感器。

电压互感器，按绝缘方式分为干式、浇筑式、油浸式和充气式等型式；按安装地点分为户内式和户外式两种。

电流互感器，按绝缘方式分为干式、浇筑式和油浸式等型式；按安装地点分为户内式和户外式两种；按整体结构和安装方式分为穿墙式、支持式和套管式等。一般浇筑式电流互感器广泛用于35kV及以下户内，油浸式电流互感器用于35kV及以上户外。

应特别指出的是，不同准确度等级的互感器用于不同的场合，一般0.2、0.5级常与计费用电度表连接；1级互感器与监视用指示性仪表连接；3级和10级与继电器配合使用；D级电流互感器专用于差动保护。同一台互感器在不同的准确度级下使用，互感器二次所带负载容量不同，精度要求越高，二次所能带的负载容量越小。

一台合格的电压或电流互感器在运行中的容量不准超过铭牌的规定值，其一、二次回路的绝缘电阻不得小于允许值。6kV及以上电压互感器一次侧用1 000～2 500V摇表测量，其绝缘电阻值不得小于50MΩ，二次侧用1 000V摇表测量，其绝缘电阻值不得低于1MΩ；电流互感器二次侧用1 000V摇表测量，其绝缘电阻值不得低于1MΩ；0.4kV电压互感器用500V摇表测量，其绝缘电阻值不低于0.5MΩ。为防绝缘损坏，一次侧高压通过互感器窜入二次侧造成安全隐患，电流、电压互感器二次侧均采用可靠接地，充分保证二次侧设备和工作人员安全，为简化同期接线，电压互感器一般采用二次绕组B相接地。

另外，须注意的是，电压互感器所带负载必须并联在二次回路中，电流互感器所带负载必须串联在二次回路中。

(一)电压互感器投运前的检查内容

(1)电压互感器周围应无影响送电的杂物。

(2)电压互感器一次侧高压熔断器外部正常，用万用表检查导通良好。

(3)电压互感器各部位接触良好，无松动现象。

(4)电压互感器及其绝缘子无裂纹、脏污或破损现象。

(5)电压互感器油漆应完整、相色应正确，外壳接地应牢固良好。

(6)电压互感器附属设备及回路良好，无异常或缺陷。

(7)油浸式电压互感器油位正常、油色透明不发黑，无渗油、漏油现象，硅胶颜色正常。

(8)确定电压互感器高、低压侧相位正确。

(9)检查确认电气试验项目、标准合格。

(二)电流互感器投运前的检查内容

(1)电流互感器周围应无影响送电的杂物。

(2)电流互感器一、二次接线正确牢固，各部位接触良好，无松动及损坏现象。

(3)电流互感器外部清洁无锈蚀,其绝缘子无裂纹、脏污或破损现象。

(4)电流互感器外壳及二次回路一点接地良好,接地线应紧固可靠。

(5)电流互感器附属设备及回路良好,无异常或缺陷。

(6)充油电流互感器外观应清洁、油量充足,无渗漏油现象。

(7)二次回路中的试验端子接触牢固,无断开现象。

(8)油漆应完整,相色应正确。

(9)检查确认电气试验项目、标准合格。

四、绝缘子、母线和电缆投运前的检查和试验

母线和电缆均为导体。母线是裸露的、无绝缘外衣的导体,而电缆则是穿了绝缘外衣的导体。绝缘子主要用来支撑和固定母线(即带电裸导体),并使之与地绝缘。

(一)绝缘子投运前的检查和试验

绝缘子(又称为瓷瓶)是用来固定和支持带电裸导体,并保证裸导体的对地绝缘及其在短路电流通过时的动稳固性。绝缘子应具有足够的绝缘强度和机械强度,并能耐热、耐潮。

电站中的绝缘子又分为支持绝缘子和套管绝缘子两种,支持绝缘子仅起绝缘和支撑的作用,而套管绝缘子又称为穿墙套管,它用于高压配电装置的带电导体穿过与其电位不同的隔板或墙壁处,套管绝缘子外部瓷件起绝缘与支撑作用,其内部有载流芯柱,电流从载流芯柱通过。

户内支持绝缘子分内胶装、外胶装、联合胶装3种,户外绝缘子分针式和棒式两种;套管绝缘子有户内、户外及普通型、高原型之分,其载流芯柱有铜、铝之分,导体截面有矩形、圆形之分。

电器绝缘子用于固定电器的载流部分,可分为支柱绝缘子和套管绝缘子,支柱绝缘子用于固定没有封闭外壳的电器载流部分,如支持隔离开关的动、静触头;套管绝缘子用于将有封闭外壳的电器(如多油断路器、变压器等)的载流部分引出外壳,它有单一绝缘套管(如纯磁套管和树脂套管)、复合绝缘套管(如充油套管、充胶套管和充SF_6气体套管等)和电容式套管等类型。

线路绝缘子用于固定电力架空线路的导线和屋外配电装置的软母线,并使其与接地部分绝缘。其中高压线路用的有针式、盘形绝缘子和磁横担等,低压线路用的有针式、蝶式、线轴式绝缘子和布线用磁绝缘子等。

支持绝缘子的主要技术指标有额定电压和抗弯破坏负荷能力等;套管绝缘子的主要技术指标有额定电压、额定电流及抗弯破坏负荷能力等。

新绝缘子投运前检查项目包括以下内容:

(1)检查磁件、法兰应清洁、完整、无破损及裂纹,胶合处填料完整。

(2)安装牢固,紧固件齐全。

(3)套管接地端子应可靠接地。

(4)充油套管无渗漏,油位指示正常。

(5)进行泄漏距离检查。

(6)检查和确认电气试验各项目合格。

(二)母线投运前的检查和试验

母线在配电装置中起着分配和汇集电能的作用。

母线可分为软母线和硬母线两种，软母线主要用于110kV及以上的屋外配电装置，通常用的是钢芯铝绞线。硬母线按截面形状不同分为矩形、槽形、实心圆梗和管形等，一般35kV及以下屋内配电装置大都采用矩形母线，而35kV以上屋外配电装置，为减少电晕，大都采用钢芯铝绞线或管形截面母线。

矩形母线用金具固定在支柱绝缘子上，当母线长度超过20m时，要加装与母线同材料的伸缩补偿器以防热胀冷缩而造成连接不好。

屋内硬母线及屋外母线桥安装完毕后均要涂漆，既为识别相序或极性，又为增加辐射、散热和防腐能力，三相交流硬母线A、B、C分别要漆上黄色、绿色和红色，不接地的中性线涂白色，接地的中性线涂紫色；直流母线正极涂褐色，负极涂蓝色。

母线的主要技术指标有截面积大小及其对应的额定载流量等。

母线投运前的检查项目：

(1)检查三相交流硬母线A、B、C分别要漆上黄色、绿色和红色，不接地的中性线涂白色，接地的中性线涂紫色；直流母线正极涂褐色，负极涂蓝色。

(2)金属构件的加工、制作、焊接、螺栓连接和安装良好。

(3)母线涂漆防腐符合要求。

(4)螺栓固定的母线搭接面应平整，各部螺栓、垫圈、开口销、线夹等零部件应齐全可靠。

(5)母线的配置及安装架设符合规定，连接正确，螺栓紧固，接触可靠；相间及对地电气距离符合规定；软母线的弧垂度应符合要求。

(6)磁件、软件及胶合处完整。

(7)各电气试验项目合格。

(三)电缆投运前的检查和试验

电缆是传送和分配电能的一种非裸露的特殊导线，具有防腐、防潮、防损伤、不易发生故障、布置紧凑等优点，但它具有散热差、载流量小、有色金属利用率低、价格贵，一旦故障查找和修复较困难等缺点。一般在不易架设母线时才使用电缆。

按所使用的绝缘材料不同分为油浸纸绝缘、聚氯乙烯绝缘、交联聚乙烯和橡皮绝缘等几种。油浸纸绝缘包括黏性油浸纸绝缘电缆和不滴流油浸纸绝缘电缆，这两种电缆除浸渍剂不同外，结构完全相同，广泛用于35kV及以下电压等级。10kV及以下多芯电缆常用一个金属护套，称为统包型。20～35kV电缆，若每个绝缘线芯都有铅(铝)护套，则称为分相铅(铝)包型，若绝缘线芯分别有屏蔽层，并共用一个金属护套，则称为分相屏蔽型。黏性电缆的浸渍剂在工作温度下会流动，故不宜敷设在落差较大的场合。不滴流油浸纸绝缘电缆则不受落差限制，而且工作温度可以规定得较高，且可提高其载流量。聚氯乙烯绝缘电缆适用于6kV及以下电压等级。交联聚乙烯电缆比聚氯乙烯电缆耐热性好，机械性能好，适用于35kV及以下电压等级。

为防潮气侵入电缆端部，造成绝缘下降，电缆线路中必须配置各种中间连接盒和终端接头盒(又名电缆头)。中间连接盒用于两段电缆互连,电缆头用于电缆与电机、电器、架空线路等设备的连接。电缆线芯导体的连接有很多方法,可焊接(钎接、熔焊、氩弧焊)、压接和机械螺栓连接等,要求连接点电阻小而稳定,具有足够的机械强度、耐电化腐蚀、耐振动。

电缆投运前的检查包括以下几个方面:

(1)电缆规格应符合规定,排列整齐、沿支持物敷设电缆固定良好,无机械损伤。

(2)电缆编号标志牌应齐全、正确、清晰。

(3)电缆的弯曲半径与电缆外径的比值不超过标准,相序排列符合标准。

(4)电缆终端、电缆接头及充油电缆的供油系统应安装牢固,无渗油现象,充油电缆油压及表计整定值符合要求。

(5)外皮接地应良好。

(6)电缆终端盒的连接正确,无滴油现象。

(7)电缆支架等金属部件防腐层应完好。

(8)电缆沟内应无杂物,盖板齐全,隧道内无杂物,照明、通风、排水设施符合设计要求。

(9)埋设地下电缆应标明坐标、部位与走向。

(10)防火措施符合设计要求,且施工质量合格。

(11)滴油电缆最高与最低间高差不超过规定值。

(12)电缆各项电气试验合格。

(13)确认充油电缆的绝缘油试验合格。

五、常见低压开关电器投运前的检查和试验

水电站常用的低压开关电器有低压断路器、闸刀开关、接触器等,它们的额定电压均在1 000V以下。不同的低压开关电器虽各自有特点,但其对安全有许多共同的要求,如电压、电流、断流容量、操作次数、温升等允许参数应符合要求,灭弧罩、灭弧触点、灭弧用绝缘板等灭弧装置应完好;防护、连锁装置可靠完善,安装牢固,方便操作,最小安全净距符合要求,本体及附件无变形和损伤;触点接触紧密,接触压力足够,各极动作同时性达标;不带电金属部分接地或接零良好;绝缘电阻符合要求等。

(一)低压断路器投运前的检查和试验

低压断路器又名自动空气开关或自动开关。它适用于不频繁地通断电路或启停电动机,并能起过载、短路和失压保护作用,是低压交、直流电路中性能最完善的低压开关电器。

按结构不同,低压断路器分为塑料外壳式断路器(DZ系列)和万能式断路器(DW系列)两大类,DZ系列额定电流较小而且等级较少,DW系列额定电流大而且等级较多。

低压断路器投运前检查的具体项目有:

(1)低压断路器周围无影响送电的杂物。

(2)接线端子与连接导线应紧固,其他连接部件无松动,接触良好。

(3)低压断路器本体及附件均无异常,灭弧装置完好。

(4)用 500V 摇表测量,主回路及控制回路的绝缘电阻不低于 0.5MΩ。

(5)断路器内不应有多余的线头、小螺钉等导电物,绝缘距离要保证。

(6)各保护装置动作正常,整定值符合要求。

(7)控制部分动作正常,分、合闸符合要求。

(8)合闸线圈和跳闸线圈及辅助触点检查试验合格。

(9)各项电气试验合格。

(二)低压闸刀开关投运前的检查和试验

闸刀开关是一种最简单的低压开关,它只能手动操作,所以适合于不频繁地通断电路,但不能开、断短路和过载电流。

低压闸刀开关投运前检查的具体项目有:

(1)低压闸刀开关周围无影响送电的杂物。

(2)母线与闸刀开关接线端子连接部分无松动,接触良好可靠,灭弧室安装牢固。

(3)低压闸刀开关本体及附件、操作手柄等均无异常,触刀接触情况良好,操作机构动作灵活。

(4)各项电气试验合格。

(三)低压接触器投运前的检查和试验

接触器是用来远距离通断负荷电路的低压开关,广泛用于频繁启动和控制电动机的电路。接触器本身无保护装置,但它可以与继电保护或回路熔断器配合来开、断短路电流;与热继电器一起组成磁力启动器来切除过负荷电流,与继电器配合实现自动控制。

低压接触器投运前的检查项目有:

(1)接触器周围无影响送电的杂物。

(2)各导电连接部分无松动,接触良好。

(3)接触器线圈、各对触点及附件等均无异常。

(4)触点无毛刺,接触紧密。

(5)控制回路动作正常。

(6)各电气试验合格。

六、熔断器投运前的检查和试验

熔断器是最简单的保护电器,它实际是在电路中人为地设置了一个最薄弱的易熔断的金属元件,当电路发生短路或连续过负荷时,元件本身过热达到熔点而自行熔断,切断电路,使电气系统和设备得到保护。

熔断器有高压和低压之分。高压熔断器常用于保护高压输电线路、电压互感器和电力变压器。低压熔断器常用在低压配电装置及厂用机械设备的电路中。按熔体动作特性熔断器又分为固定式和跌落式,按其工作特性分为有限流作用和无限流作用的熔断器。

水电站屋内配电装置常用的是固定式限流型的熔断器,如 RN_2 型、电流为 0.5A 的熔断器常用于水电站户内电压互感器的保护,110kV 及以上电压互感器一般不用熔断器保护,仅接隔离开关。110kV 以下屋外配电装置常用的有跌落式非限流型和限流型的熔断器,如 RW10－35、RXWO－35 型为限流型,其额定电流为 0.5A 的常用于水电站户外电压互感器的保护。

熔断器投运前的检查项目有：

(1)熔断器额定电流大小及最大允许电流大小符合设计要求。

(2)熔断器周围无影响送电的杂物。

(3)各导电连接部分无松动，接触良好。

(4)安装牢固，具有足够的接触压力。

(5)熔断器外壳无裂纹、破损。

(6)熔体及附件等均无异常。

七、高压开关柜、低压配电屏投运前的检查和试验

配电装置是由前面所述的开关电器、载流导体和必要的辅助设备组成的电工建筑物。

高压开关柜、低压配电屏是将同一回路的开关电器、测量仪表、保护电器和辅助设备都组装在全封闭或半封闭的金属柜、屏内。要使高压开关柜、低压配电屏能保证安全可靠运行，除屏、柜内的电器正常可靠外，屏、柜本身也要符合要求，要有防止误操作的防护装置，如隔离开关与断路器间的闭锁装置等。

(一)高压开关柜投运前的检查试验

(1)柜内电气元件型号、规格与图纸相符。

(2)柜应固定可靠，盘、柜漆层完好、清洁、整齐。

(3)外壳接地可靠。

(4)一、二次配线与图纸相符，接线应准确，固定牢固可靠，紧固螺钉、销钉无松动、脱落现象，标志齐全。

(5)手车式开关柜将手车推到试验位置并锁紧后进行试验，应无异常，后使断路器断开，解锁后将手车推进至工作位置并锁紧，可把断路器断开，照明完好。

(6)盘、柜及电缆管道安装完毕后已做好封堵。可能结冰的地区还应有防止结冰措施。

(7)操作及连动模拟试验正常，符合要求。

(8)查验或确认各项电气试验合格。

(二)低压配电屏投运前的检查试验

(1)屏内所安装电器型号、规格与图纸相符。

(2)安装牢固可靠，清洁整齐，漆层完好，无剥落现象，开关电器各部分接触到位良好，母线连接良好。

(3)刀开关、组合开关、断路器等操作机构均应动作灵活。

(4)二次接线与图纸相符，接线牢固、整齐。

(5)表计和继电器等二次元件连结正确。

(6)仪表、互感器的变比及接线极性应正确。

(7)保护电器的整定值、熔体额定电流正确。

(8)辅助电路各元件的接点均符合要求。

(9)外壳接地符合要求，标志明显。

(10)抽屉式配电屏主开关的机械连锁应有效,电气连锁应可靠。

(11)查验或确认各项电气试验合格。

第三节　电气设备的投运和退出

电气设备的状态分为运行、热备用、冷备用、检修 4 种状态。

运行状态指断路器及其相应隔离开关均处于合闸状态且带电运行。

热备用状态指设备完好,断路器处于分闸状态而其相应隔离开关处于合闸状态,热备用时设备视为带电设备,随时可转入运行。

冷备用状态指设备完好,其回路断路器、隔离开关均处于断开状态。

检修状态是指其回路断路器、隔离开关均处于断开位置,并按《电业安全工作规程》要求已做好安全措施。

电气设备的投运即为设备从备用或检修结束而转入运行状态,电气设备的退出即为设备从运行状态转入备用或检修状态。

电气设备投运和退出均是通过倒闸操作来实现的。倒闸操作即为使电气设备从一种状态转入另一种状态的操作,主要内容有断路器和隔离开关的投运和退出、安装或拆除某些二次操作熔断器和投退合闸熔断器、退出或投入某些继电保护和自动装置或改变整定值,拆除或装设临时接地线或拉开和合上接地开关等。

对于每一种类型的电气设备操作,都有一定的顺序原则,如果违背它,将发生以下情况:一是将直接威胁运行、检修人员的人身安全;二是会损坏电气设备还会造成人员烧伤事故。因此,倒闸操作必须严格遵守部颁《电业安全工作规程》和《电力系统调度管理规程》有关规定,必须采取相应的组织、技术措施,以确保人身和设备安全。

组织措施是指电气运行人员必须树立高度责任感和牢固的安全思想,认真执行操作票制度、工作票制度、工作许可制度、工作监护制度以及工作间断、转移和终结制度等。技术措施包括:一是在断路器和隔离开关之间装设机械或电气闭锁装置,防止带负荷拉隔离开关;二是在隔离开关与接地开关之间装设闭锁装置,以避免在设备送电或投运时误合接地刀闸,造成三相接地短路事故,同时避免在设备检修时,误合隔离开关而突然送电造成设备和人身事故。

对于在全部或部分停电的电气设备上进行检修工作,必须完成下列技术措施:停电、验电、装设接地线、挂警告标示牌、装设安全遮栏。

多年运行经验表明,在操作中,若能很好地执行上述组织措施、技术措施,就能有效地防止误操作及人身事故的发生。具体倒闸操作参见第二章值班运行有关操作制度。

另外,采用微机监控的电站,可将断路器的状态输入计算机,操作人给计算机发指令,计算机按照指定操作程序,检验指令准确性,而后由计算机将指令输入程序锁,操作人应用程序锁进行操作,达到防误操作要求。

倒闸操作票具体内容、顺序格式,以附图电气主接线图中 2B 主变高压侧 502 断路器检修后送电操作为例,见表 7-1。

表 7-1　操作票

______电厂　　　　年　月　日　　　　编号______

模拟预演	下令时间	调度指令号		下令人:	受令人:
	操作时间	年　月　日　时　分		终了时间	年　月　日　时　分
	操作任务	502 断路器检修后送电操作			

V	V	顺序	指令项	操作项目	时	分
		1		接受值长命令后,办理工作票结束手续,拆除安全措施,收回全部工作票		
		2		检查 5021－1 接地刀已拉开		
		3		检查 5023－1 接地刀已拉开		
		4		检查 502 断路器继保等二次回路正常,保护压板投入		
		5		检查 502 断路器确在开位		
		6		合上 5021 隔离开关		
		7		合上 5023 隔离开关		
		8		合上 502 断路器合闸保险		
		9		合上 502 断路器操作保险		
		10		插入同期锁片,将 502 的 TK 同期开关切同期位,闭锁 BK 开关放同期位		
		11		投入 STK 切向“粗略同期”		
		12		看同期表,STK 切向“精确同期”		
		13		检查同期闭锁继电器 TJJ 动作情况		
		14		选准时机,扭 502 的控制开关 KK 合 502		
		15		检查回路电流		
		16		拔出 TK 的同期锁片,闭锁 BK 开关切回原位		
		17		将 STK 切回空位		
		18		全面检查		

备注:

操作人:　　　　　　监护人:　　　　　　值长:

倒闸操作注意事项如下:

(1)送电时要先从电源侧进行,在检查断路器确在开位后,先合上电源母线侧隔离开关,然后合上线路负荷侧隔离开关,最后合上断路器,具体见附图的 L1404 线路送电操作举例。

断开电路时则要先断开断路器，检查断路器确在开位后，先断开负荷侧隔离开关，然后断开电源侧隔离开关，具体见附图的 L1404 线路停电操作举例。

(2)对两侧均有断路器的双绕组变压器，在送电时应先合电源侧断路器，后合负荷侧断路器；停电时应先断开负荷侧断路器，后断开电源侧断路器。例如，附图的 31B 近区变送电操作则应先合 210 断路器，后合 300 断路器；31B 近区变停电操作则应先断开 300 断路器，后断开 210 断路器。

(3)允许用隔离开关进行以下操作：①开、合电压互感器和避雷器；②开、合变压器中性点接地开关，但若中性点接消弧线圈时则只有在系统无故障时才可操作；③开、合励磁电流不超过 2A 的空载变压器及电容电流不超过 5A 的空载线路；④开合无故障母线和直接连在母线上设备的电容电流；⑤利用等电位原理进行倒母线操作。

(4)倒闸操作前，必须了解系统运行方式、继电保护及自动装置等情况，并应考虑电源及负荷的合理分布以及系统运行方式的调整情况。

(5)电气设备检修后投运前，必须收回有关工作票，办理工作票终结手续，拆除安全措施，如拉开接地刀闸或拆除临时接地线、遮栏、标示牌等，经电气试验合格并验收后方可投入运行。

(6)倒闸操作前应注意继电保护和自动装置的整定值的调整，以适应新的运行方式需要，防止因保护和自动装置误动或拒动而造成事故。

(7)备用电源自动投入装置、重合闸装置、自动励磁装置必须在所属主设备停运前退出工作，在所属主设备送电后投入工作。

(8)在进行电源切换或电源设备倒母线时，必须先将备用电源自动投入装置退出，待操作结束后再重新投入。

(9)进行同期并列操作时，应注意防止非同期并列，若同步表指针在零位晃动，则不得进行并列操作。

(10)在进行倒闸操作中，应注意操作设备表计指示情况的变化。

常见倒闸操作：在水电站中最常见的倒闸操作为输电线路的停电及送电和主要电气设备(如发电机、变压器等)的投运和退出。

发电机、变压器的投运和退出在前面各章中已有讲述，在此不再赘述。

一、输电线路送电

以附图的 L1404 线路送电操作为例，具体如下：

(1)检查断路器 404 在开位。

(2)合上母线侧(电源侧)隔离开关 4041。

(3)检查 4041 确在合位。

(4)合上线路侧(负荷侧)隔离开关 4043。

(5)检查 4043 确在合位。

(6)合上断路器 404 的二次操作熔断器。

(7)合上 404 的合闸直流熔断器。

(8)合上 L1 线路断路器 404。

(9)以表计指示检查线路是否带负荷或有电压。

注意:在附图中,因为用的是手车式开关柜,所以(2)、(4)步其实是通过一步完成的,将手车推入即完成了(2)、(4)步的操作。

二、输电线路停电

以附图的 L1404 线路一般停电操作为例,具体如下:

(1)预先估计与停电线路并联的线路(如 L2)是否过负荷,是否会引起对用户的停电。

(2)跳开线路断路器 404。

(3)检查 404 确在开位。

(4)拉开 404 的二次操作熔断器。

(5)拉开线路侧(负荷侧)隔离开关 4043。

(6)检查 4043 确在开位。

(7)拉开母线侧(电源侧)隔离开关 4041。

(8)检查 4041 确在开位。

注意:在附图中,因为用的是手车式开关柜,所以(4)、(6)步其实是通过一步完成的,将手车拉出即完成了(4)、(6)步的操作。

另若为线路或电气设备检修时,尚应将刀闸上锁,并布置安全措施,验电、挂地线、挂标示牌及警告牌、加遮栏等,检修完后送电操作前应将这些安全措施拆除。

三、断路器停电检修

以附图的 2B 高压侧 502 断路器停电检修为例,具体如下:

(1)检查 502 断路器确在合位。

(2)跳断路器 502。

(3)检查 502 确在开位。

(4)取下 502 的二次操作熔断器。

(5)取下 502 的合闸熔断器。

(6)拉开线路侧隔离开关 5023。

(7)检查 5023 确在开位并将刀闸上锁。

(8)拉开电源侧隔离开关 5021。

(9)检查 5023 确在开位并将刀闸上锁。

(10)用验电笔在 502 断路器两内侧验电。

(11)合上隔离开关 5023－1 接地刀。

(12)合上隔离开关 5021－1 接地刀。

(13)在隔离开关 5023 操作手柄上挂“有人工作,禁止合闸”标示牌。

(14)在隔离开关 5021 操作手柄上挂“有人工作,禁止合闸”标示牌。

(15)在 502 控制操作开关 KK 上挂“有人工作,禁止合闸” 标示牌。

(16)退出全部二次继电保护压板。

(17)在现场会同检修负责人按规定办理工作许可手续。

(18)在现场会同检修负责人办理工作开工手续。

四、电压互感器的投运和退出

电压互感器投运前应确认压互及其附属设备、二次回路上无检修工作(有检修时工作票已经收回),一切正常无影响送电的异常情况后,插上压互一、二次侧熔断器,然后合上压互一次侧隔离开关即投入运行,并检查所接表计情况。

电压互感器退出运行前应先将压互退运后有可能引起误动作的继电保护和自动装置退出运行或切换至另一组压互回路运行,然后拉开压互高压侧隔离开关,相继拉开高、低压侧熔断器,并根据需要做相应的安全措施。在运行中退出电压互感器二次侧时,不准短路。

五、电流互感器的投运和退出

电流互感器一次绕组串联在一次主回路中,从这个意义上讲,其自身无所谓投入和退出,它完全是随其一次绕组所在断路器、变压器、发电机等回路同进、同退。

但在运行中退出电流互感器二次侧时,不准开路,应办理工作票手续,并应将标有“进”侧的端子,先用备用端子板横向短路,将二次侧短路,然后取下纵向端子板;在投入电流互感器时应用备用端子板将纵向端子接通,然后取下横向的短路端子板。

第四节　电气设备运行中的巡视和检查

巡视检查是保证设备安全运行、及时发现设备缺陷和隐患的有效方法,每个运行值班人员均应认真地按制度规定进行巡视检查。

巡视检查设备时,思想必须高度集中,原则上每班对全部设备巡视检查不少于三次,一般交、接班时各一次,班间相对高峰时一次,但对刚投入运行的设备、跳闸后又投运的设备及隐患尚未消除的设备或气候异常情况下运行的设备应重点巡视检查或增加巡视次数。

巡视检查设备时要遵守巡视的有关规定,一般由两人进行。注意保持人体与带电体的安全距离,防止人身触电;同时要眼看、耳听、鼻嗅,禁止在巡视中手动设备。

一、高压断路器运行中的巡视和检查

高压断路器在运行中的检查周期为交接班时一次;早晚最大负荷时各一次;每5天进行一次夜间检查,以便在黑暗中检查有无放电现象;特殊情况安排机动性检查(如大雨、雪天气,自动跳闸后合闸前,检修合闸后等),在断路器故障跳闸后应对它进行特殊巡查,并记录跳闸连续次数,以便决定是否检修,并做好记录。

(一)油断路器的日常巡视检查项目

(1)检查各部瓷件无裂纹、破损,表面无脏污、放电现象。

(2)检查各电气连接点无过热变黑现象。

(3)断路器油位、油色正常，无渗、漏油现象。

(4)操作机构连杆无裂纹、螺丝无松动现象。

(5)操作机构分合闸指示与操作把手位置正常。

(6)手车式断路器还应检查闭锁装置良好、位置正确、活动端子排接触良好及连锁杆正直。

(7)使用液压操作机构的断路器应特别检查液体压力在规定范围内，外部通道应无漏油、漏气现象，电机电源回路完好，油泵启动次数应在规定范围内。

(8)电磁式操动机构应检查直流分合闸线圈有无焦味、冒烟及烧伤现象。

(9)弹簧式操动机构应检查其弹簧状况，当其在分闸状态时分闸弹簧应储能。

另外，油断路器在开断短路故障后，应重点检查油断路器有无喷油现象、油色及油位是否正常等；此外，还应检查断路器各部件有无变形及损坏、各接头有无松动及过热现象。

(二)真空断路器的日常巡视检查项目

(1)断路器分合闸位置指示正确，与实际运行工况相符。

(2)真空灭弧室无裂纹、无异常。

(3)真空度正常，无漏气现象，无暗红色或乳白色辉光。

(4)支持绝缘子无裂痕、损伤，表面光洁。

(5)金属框架或底座无严重锈蚀或变形。

(6)可观察部位的连接螺栓无松动，轴销无脱落或变形。

(7)引线接触部位无过热变色现象，弛度适中。

(三)六氟化硫断路器的日常巡视检查项目

(1)断路器分合闸位置指示正确，与实际运行工况相符。

(2)壳体、操作机构及各类附件完整、不锈蚀、无损伤、开闭位置正确。

(3)监视六氟化硫气体压力变化，特别注意监视因温度变化引起的压力异常；压力一般为0.4～0.6MPa(20℃)。

(4)无漏气、无异响和异臭味。

(5)监视六氟化硫气体中含水量不得超过标准，注意定期测量SF_6气体含水量。

(6)断路器外部瓷套无裂纹、破损及严重脏污、闪络放电现象。

(7)断路器并联电容器无漏油现象且与灭弧室连接紧固。

(8)接触端子无过热变黑现象。

(9)使用液压操作机构的断路器应检查液压回路无渗、漏油现象，油压正常。

(10)室外操作机构箱无进水、气泵无漏气、加热器工作正常、空气压力指示正常。

另外，对于SF_6全封闭组合电器，即GIS装置，变压器在外的一次高压设备全部装在充有SF_6气体的封闭金属壳内。运行巡视中注意两人同行，检查位置信号、触头是否正常、各种信号灯、SF_6气体压力、装置内声音等。

二、高压隔离开关运行中的巡视和检查

隔离开关在运行中的检查周期为交接班一次，至少每5天夜间检查一次，以便发现有无电晕和放电现象。每次合闸前与拉闸后均应检查，在尘土多、结冰及大负荷时可临时增

多次数。

巡视中应注意隔离开关触头位置是否正确到位，同时检查隔离开关的导电部分、绝缘部分、底座及操作机构的工作状态无异常，具体为：

(1)隔离开关动静接触紧密，触头无发热变色等异常现象。

(2)绝缘子完整无裂纹，无电晕和放电现象。

(3)操作机构，包括操作连杆及机械各部件应无开焊、损伤、变形、锈蚀，安装牢固。

(4)闭锁装置应良好，隔离开关拉开后应检查电磁锁或机构闭锁的销子是否锁牢，辅助触点位置正确且接触良好。

(5)动静触头接触良好且无脏污、杂物和烧痕，合闸后两触刀应完全进入刀嘴内，在额定电流下，温度不应超过 70℃。

(6)压紧弹簧和铜辫子无断股和损伤。

(7)动静触头消弧部位无烧伤、变形或锈蚀。

(8)母线连接处无松动、脱落现象，传动机构应正常。

(9)带地刀的隔离开关的三相接地刀闸均应良好。

(10)在夜晚及雨雾天气应特别检查绝缘子及导电部分的放电现象。特别是当隔离开关通过短路故障后，应检查合闸状态的隔离开关是否接触严密、有无发热变色等异常现象，并检查隔离开关的绝缘子有无破损和放电现象。

三、互感器运行中的巡视和检查

互感器在正常运行中每隔 4h 检查一次。

(一)电压互感器巡视检查

(1)互感器外部清洁、各部螺栓牢固；瓷质部分清洁完整，无裂纹、无破损及放电痕迹。

(2)油浸式电压互感器油位正常、油色透明不发黑且无渗、漏油现象。

(3)正常运行时本体无烧损现象，无振动、无杂音和放电声且无异常气味。

(4)当外部线路接地时更应注意该母线上的电压互感器声响是否正常，有无焦臭味。

(5)电压互感器二次接地应牢固良好，且电压互感器一次中性点应可靠接地。

(6)电压互感器一、二次回路接线牢固，各接头无松动、发热和变色现象；电压互感器一、二次熔丝完好。

(7)二次侧不允许短路。

(8)吸湿剂颜色正常。

(9)一次侧隔离开关应接触完好且电压表三相指示应正确。

(二)电流互感器巡视检查

(1)电流互感器各部接线正确，接头紧固、无松动，无放电打火及过热现象。

(2)二次侧无开路现象，接地线应良好，无松动和断裂现象。

(3)电流互感器应无异常气味且运行声音正常。

(4)瓷质部分应清洁完整，无缺损、裂纹及放电现象。

(5)充油电流互感器的油面、油色应正常，无漏油、渗油现象。

(6)干式电流互感器应无潮湿现象。

(7)电流表的三相指示值是否在允许范围内,电流互感器有无过负荷运行。

另外,在异常天气应重点检查室外互感器无杂物、结冰、放电等现象,并增加检查次数。

四、导体及绝缘子在运行中的巡视和检查

导体与绝缘子的检查可在每次检查其他配电设备时同时进行。

(一)硬母线巡视检查

巡视检查硬母线时,主要查看有无明显松动或振动,各接头有无发热变黑现象,具体如下:

(1)母线各部接头温度不超过允许值,一般允许值为70℃,最高为80℃(过去用试温蜡片,现可用远红外测温仪,但是要遵守使用规定)。封闭母线最高允许温度90℃,外壳最高允许温度60℃,母线接头允许温度不大于100℃。

(2)检查母线上有无积灰、脏污,表面相色漆应清晰明显,无开裂、起层、变色现象,各部位试温片无熔化。

(3)螺栓连接的接头应拧紧,垫圈齐全(停电检查时,0.5mm塞尺局部塞入深度不超过5mm);焊接接头无裂纹、烧毛现象;铜铝搭接的母线其接头无锈蚀现象。应特别注意:①母线伸缩节两端接触良好,能自由伸缩,无断裂现象;②运行中无较大的振动声;③检查母线连接用绝缘子及套管清洁完好,无开裂,绝缘良好。

(二)软母线巡视检查

巡视检查软母线时,主要查看有无断股、摆动及发热现象,具体如下:

(1)母线清洁,表面应无断股和松股现象,光滑整洁,颜色正常,无发热、变色、锈蚀、变形、损伤或闪络烧伤。

(2)运行中无严重的放电声响和成串的荧光,导线上无搭接的杂物。

(3)母线无过紧过松现象,无剧烈摆动现象。

(4)高温大热天时弧垂是否适宜。

(5)母线的连接部位应紧固,无锈蚀、断裂、过热现象。

(6)耐张绝缘子串连接金具应完整良好。

(7)各种线夹和线夹上钢制镀锌零件无损坏。

(8)检查绝缘子串上无积灰、脏污、裂纹,各部件开口销、销子齐全无损坏。

(三)电力电缆巡视检查

电力电缆在运行中主要应监视电缆的负荷不得超过其额定电流,同时应监视电缆的温度,不准超过规定数值。高压电缆在运行中,禁止值班人员用手直接触试电缆表面,以免发生意外。

巡视检查中应注意如下内容:

(1)电缆各部分无机械损伤,电缆外层钢铠无锈蚀现象,无漏油、漏胶现象,金属屏蔽皮接地良好。

(2)电缆终端头的接地线接触良好。

(3)电缆芯线与所连接设备的接触良好,无发热及脱焊现象,电缆温度不得超过允许

值。

(4)电缆终端头及其瓷套管应完整、干净,无裂纹及放电现象。

(5)电缆终端头无漏油现象。

(6)电缆终端头绝缘胶足够,无水分、裂纹、变质及空隙。

(7)电缆铅包无腐蚀现象。

(8)检查充油式电缆油压是否正常。

(9)电缆隧道及电缆沟内支架必须牢固,无松动或锈烂,接地良好。

(10)检查电缆无异味。

(四)绝缘子巡视检查

绝缘子在运行中发生的一些不正常现象,如磁质发生裂纹、掉块、放电等,只要仔细观察,缺陷是可以被发现的。

巡视检查中应注意如下内容:

(1)绝缘子表面清洁、无杂物,无严重脏污现象。

(2)绝缘子无破损、表面无裂纹。

(3)金具是否有生锈、磨损、变形情况,开口销、弹簧销有无缺损情况。

(4)仔细倾听绝缘子有无放电声响,夜间应熄灯观察有无闪络放电现象,有闪络痕迹应做好记录,待停电后进行处理。

(5)检查支持绝缘子铁脚螺丝有无丢失。

(6)气候异常时还应进行特殊检查。

五、低压断路器运行中的巡视和检查

低压断路器在运行中应检查以下内容:

(1)检查断路器与母线及出线的连接点应无过热变黑现象,触点应无过热及烧伤痕迹。

(2)监听断路器运行中有无异常声音。

(3)消弧罩应完好,无喷弧痕迹和受潮、破裂和松动现象。

(4)检查传动装置与相间绝缘主轴的工作状态:传动机构有无变形、锈蚀,销子连杆完整、无断裂现象,操作手柄等良好,相间绝缘主轴无裂纹、表层剥落、烧痕和放电现象,机构传动正常,分合闸状态与辅助触头所串接的指示灯信号相符。

(5)对电动合闸的断路器检查合闸电磁铁及电动合闸机构良好,跳合闸线圈无焦味、冒烟和烧伤现象。

(6)定期检查各脱扣器的电流整定值和延时,对半导体脱扣器应定期用试验按钮检查其动作情况;辅助接点无发黑等现象。

(7)检查断路器的正常最大负荷是否超过断路器的额定值。

(8)机械挂钩良好,储能机构良好。

六、低压刀开关运行中的巡视和检查

低压刀开关在运行中应检查以下项目:

(1)负荷电流是否超过刀开关的额定值。

(2)触头和刀开关接触处有无过热现象。

(3)触头有无烧伤现象,灭弧装置是否清洁完好,触头接触应紧密良好。

(4)绝缘连杆、底座无损坏和放电现象。

(5)操作机构动作灵活,分、合闸位置到位,各机械附件均正常。

(6)所带熔断器是否完好,熔体额定电流是否与负荷相配,能否起保护作用。

七、交流接触器运行中的巡视和检查

交流接触器在运行中应检查以下项目:

(1)最大负荷电流不超过接触器的额定电流。

(2)接触器各紧固件无松动脱落现象,无过热现象。

(3)触头系统工作应良好,电磁铁吸力正常,无错位现象。

(4)灭弧罩及内部附件完好,无烧损、变形现象。

(5)内部无异常声响,如放电声、电磁噪声。

(6)接触器线圈温升不应超过 65℃,无过热、老化现象。

(7)接触器的分、合信号指示应与电路实际状态相符。

(8)接触器周围通风应良好,无导电尘埃、无振动源。

八、熔断器运行中的巡视和检查

熔断器本体的巡视检查项目基本与隔离开关相同,具体如下:

(1)检查负荷情况是否与熔体的额定值相配合。

(2)检查熔断器外观无破损、变形现象,瓷绝缘部分无破损和闪络放电痕迹。

(3)检查熔丝管与插座的接触处无过热、变色现象。

(4)对有信号指示的熔断器,检查其熔断指示是否保持正常(指示器未跳出或通过检查电压互感器二次侧指示是否正常判断)。

(5)载流部件各接头接触良好,底座无松动现象,卡片弹力适当,不得过紧或过松,以免不易跳开或自动脱落。

(6)熔断器在每次熔断后应检查熔体管,若烧坏应更换新的。

另需注意,要按规定定期更换熔体和熔体管,更换熔体时不应任意采用自制熔体,不可利用低压熔体代替高压熔体,以免引起非选择性动作等故障,破坏正常供电。一般情况下,不应带负荷操作跌落式熔断器;分断操作时要先拉跌落式熔断器中相,再拉下边相,最后拉上边相,合闸时顺序正好相反;操作时应戴绝缘手套和护目镜,且不得用力过猛。

九、高压开关柜运行中的巡视检查

高压开关柜运行中的巡视检查包括如下项目:

(1)断路器和隔离开关间连锁装置是否正常(有故障时,停电后另由专责人员对电磁锁装置检查)。

(2)母线和连接点是否过热。

(3)断路器油位是否正常,油色是否变深、有无渗油、漏油现象。

(4)柜内各元器件无异常(异响和气味)。

(5)仪表、信号、灯等指示正确,继电保护压板位置正确;继电器及直流设备运行良好。

(6)接地、接零装置连接线无松脱和断线现象,通风、照明、防火装置正常。

十、低压配电屏运行中的巡视检查

低压配电屏运行中的巡视检查包括如下项目:

(1)屏内电器元件干燥、清洁,各部接线牢固,无松动现象,接地可靠。

(2)开断元件及母线是否有温升过高或冒烟、异响、放电等异常现象。

(3)断路器主触头表面有无烧损现象,开关电器的辅助接点动作应完好。

(4)各继电器整定值应符合要求。

(5)按钮动作灵活可靠。

(6)抽屉内一、二次插件插接可靠,抽屉进出灵活,无卡阻现象,抽屉闭锁装置可靠。

第五节　直流系统及设备的巡视和检查

一、直流系统组成

在发电厂和变电所中,供给二次回路的直流电源称为操作电源。操作电源的作用主要是供电给控制、保护、信号、自动装置回路以及操动机械和调节机械的传动机构;在交流厂用电源中断时,供给事故照明,向交流逆变电源装置供电等,所以操作电源必须充分可靠并具有独立性。

目前,水电站操作电源多采用蓄电池直流操作电源。直流电源及其装置构成水电站的直流系统,其装置一般是免维护固体胶状铅酸蓄电池加可控硅高频充电装置及各种测控、保护、信号单元,如图 7-1 所示,相比于其他操作电源,它具有体积小、功能全、可靠性高、操作简便、维护工作量小等优点。

如图 7-1 所示的 GZDW－I－21 型智能微机直流电源装置,由一组免维护固体胶状铅酸蓄电池、单母线、两台可控硅高频充电装置组成。两台充放电装置均有浮充、均充、逆变放电等功能,且互为备用。

免维护固体胶状铅酸蓄电池相比于以前的液体状防酸隔爆性铅酸蓄电池,除了采用特制的软固体状的硅凝胶电解质代替原来的硫酸电解液外,其他工作原理基本相同。

胶体蓄电池用的电解质是由纯净的硅溶胶和一定浓度的硫酸混合配制而成,其中添有多种有用元素,对提高容量、增强稳定性、减少自放电等有明显效果。结构上采用特制单向安全阀、保湿层保护阴极不被氧化,降低水耗、减少自放电。

胶体蓄电池具有电压高,容量足,稳定可靠,无渗液,无溢酸,自放电小,寿命长,耐过充、过放性能好,耐热、耐寒性好,维护量小等优点,且它无须像以前的液体防酸隔爆性铅酸蓄电池那样单独布置在专门的蓄电池室,胶体蓄电池直接布置在直流屏中即可,故现在广泛应用于电厂、变电所直流系统中。

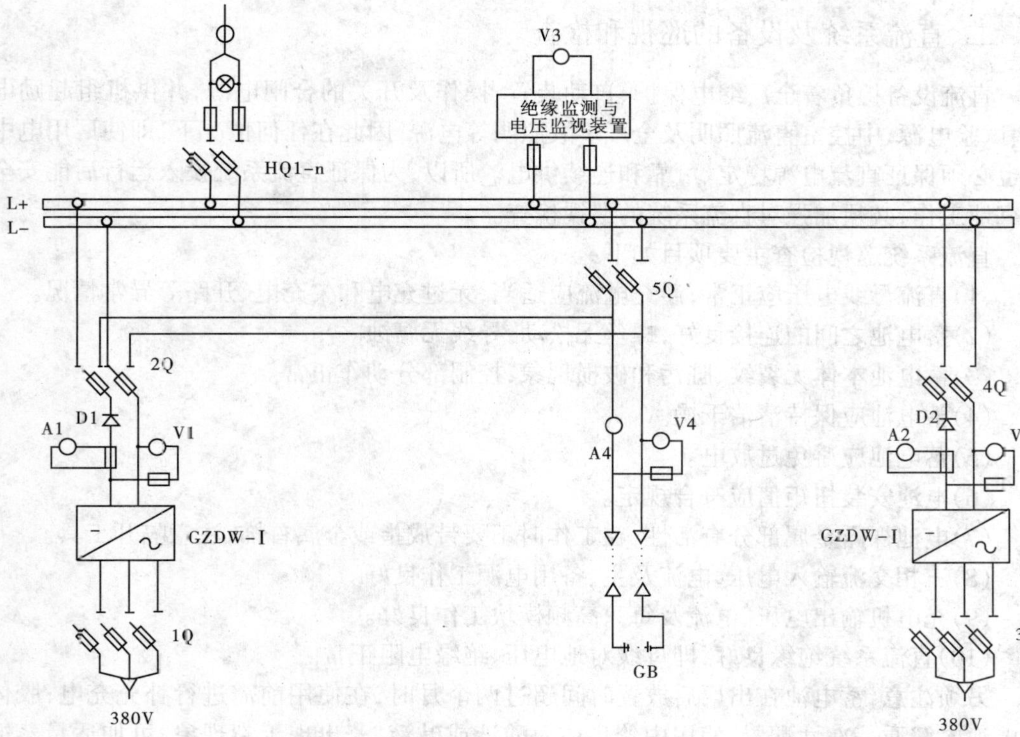

图 7-1　GZDW－Ⅰ－21 型直流系统图

蓄电池是直流系统的主要设备，它的主要技术参数为蓄电池的额定容量 Qe，指的是蓄电池 10h 放电到某一最小允许电压时所放出的电量，即放电电流安培数与放电时间小时数 10h 的乘积，单位为"Ah"。

蓄电池的运行方式有充电—放电方式和浮充电方式两种。常采用浮充电运行方式，即先将蓄电池充好电，然后将浮充电设备和蓄电池并联工作，浮充电设备既给直流母线上的经常性负荷供电，又以不大的电流向蓄电池浮充电，用来补偿蓄电池由于自放电而损失的能量，使蓄电池经常处于满充电状态，延长了蓄电池的寿命。

发电厂、变电所的直流供电网络分布广，特别是要用很长的控制电缆与屋外配电装置相连，如断路器的操动机构、隔离开关的电锁等，较易受潮，因此容易引起直流回路绝缘水平下降，甚至会发生绝缘损坏而接地。当直流系统只有一极接地时并不构成电流通路，系统可以照常运行，但这样很危险。因为直流回路内若再有另一点接地时，就会导致信号、保护和控制元件的误动和拒动，从而破坏发电厂、变电所的正常运行。为能及时发现直流系统绝缘下降或一点接地现象，必须装设直流系统绝缘监视装置。

直流系统绝缘监视装置按直流电桥原理制成。它由信号和测量两部分组成。当直流母线对地绝缘良好时，电桥平衡，绝缘监视装置不发信号。当某极的绝缘电阻下降时，电桥平衡被破坏，装置发出相应直流系统接地信号，可通过转换测量部分的控制开关和电压表检测正极对地、负极对地电压，从而判断哪一极绝缘下降或接地。

二、直流系统及设备的巡视和检查

直流设备担负着全厂继电保护、自动装置、操作及开关的合闸电源，并供机组起励电源、试验电源、中控室直流照明及全厂事故照明等电源，因此在任何情况下，即使厂用电中断也必须保证直流电源稳定、可靠和连续供电。所以，为保证直流系统投入运行后能安全可靠地工作，必须加强对直流系统的巡视检查。

直流系统巡视检查主要项目如下：

(1)直流母线电压应正常，浮充电流应适当，无过充电和欠充电、开路等异常情况。

(2)蓄电池之间的连接良好，螺丝无松动，导线无腐蚀。

(3)蓄电池本体无裂纹、脏污和破损现象，控制部分动作正常。

(4)蓄电池应保持清洁干燥。

(5)蓄电池应避免过放电。

(6)电池安装扭矩值应符合规定。

(7)电池裸露金属部分有活性，在工作时不要带戒指或金属首饰，注意隔开工具。

(8)三相交流输入电压，电流及主、备用电源工作良好。

(9)充电机输出电压、电流及每只高频模块工作良好。

(10)直流系统绝缘良好，即母线对地电压、绝缘电阻正常。

另须注意，蓄电池在出厂后放置时间超过两个月时，在使用前需进行补充充电；胶体蓄电池电解质一次性配置，使用中禁止加入酸液或碱液，若出现干裂现象，可加适量蒸馏水，保持湿度；胶体蓄电池不通过测试比重判别电池容量，只需在负载情况下测试电池电压为额定电压的 110% ±0.2V 即表明容量充足；蓄电池电压下降到低于额定电压的 87.5%时，要及时充电，充至单个电池电压略大于 2V 以上，并连续保持 2h 内不变，方可停止充电；使用过的电池若暂时不用，则应将电池充足电后放在通风干燥的地方储存。

三、直流系统故障及事故处理

直流系统常见故障有高频直流电源控制系统故障、直流系统接地、蓄电池输出熔丝熔断等(有的直流系统只装闸刀开关，不装熔断器)。

(一)高频直流电源控制系统故障

1. 表现现象

直流母线电压异常。

2. 故障处理

将高频直流电源退出运行后，修复控制装置。

(二)直流系统导体连接处过热

1. 表现现象

连接处过热。

2. 故障处理

紧固、去氧化腐蚀并涂上导电膏。

(三)蓄电池输出熔丝熔断

1.表现现象

浮充电流表指示为“0”。

2.故障处理

(1)检查回路有否明显故障点,若没有,拉开直流开关,更换同容量熔丝,再合上直流开关,观察是否正常。

(2)若熔丝再次熔断,则将直流开关拉开,把蓄电池退出运行,仔细检查各个蓄电池。

(四)电池过充

1.表现现象

充电时电压上升少甚至不变。

2.故障处理

检查故障原因,若为蓄电池内部短路引起,则排除短路点;若为熔断器熔断造成,则更换熔断器。

(五)蓄电池温度过高

1.表现现象

温度指示过高。

2.故障处理

查明原因后处理,若为直流过负荷造成,则减少负荷;若为通风不良造成,则设法使通风良好。

(六)蓄电池外壳膨胀

1.表现现象

蓄电池外壳鼓胀变形。

2.故障处理

更换蓄电池。

(七)直流系统接地

1.表现现象

“正极或负极对地绝缘下降”报警。

2.故障处理

先由运行人员切换直流绝缘监察装置电压表,可以确定正极或负极哪极接地,然后用拉路法寻找接地回路。确定后,通知检修专责人员处理。

在实际操作中,故障处理按下列步骤进行:

(1)分清接地故障的极性,粗略分析故障发生原因:阴雨天会使直流系统绝缘受潮,室外端子箱、机构箱、接线盒是否因密封不良而进水;是否由于二次回路上有人工作而造成。

(2)若二次回路上有人工作或有设备检修试验工作,应立即停止。拉开工作用直流电源,看接地信号是否消失。

(3)用直流屏上的绝缘监察电压表转换开关,检查确认故障点在正极还是在负极。

(4)再用分网法缩小查找范围(分网法指的是直流系统有两段及以上的母线,各段母线都有直流电源时可以经倒闸操作,拉开母线分段刀闸,确认接地在哪一母线段)。

(5)然后，对不太重要的直流负荷或不能转移的分路，用瞬时拉路停电法查找接地回路，如接地信号消失了，故障即在该回路。

(6)可以先停次要负荷，如事故照明馈电线、断路器和隔离开关操作电源馈电线、试验馈电线等；检查后接地仍未消失则再停重要负荷，如信号、保护、自动装置等馈电线；拉路停电后若仍接地，则接地必在母线或蓄电池本身上。

(7)拉路检查试验中，从接地信号消失即可判断，并找出故障线路号，然后确定故障点并通知检修专责人员来排除故障。

第六节　防雷和接地系统的巡视和检查

一、防雷简介

雷电是大气中的放电现象。雷电冲击电压高达数十万至数百万伏，轻则会毁坏电气绝缘，造成大面积、长时间的停电；重则会引起火灾、爆炸和人身伤亡事故，因此要采取措施进行雷电防护。

水电站遭受的雷害大致可分为直击雷、感应雷及雷电侵入波 3 种。根据它们的各自特点，可采用不同的方法进行防护。

(一)直击雷防护

对直击雷往往用架设避雷针、避雷线、避雷网和避雷带进行保护。这些避雷装置由接闪器、引下线和接地装置组成。高耸的针、线、网、带均是接闪器，放电时，由于雷电具有迎面先导的特点，而接闪器比被保护物高出很多，首先承接雷击，强大的雷电流通过阻值很小的引下线及接地体泄入地下，使被保护设施免受雷击。

1.避雷针

避雷针的接闪器一般由长 2m、直径 20mm 的金属棒制成，其形状像针，引下线一般用直径 10mm 的圆钢或截面大于 20mm×4mm 的扁钢，也可用避雷针支柱的型钢或钢筋，应保证通过雷电流时不熔化。接地装置一般用直径不小于 10mm 的圆钢或截面大于 20mm×4mm 的扁钢，应埋入地下 0.6～0.8m，其接地电阻应不大于 10Ω。单根避雷针的保护范围为一锥形帐篷，当被保护的面积较大时可采用两针或三针。

为满足不发生反击事故的要求，避雷针与被保护物之间的空间距离 S_k 不应小于5m，避雷针接地装置与被保护物接地装置间的距离 S_d 不小于 3m，具体见图 7-2。

另外，35kV 及以上高压配电装置中，不宜把避雷针装设在配电装置构架或房顶上；110kV 及以上电压级可以装设构架避雷针，独立避雷针不应设在经常通行的地方，距离道路不应小于 3m。

水电站的屋外配电装置，包括架空母线和母线走廊均应设避雷针进行直击雷保护。

2.避雷线

避雷线又名架空地线，它可用于保护狭长设施，如峡谷中的水电站及架空输电线路。避雷线通常采用截面不小于 $35mm^2$ 的镀锌钢绞线。避雷线的保护范围通常以避雷线和外侧导线间连线与垂直线的夹角，即保护角表示。保护角一般不大于 25°，保护角越小，保护越可靠。

10kV 及以下线路一般不架设避雷线；35kV 只设 1～2km 的避雷线作为进线段保护；110kV 线路一般应全线架设，但少雷区可不沿全线架设；220kV 及以上线路全线架设避雷线，雷电活动频繁区有时还应增设耦合地线。

水电站的出线应按线路的重要程度、系统运行方式及雷电活动强弱设置避雷线进行直击雷保护。

3. 避雷网（带）

在建筑物的屋角、屋脊与屋檐等突出部位装设避雷网（带），来保护建筑物防直击雷。

水电站的主、副厂房一般可装设避雷带并直接接地。避雷带可用 Φ10mm 的圆钢或 20mm×4mm 的扁钢，距离屋脊或屋檐 15～20cm，每隔 1m 左右用圆钢支撑固定。接地引下线不少于 2 根，沿四角墙柱外侧引下，也可敷设在抹灰层内。每根引下线均需设置集中接地体，并与厂房接地网连接。

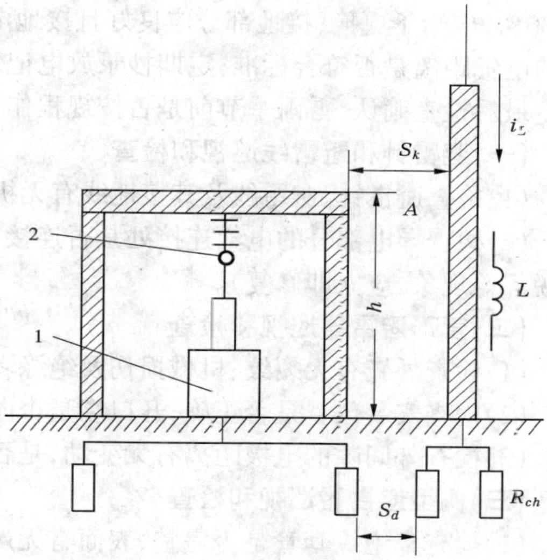

图 7-2　独立避雷针离配电构架的距离

1—变压器；2—母线

（二）感应雷防护

为防止感应过电压对电气设备的危害，水电站一般采取将各配电装置尽量远离独立避雷针或较高建筑物，降低接地电阻值，对架空引出的无屏蔽的发电机电压母线用装设电容器等措施防护。

为防止静电感应过电压，往往考虑将建筑物内的金属设备、金属管道及结构钢筋等可靠接地。接地装置可以与其他装置共用，接地电阻不应大于 10Ω。

（三）雷电侵入波防护

对侵入波主要是通过装设避雷器防雷。避雷器装设在被保护物的引入端或母线上，其上端接在线路或母线上，下端接地。雷击时，避雷器间隙击穿，雷电流通过避雷器及其引下线和接地装置入地，被保护物得到保护。水电站常用避雷器有管型避雷器、阀型避雷器和金属氧化物避雷器等。

总之，各种各样的防雷方法和防雷装置，大多是利用雷电迎面先导的特点，将雷电引向防雷装置，而后通过接地引下线将雷电引入大地，从而使线路、厂房或设备等得到保护。所以，防雷装置离不开接地装置，它必须和接地装置配合才能发挥作用。

二、防雷系统的巡视和检查

应定期对防雷装置进行安全检查。10kV 以下防雷装置每三年检查一次。但每次雷雨过后，应注意对防雷保护装置的巡视。避雷器应在每年雷季前进行一次检查维护试验。

检查包括外观检查和测量两个方面。外观检查主要是检查避雷器瓷质完好，接闪器、引下线、接地体等各部分的连接是否牢固,检查各部分腐蚀和锈蚀情况,若腐蚀和锈蚀超过30%,应给予更换;接地部分应良好且接地电阻符合规定要求;避雷器与被保护设备之间的电气距离是否符合标准;定期抄录放电记录器所指示的避雷器动作次数等。

最后检查确认,雷雨季节前是否按规程作了预防性试验。

(一)避雷针和避雷线巡视和检查

(1)检查避雷针、避雷线及其接地线有无机械损伤及锈蚀现象。

(2)检查导电部分的电气连接处是否连接良好(可用小锤轻敲检查,发现有接触不良或脱焊等现象,应立即修复)。

(二)管形避雷器巡视和检查

(1)检查外壳有无裂纹、机械损伤及绝缘剥落等现象。

(2)检查安装位置是否正确,开口端是否向下。

(3)检查外间隙的电极距离有无变动,是否符合要求;检查排气孔是否被杂物堵塞。

(三)阀型避雷器巡视和检查

(1)检查瓷绝缘套管是否完整、表面有无严重的污秽,若有则须及时清扫,以免影响避雷器灭弧性能。

(2)检查瓷套管与法兰的水泥结合缝是否严密,避雷器上端引线处密封是否完好。

(3)检查避雷器引线及引下线有无烧痕或断股现象,动作记录仪是否烧坏,指示数有无改变,判断避雷器是否动作。

(4)检查避雷器与被保护设备间的电气距离是否符合规定要求。

(5)当阀形避雷器存在缺陷时,应通知专责人员进行电气试验及检修。电气试验主要有接地部分接地电阻测量、标称电流下的残压试验、工频放电电压试验、电导电流或泄漏电流试验、密封试验等。

(四)金属氧化物避雷器巡视和检查

(1)检查瓷绝缘套管是否完整、有无裂纹,密封垫圈老化是否开裂,表面有无严重的污秽,磁套座是否进水受潮。

(2)避雷器接线端及接地端接触良好。

(3)避雷器动作器指示正常。

三、防雷装置故障及事故处理

防雷装置常见故障有避雷器套管绝缘受损、避雷器动作指示器烧毁等。

(一)避雷器套管绝缘受损

1.表现现象

套管有裂纹、爬电现象。

2.处理方法

(1)向有关部门申请停电。

(2)将故障相避雷器退出运行,通知专责人员更换合格的避雷器,若无备品可暂时在磁套裂纹处涂漆或环氧树脂,待有备品后再换下。

(3)若在雷雨中发现磁套有裂纹,应尽可能不使避雷器退出运行,待雷雨后处理;若磁套已经发生闪络,但未引起接地,则可能时将故障相避雷器停下。

(4)若同时发现避雷器内部有异音或套管有炸裂现象并引起接地,则工作人员应避免靠近避雷器,而用断路器或人工接地转移断开避雷器。

(二)避雷器动作指示器烧毁

1.表现现象

指示器内部烧黑,引下线连接点上有烧痕或烧断。

2.处理方法

应及时对避雷器作电气试验或解体检查。

(三)金属氧化物避雷器爆炸

1.表现现象

金属氧化物避雷器爆炸。

2.处理方法

密封不良引起受潮、单相接地或谐振过电压作用,先天性设计不合理等都会导致爆炸事故。更换避雷器并在避雷器下部安装脱离器,以使避雷器在遭受异常电压作用时能及时脱离电网。

另需注意:①若在雷雨时防雷装置异常,要待雷雨后再处理。②若发现避雷器内部有异常声响或套管炸裂引起接地故障时,值班人员避免靠近,报告并按规程要求将故障避雷器退出运行,并通知检修专责人员处理。

阀型避雷器爆炸但未造成永久性接地,则可在雷雨过后拉开隔离开关避雷器退出运行并更换新避雷器;若阀型避雷器爆炸且造成永久性接地,则严禁通过拉开隔离开关使避雷器退出运行,只准跳开断路器,按处理接地故障办法处理。

运行中避雷器接地引下线连接处有烧熔痕迹时,可能是内部阀片电阻损坏而使工频续流增大,应停电使避雷器退出运行处理,并进行电气试验。

四、接地装置

电气设备外壳及设备必须接地的部分与大地作良好的连接称为接地。埋设在地中并直接与大地接触的金属导体称为接地体。由许多接地体连成一个整体构成接地网。将电气设备的接地部分与接地网连接起来的金属导体称为接地线。接地网和接地线总称为接地装置。

电气设备的接地分为保护接地和工作接地两大类。保护接地又分为保护接地和保护接零。保护接地是将电气设备外壳、配电装置的构架、杆塔等有可能由于绝缘损坏而带电的金属部分与接地体作良好连接。保护接零是在中性点直接接地的低压电力网中,将电气设备的金属外壳和电源变压器的接地中性线(零线)连接。而工作接地是为了正常工作或排除事故的需要,将系统中的某些点进行工作接地,如110kV及以上中性点接地,变压器低压侧星形连接时中性点接地,电压互感器一次侧中性点接地及避雷装置接地等。水电站中保护接地和工作接地一般常共用一套接地装置。

不同用途和不同电压等级的电气装置一般均有规定的接地电阻值,当它们共用一套接地装置时,接地电阻应符合其中最小值的要求。水电站中主接地网的接地电阻值,

110kV 电压级为 0.5Ω,35kV 电压级为 4Ω。弱电设备,如计算机监控系统接地网的接地电阻,一般不应超过 1Ω。避雷针独立接地体电阻为 10Ω。

(一)电气装置必须接地的范围

1kV 及以上的电气设备外壳在各种情况下均应采用保护接地;1kV 以下的电气装置,若中性点为直接接地时应采取保护接零,若中性点不直接接地则应采取保护接地。

下列电气装置的金属部分应保护接地或保护接零:

(1)电气装置外壳。

(2)电流互感器、电压互感器的二次绕组。

(3)开关柜、配电屏、动力箱、控制屏等屏柜的外壳及基础。

(4)屋外配电装置的金属构架及靠近带电部分的金属围栏和金属门。

(5)电缆接线盒、终端盒的外壳和电缆的外皮。

(6)各电缆或电线的金属保护管。

(7)装有避雷线的线路杆塔。

(8)安装在配电线路杆塔上的开关设备、电容器等电力设备外壳。

(二)接地系统巡视和检查

每年雷季前应对接地装置进行一次检查,具体内容为:

(1)设备接地部分、接地线的连接线卡及跨接线、接地引下线和接地体间连接良好,无折断、机械损伤及化学腐蚀等现象。

(2)接地支线和接地干线的连接是否牢固。

(3)重复接地线、接地体及其连接处应完好无损。

(4)各种接地标志齐全、明显。

(5)检查接地螺栓是否牢固,焊接处是否牢固、有无脱焊现象。

(6)人工接地体周围地面上,不应堆放及倾倒有强烈腐蚀性的物质;检查接地引下线周围地下 0.5m 左右地线受腐蚀程度,腐蚀严重的应更换。

(7)接地装置的防锈漆(或热镀锌)应完好。

(8)接地点土壤是否受外力影响而松动。

(9)定期测量接地电阻是否符合标准。

另需注意,接地装置在巡视中发现以下情况之一,应设法予以修复:

(1)接地电阻值超过规定值。

(2)接地线连接处开焊或连接中断。

(3)接地线与用电设备压接螺丝松动,压接不实或不良。

(4)接地线有机械损伤,断股、断线及腐蚀严重。

(5)地中埋设件被水冲刷或由于挖土而裸露于地面。

(三)接地系统故障及事故处理

发现接地装置故障后,记录并报告,通知专责人员处理,常见故障有以下项目。

1. 接地体接地电阻增大

处理方法:一般因接地体严重锈蚀或接地体与接地干线接触不良引起,应更换接地体或紧固连接处的螺栓或重新焊接。

2.接地线局部电阻增大

处理方法:一般为连接点的接触面存在氧化层或污垢引起,应重新紧固螺栓或清理氧化层和污垢后再拧紧。

3.接地体露出地面

处理方法:把接地体深埋,并填土覆盖、夯实。

4.接地线有机械损伤、断股或化学腐蚀现象

处理方法:应更换截面较大的镀锌或镀铜接地线,或在土壤中加入中和剂。

5.接地网中零线带电

处理方法:查看是否由于线路上电气设备绝缘破损漏电引起,线路上是否一相接地,零线断裂否,网中是否个别设备保护接地,个别设备一相一地制;变压器低压侧工作接地处接触是否不良,三相电流是否平衡,对症采取相应措施。

6.连接点松散或脱落

处理方法:重新连接或紧固。

第七节　电气设备故障和事故处理

一、断路器故障及事故处理

断路器由于制造缺陷、运行维护不当或检修不及时、检修质量不过关等原因,会发生一系列故障。

断路器常见故障有断路器拒绝合闸、拒绝分闸、自动误跳闸等。油断路器还有异响、喷油、着火等故障,六氟化硫断路器还有漏气、气体外逸等故障,真空断路器还有真空度降低、异响等故障。

(一)断路器拒绝合闸

1.表现现象

合闸合不上。

2.处理方法

通知检修专责人员来现场,从断路器本身和操作回路两方面检查。

(1)检查直流电源电压合格否。

(2)根据合闸回路二次展开图一一检查各个触点。

(3)合闸线圈、合闸接触器及其熔断器是否良好。

(4)操作把手、连杆、端子处有无异常、是否联动。

(5)机构箱内辅助触点接触是否良好。

(6)操作控制开关触点接触是否良好。

(7)拉开附属的隔离开关,到现场进行手动合闸检查试验。

(8)合闸机构有无卡涩现象、连接杆脱钩否。

(9)若为液压操作机构,则还需要检查其液压合格否。

(10)若为弹簧操作机构,则需要检查合闸弹簧是否储能良好。

按上述各项排查故障。

(二)断路器拒绝跳闸

1.表现现象

断路器拒跳。

2.处理方法

(1)应立即到现场手动断开断路器,然后查明原因。

(2)查看跳闸二次回路图进行分析。

(3)若手动也不能断开,可考虑用串联开关断开电源,然后检查控制电源电压是否正常($85\%U_e \sim 110\%U_e$)、分闸回路中元件有无接触不良及断路现象、分闸线圈是否损坏、操作机构有无问题、分闸铁芯顶杆有无卡位现象等。

按上述各项排查故障。

(三)断路器自动误跳闸

1.表现现象

断路器自动误跳闸且保护未动。

2.处理方法

(1)必须查明原因,若为人为误动则应立即联系合闸。

(2)若为自发性跳闸,则断开断路器两侧隔离刀闸,以手动缓慢合闸,检查开关挂钩是否良好;检查操作回路绝缘是否损坏,直流是否发生接地。这些检查须在不带电情况下进行。

(四)油断路器声音异常

1.表现现象

内部有异常的放电"劈啪"声或似水开时的"咕噜"声。

2.处理方法

(1)应尽快从系统回路上将断路器停电,然后将断路器两侧的隔离开关拉开。

(2)退出运行后的断路器进行认真仔细的内部检查和油分析试验,以判断故障性质并处理。

(五)油断路器喷油

1.表现现象

切断故障电流后严重喷油冒烟或爆炸。

2.处理方法

(1)若严重到爆炸起火,应迅速将断路器与无故障部分隔离,先使该断路器停电隔离,切断断路器各侧电源后灭火。

(2)同时应报告调度,断路器禁止盲目强送或试送。

(3)检查断路器油量、油质。

(4)检查灭弧室有否堵塞现象。

(5)检查断路器触头熔焊情况。

(6)检查分合闸行程、分闸速度等。

(7)排除故障后方可再投入运行。

(六)油断路器严重缺油

1.表现现象

油断路器无油位指示。

2.处理方法

(1)立即断开缺油开关的操作电源,并在其操作把手上挂“不许拉闸”标示牌。

(2)从系统上使断路器停电。

(3)做好安全措施,由专责人员加油。

(七)六氟化硫断路器漏气故障

1.表现现象

密封面紧固螺栓松动渗漏、焊缝处气体渗漏、压力表渗漏、磁套管破损气体渗漏。

2.处理方法

若漏气发出操作闭锁信号时,应立即停用故障断路器,并相应地进行螺栓紧固或更换密封件,补焊或刷漆,更换压力表,更换新磁套管,然后进行补气。

(八)SF_6 断路器本体绝缘不良,放电闪络故障

1.表现现象

磁套管严重污秽或磁套管炸裂。

2.处理方法

清理污秽及其他异物,更换合格磁套管。

(九)SF_6 断路器气体外逸

1.表现现象

漏气报警,SF_6 断路器意外放爆或严重漏气。

2.处理方法

(1)尽量选择从上风口接近设备,并立即投入全部通风装置。

(2)事故后 15min 内不准进入室内。

(3)15min 后、4h 内,进入室内须穿防护衣、戴防毒面罩。

(4)遭受外逸气体侵袭人员应立即清洗后送医院治疗。

(十)真空断路器异响

1.表现现象

真空灭弧室发出真空损坏的“咝咝”声。

2.处理方法

值班人员向上级汇报,申请停电处理。

(十一)真空断路器接触电阻过大

1.表现现象

触头接触面磨损严重。

2.处理方法

由专责人员进行触头调整,并检测真空灭弧室真空度,必要时更换真空灭弧室。

(十二)真空断路器灭弧室漏气

1.表现现象

真空度下降,分闸时弧光呈橙红色。

2.处理方法

及时更换真空灭弧室。

(十三)断路器出线端子连接处发热严重或熔化

1.表现现象

断路器端子与连接线连接处示温片熔化。

2.处理方法

立即停用故障断路器,确定过热原因并在重新连接时针对原因采取相应的改进措施。

(十四)液压操作机构严重泄漏

1.表现现象

液压操作机构压力下降到发出操作闭锁信号。

2.处理方法

立即将断路器作停电处理,并进行检修。

二、隔离开关常见故障及事故处理

隔离开关常见故障有接触部位过热、瓷瓶闪络、操作卡位等。

(一)隔离开关接触部位过热

1.表现现象

变色漆、隔离开关刀片颜色变黑或示温片显示过热(部件松动、刀闸合得不严或有熔焊现象)。

2.处理方法

做好记录,通知检修专责人员处理。

(二)隔离开关瓷瓶闪络

1.表现现象

瓷瓶脏污、裂纹造成爬电或闪络。

2.处理方法

做好记录,通知检修专责人员处理。

(三)隔离开关刀片弯曲

1.表现现象

刀片两端接触部分的中心线不重合,刀片弯曲。

2.处理方法

做好记录,通知检修专责人员处理。

三、互感器常见故障及事故处理

(一)电压互感器故障和事故处理

电压互感器常见故障有保险熔断、断线及短路等。

1. 表现现象

发出“TV 回路断线”光字牌信号及较障铃声。

2. 处理方法

(1)若故障引起继电保护与自动装置误动作，则短时退出与此 TV 有关继电保护与自动装置。

(2)尽可能根据其他仪表指示对设备进行监视，并尽可能不改变设备运行方式。

(3)详细检查一、二次保险是否熔断，若为二次保险熔断，则应先更换二次保险器，更换熔丝，如果二次保险器又熔断，则通知检修处理。若一次侧保险熔断，则通知检修专责人员来处理。

(4)若是自动励磁装置用互感器一次熔丝熔断，则短时停自动励磁装置，再通知处理。

(二)电流互感器故障和事故处理

电流互感器常见严重事故有二次开路和温度过高等。

1. 电流互感器二次开路

1)表现现象

(1)有关电流表、电功率表指示零或降低，电度表不转或转慢。

(2)若是差动回路，则差动回路有断线信号发出。

(3)电流互感器有鸣声。

2)处理方法

现场检查确认，并申请报告处理。

2. 电流互感器温度过高

1)表现现象

有焦味、冒烟或冒火花等。

2)处理方法

立即报告，申请停电处理。

四、母线、电缆和绝缘子常见故障

母线和绝缘子常见故障有母线连接处发热、绝缘子闪络等。

(一)母线连接处发热

1. 表现现象

发热部位变色(变色漆、试温片、红外线测温仪显示过热)。

2. 处理方法

设法降低流经发热处的电流，发热严重时应尽快将负荷转移到备用母线上，将发热母线申请停电检修处理等。

(二)绝缘子闪络

1. 表现现象

绝缘子表面闪络。

2. 处理方法

现场确认后，记录、报告，申请停电处理。

(三)绝缘子爬电痕迹

1. 表现现象

绝缘子表面有爬电痕迹。

2. 处理方法

现场确认后,记录、报告,申请停电处理。

(四)电缆绝缘损坏

1. 表现现象

电缆老化,铅包明显鼓胀、裂纹或漏油。

2. 处理方法

现场确认后,记录、报告,申请停电处理。

(五)电缆头漏油、放电、受潮

1. 表现现象

电缆头漏油、放电、受潮。

2. 处理方法

现场确认后,记录、报告,申请停电处理。

五、低压断路器等常见故障

低压断路器常见故障有连接处过热、触头严重烧灼、绝缘部分闪络、拒绝动作等。运行人员有针对性地加强巡视检查,做好记录,根据具体情况,通知检修专责人员即时安排检修处理。

复习思考题

7-1 高压断路器在水电站中的作用是什么?水电站常用哪几种类型的断路器?各有何特点?

7-2 油断路器、真空断路器、六氟化硫断路器运行中的巡视检查内容有哪些?

7-3 断路器拒绝合闸时应检查哪些项目?

7-4 高压油断路器中的绝缘油有什么作用?油面过高、过低有何危害?

7-5 油断路器在通过短路电流和开断短路故障后应进行哪些检查?

7-6 高压断路器的故障原因可能有哪些?高压断路器误跳闸的原因有哪些?

7-7 隔离开关的作用是什么?利用它可以进行哪些操作?

7-8 高压隔离开关运行中有哪些巡视检查项目?

7-9 操作中发生带负荷错拉、错合隔离开关时怎么办?

7-10 接通电路时为何必须先合隔离开关再合断路器,而打开电路时必须先打开断路器再打开隔离开关?

7-11 电力电缆运行中巡视检查内容有哪些?

7-12 电压互感器二次侧为什么不允许短路?

7-13 电流互感器二次侧为什么不允许开路?

7-14 互感器的主要用途是什么？为什么电流互感器、电压互感器二次侧均必须接地？

7-15 绝缘子的作用是什么？巡视检查的要点是什么？

7-16 母线巡视检查的主要内容是什么？

7-17 电流互感器运行中巡视检查内容有哪些？

7-18 电压互感器运行中巡视检查内容有哪些？

7-19 常见低压开关电器在运行中应巡视检查哪些内容？

7-20 什么是热备用？什么是冷备用？各自的运行状态是什么？

7-21 什么是电气设备的倒闸操作？

7-22 倒闸操作使用操作票的范围是什么？操作票应填写哪些内容？

7-23 断路器操作过程中应注意哪些问题？

7-24 隔离开关操作过程中应注意哪些问题？

7-25 电力线路操作的原则有哪些？

7-26 蓄电池的日常检查有哪些项目？

7-27 直流系统为什么要设置绝缘监察装置？

7-28 判断交体蓄电池容量充足与否的标准是什么？

7-29 直流母线发生接地时,如何检测？

7-30 什么叫蓄电池的浮充电运行方式？水电厂的铅酸蓄电池为何按浮充电方式运行？

7-31 母线连接处发热原因有哪些？如何处理？

7-32 直流系统的任务是什么？胶体蓄电池与液体铅酸蓄电池有何区别？

7-33 防雷装置主要由哪些部分组成？

7-34 断路器拒绝合闸、拒绝跳闸如何处理？

7-35 在实际运行工作中经常碰到的电气设备故障有哪些？又是如何处理的呢？

第八章 电动机的运行

第一节 概 述

电动机是一种将电能转换成机械能的旋转设备，它分为直流电动机和交流电动机两大类。

直流电动机将直流电能转换成机械能，它调速性能好，过载能力大，可频繁无级快速启动、制动、反转，广泛应用于需要大范围调速的场合及有特殊要求的自动控制系统中。

交流电动机又分同步电动机和异步电动机两类。

同步电动机一般应用于不要求调速和功率较大的机械设备。异步电动机又称感应电动机，它具有结构简单，制造、使用和维护方便，运行可靠，重量轻，成本低等优点，能满足大多数工农业生产机械的拖动要求，故应用广泛。

异步电动机按转子绕组型式不同，又分为鼠笼式和绕线式两类。前者结构简单牢固，应用最为广泛；后者在其转子回路中通过集电环和电刷接入外加电阻，可改善启动特性并在必要时供调节转速。

水电站的厂用机械主要由电动机拖动。拖动厂用机械的电动机功率应满足拖动在最高出力下工作着的机械要求；电动机的转矩应足以启动机械达到额定转速，而且在启动时间内电动机绕组不因启动电流过大而超过容许的过热温度，甚至在长期满负荷工作以后启动也不应超过容许的过热温度；重要机械有自启动能力；电动机的构造型式和冷却方式适合于周围介质的温度、湿度。

鼠笼式异步电动机与其他型式的电动机相比，具有可靠、简单和经济的优点，因此在水电站机组发电运行系统的油、气、水系统中广泛使用。本章以介绍低压鼠笼式异步电动机为主，至于绕线式异步电动机（在水电站里主要用在大坝闸门启闭机及升船机和厂房内检修用的吊车等），本教材不作详述。

第二节 电动机投运前的检查和试验

一、电动机运行方式

电动机运行方式通常有正常运行方式和异常运行方式两大类。

（一）电动机的正常运行方式

电动机的各种运行参数均在允许范围内，故电动机可以长期、连续运行的方式为电动机的正常运行方式。

正常运行方式下电动机处在额定运行状态，即电动机运行的各种电气参数均在额定值范围内，包括电流、电压、温度、温升等。

(二)电动机的异常运行方式

电动机异常运行方式是指在运行中,电动机的某项或某几项参数超过其允许值,如电流过载等。此种运行方式会缩短电动机的寿命,而且若不及时处理,终会转化为事故,从而影响安全运行。

二、电动机的允许温度与温升

电动机运行时,电流通过绕组产生功率损耗,转动时摩擦产生机械损耗,再加上电动机的铁芯损耗,从而使电动机各部件温度升高。电动机的绕组每根导线上均有绝缘材料,它们在高温作用下会加速老化、变脆、开裂、绝缘下降,最终损坏电动机,所以必须对运行中的电动机进行温度与温升的监视检查,以确保安全运行。

温升是指电动机本身的温度与周围环境介质(一般是指周围空气温度)温度的差值。电动机所使用绝缘材料等级不同,允许温度与温升也不同。温升比温度更能反映电动机的发热量,即更能反映电动机的异常和故障。

电动机各部分的温度,可月电阻法和温度计法进行测量。因电阻法较麻烦,要在电动机停机后即时进行电阻测量并进行温度换算,一般不太采用;在多数情况下,运行人员在确认外壳可靠接地的情况下,先用手接触外壳判断电动机的温度是否异常。如发现异常,运行人员向上级报告并采取对策。

电动机各部分的允许温度是由所使用材料的绝缘等级和测温方法决定的。绝缘等级一般指定子的绝缘等级,定子绕组的绝缘包括股间、匝间、排间、相间绝缘等,不同绝缘材料做成的电动机各部分的允许温度和温升值具体见表 8-1。

表 8-1 三相异步电动机最高允许温度与温升值(环境温度为 40℃) (单位:℃)

电动机部位	A 级绝缘		E 级绝缘		B 级绝缘		F 级绝缘		H 级绝缘	
	T	θ	T	θ	T	θ	T	ϑ	T	θ
定子绕组	95	55	105	65	110	70	125	85	145	105
转子绕组	95	55	105	65	110	70	125	85	145	105
定子铁芯	100	50	105	65	110	70	125	85	145	105
滑环	100	60	110	70	120	80	130	90	140	100
滑动轴承	80	40	80	40	80	40	80	45	80	40
滚动轴承	95	55	95	55	95	55	95	55	95	55

注: T 为最高允许的温度;θ 为最高允许温升(温度计法测量)。

三、环境温度对电动机负载的影响

电动机的额定负载能力,即电动机的铭牌功率通常称为出力。电动机的额定负载是指在周围冷却空气温度为额定值以及电源电压和频率也为额定值时所能达到的负载。

大容量电动机可能配有专门的冷却器和风道系统,一般小容量的电动机靠自然冷却,因此额定负载与环境温度有紧密联系。电动机的冷却空气温度的高低,对其各部分的温度有很大的影响，所以在电动机运行中，还要考虑冷却空气温度变化时，负荷应如何相应地调整变化。一般电动机，其冷却空气的额定温度为 35℃，当冷却空气在额定温度时，电动机的出力在频率、电压正常情况下可满负荷长期运行，当冷却空气温度超过额定温度时，电动机出力应降低，否则会影响电动机使用寿命；当冷却空气温度低于额定温度时，其出力允许相应升高。

四、电动机的允许运行参数

在电动机运行中，供电母线的电压、频率有时要发生变化，但若变化较大，对电动机的运行将带来十分不利的影响。因此，规定了电压、频率的允许变化范围。

当电源频率 F 为额定值，电源电压在(95%～110%)U_e 范围内运行时，电动机保持其额定出力不变；当电源电压为额定值时，电源频率在 49.5～50.5Hz 范围内时，电动机额定负载能力不变；运行中电动机三相电压不平衡不超过额定电压的 5%，电动机额定出力不变；电动机在额定出力运行时，定子各相不平衡电流不得超过额定电流的 10%，其最大一相不得超过额定电流。

若电压高于额定值的 10%时，则会引起铁芯深度饱和，激磁电流剧增，铁损产生的高温会影响电动机的绝缘水平和使用寿命。另外，三相电压不对称引起电流不平衡，可能使个别相过热，所以运行中应设法消除电源电压的不平衡。

五、电动机的绝缘电阻允许值、振动和空气间隙允许值

规程规定，电动机绕组绝缘电阻值不得低于允许值，一般高压电动机用 1 000V 摇表测量每千伏电压绝缘电阻值不低于 1MΩ；低压电动机用 500V 摇表测量绝缘电阻值不低于 0.5MΩ，或在相同温度、气候条件下电动机绝缘电阻值前后降低不超过 1/5～1/3。

在电动机启动和运行中，还要定期对电动机轴承的振动进行检测，其振动不得超过允许值，否则不仅会使电动机机械部分的零件疲劳断裂，而且会增加电动机的发热和磨损，从而影响电动机的使用寿命。电动机振动允许最大值如表 8-2 所示。

表 8-2　电动机振动允许最大值

额定转速(r/min)	3 000	1 500	1 000	750
振动值(mm)	0.05	0.085	0.10	0.12
滑动轴承电动机顺轴窜动(mm)	2～4	2～4	2～4	2～4

注：滚动轴承电动机不允许窜动。

电动机定转子间的空气间隙是决定电动机正常运行的一个重要因素，气隙过大会导致磁阻增加，功率因数降低；气隙过小会导致铁损增加，还可能发生扫膛即定子铁芯与转子铁芯碰触。对一般中小型电动机，空气间隙应为 0.2～1.0mm，同时气隙的不平衡度不大于 10%。

六、电动机的保护

对400V的低压电动机一般装有短路保护、失压保护和过载保护。对高压大容量电动机按规程装有过电流等专用继电保护装置。

短路保护由熔断器完成。当电动机发生短路时,若不及时地切断电源将会使电动机烧毁,甚至引起更大事故。加装熔断器后,一旦短路熔断器熔断,从而切断电源,保护电动机。

电源电压过低,将使电动机的转速下降,电流增加。若长时间低压运行,会损坏绝缘、烧毁电动机。为了防止电动机在低压下运行,一般由磁力启动器的电压线圈在电动机控制回路中起失压保护作用。回路装有低压空气断路器的电动机,空气断路器有专用电压线圈作失压保护用,有专用电流线圈作过流保护用。

电动机长时间过载会损坏电动机,因此要装过载保护,而热继电器即为电动机的过载保护装置。当电动机过载20%运行时,热继电器应在20min内动作,切断控制回路并通过连锁装置断开电源,保护电动机。

低压断路器广泛用于500V及以下低压厂用系统中,其中设有过电流脱扣器,可作为电动机的过负荷保护和短路保护;设有失压脱扣器可作为低电压保护,并附设分励脱扣器以实现远方操作。低压断路器可以精确地整定其脱扣电流,故其保护特性比熔断器稳定得多,而且操作方便。

七、电动机的铭牌和线端标志

电动机铭牌上记录着该台电动机在额定条件下的技术参数,一般有以下内容:

(1)电动机型号。产品型号是表示产品名称、规格、型式等的代号。国产电动机产品型号一律由大写汉语字母和数字组成。

(2)额定输出功率。三相异步电动机在额定运行条件下,其转轴上输出的功率即额定输出功率,单位为kW或W。

(3)额定频率。交流电源每秒钟内按周期变化的次数为额定频率,我国规定的工频频率为50 Hz。

(4)额定电压或电压范围。在额定运行状况下,供电电源加在三相异步电动机定子绕组上的端电压为额定电压。有两种不同额定电压 x 和 y 者,应标成 x/y;电压范围是从 x 至 y 的,标成 $x \sim y$,应为线电压值,单位为V。

(5)额定电流。三相异步电动机在额定条件下输出额定功率时,其定子绕组上的线电流为额定电流,单位为A。

(6)额定转速。三相异步电动机在额定技术条件下运行的速度为额定转速,一般异步电动机低于同步转速2%~5%,单位为转/分钟(r/min)。

(7)三相绕组接法。三相异步电动机在额定电压下工作时,其定子绕组的接法(有条件时给出接线图)。

(8)外壳防护等级(IP代码)。

(9)工作制。工作制分为"连续"、"短时"、"断续"3种情况。"短时"和"断续"运行的三相异步电动机其运行时间均有明确规定，电动机工作到规定时间后就要停止运转，待电动机完全冷却后才能再次启动。连续工作制的可不标注。水电站的低压电动机一般都为连续工作制。

(10)绝缘等级。绝缘等级不同，电动机所允许长期使用的最高温度不同。

有的还在铭牌上标注电动机功率因数、噪声级标准限值、电动机总重量、出厂编号和出厂日期等。

另外，为便于用户使用，三相异步电动机各相绕组的引出线端的接线头(或标号片)均有明显的标志。接线板或接线装置上也刻有相应标志，如表 8-3 所示。

表 8-3 三相异步电动机绕组的出线端标志

<table>
<tr><th rowspan="2">名称</th><th rowspan="2">绕组类别</th><th rowspan="2">相别</th><th colspan="2">出线端标志</th></tr>
<tr><th>始端</th><th>末端</th></tr>
<tr><td rowspan="3">三相异步电动机</td><td>定子绕组
(各相不连接)</td><td>第 1 相
第 2 相
第 3 相</td><td>U1
V1
W1</td><td>U2
V2
W2</td></tr>
<tr><td>定子绕组</td><td>第 1 相
第 2 相
第 3 相
中性点</td><td colspan="2">U1
V1
W1
N</td></tr>
<tr><td>绕线转子绕组</td><td>U1
V1
W1</td><td colspan="2">K1
L1
M1</td></tr>
</table>

八、电动机投运前的检查和试验

要确保电动机的正常运行，电动机在投运前必须进行检查和试验，合格后方能投入运行。

电动机投运前检查的主要项目为：

(1)根据水电站设计图纸，对电动机运行回路设备和电动机及所带动的机械负载进行核对检查。

(2)确认安装或检修后已经生产主管验收合格。

(3)确认或检查各项电气试验合格。

(4)检查电动机装配质量，如定转子气隙大小等；查看零部件装配是否正确、各部分的紧固件是否旋紧到位。

(5)与负载机械轴的连接是否符合规范要求，如同心度、水平等。

(6)检查传动装置的配置情况，如联轴器的螺丝、销子是否紧固，皮带松紧是否合适。

(7)若是滑动轴承还应检查油箱内是否有油、用油是否清洁、油量是否充足，油环转动是否灵活。

(8)通风道应无杂物,有冷却器的电动机应检查冷却器是否漏水,出入口风门开启良好。

(9)确认电动机和电气回路及其所属设备已无人工作,且周围无杂物。

(10)电动机所带动的机械验收检查合格。

(11)检查三相绕组各出线端的标志是否正确,以及绕组的外部接线方式是否正确,若是降压启动还应检查启动设备的接线是否正确。

(12)外壳接地(或接零)是否良好,其导线截面是否符合要求。

(13)所接电源电压是否符合铭牌标准。

(14)检查电动机启动设备的规格、容量是否合适,电动机及启动设备的接地保护装置是否可靠等。

(15)对绕线型电动机和直流电动机还应检查电刷提升装置的操作机构是否灵活,电刷位置是否正确;电刷在刷握中是否灵活;电刷与集电环接触面是否吻合;各绕组接线是否正确,轴伸径向偏摆是否超过允许值。

(16)检查电动机供电回路及二次控制回路情况是否正常。

(17)检查三相电源是否均有电,电动机相序与电源的相序是否相符,电压是否正常,电压波动应在±5%范围内。

电动机投运前在有关专业人员参与下,还应进行一些检查试验,主要项目为:

(1)回路开关拉合闸试验。

(2)按钮跳闸试验。

(3)事故保护跳闸试验,如失压跳闸试验等。

(4)绝缘电阻测量试验,包括定转子三相绕组之间和绕组与机壳间的绝缘电阻,以及电刷架、集电环、接线板与机壳间的绝缘电阻等。

若用兆欧表测量电动机绕组对机壳的绝缘电阻,其值按绕组的额定电压计算低于1MΩ/kV时,则必须对绕组进行干燥处理,直到绕组绝缘电阻符合要求为止。

(5)如果可能,手动转动转子检查是否灵活,有无异常声响及碰擦现象,观察被它所带动机械是否转动正常。

(6)通电空载试验,按预定启动方式接通电源后,观测启动电流值和轴的转向,检查转动方向和测量转速。

(7)检查转轴的轴承是否运转平稳、轻快,有无停滞现象,声音是否均匀和有无杂音等。

(8)空载运行正常后,停机进行全面检查。

第三节　电动机的投运和退出

电动机的投运即电动机的带电启动,它是指电动机接入电源,转子从静止状态开始旋转、升速直至稳定运行于额定转速的过程。

电动机的停运即电动机退出运行,它是指电动机从旋转状态停电减速直至停转的过程。

电动机的启动和停运操作，应遵守倒闸操作的技术原则，严格执行操作票和操作监护制度的有关规定。

一、电动机的启动方式

异步电动机启动瞬间，启动电流即启动时定子电流可达到额定电流的 4～7 倍，随转速提高，启动电流迅速下降，启动时间一般需要十几秒左右，启动电流过大可能引起电网电压下降，从而影响正常运行，因此有必要限制启动电流。

鼠笼式异步电动机启动方式主要有直接启动、降压启动和变频启动等。水电站机组油、气、水系统的电动机一般为直接启动。

(一)直接启动

直接启动就是通过开关电器将电动机直接接到电源上的全压启动的方法。由于施加到电动机上的是额定电压，故又称为全压启动。这种启动方法设备简单，且投资少，操作方便，启动迅速，是最常使用的启动方法。

低压电动机所用的开关电器通常是三相闸刀开关、转换开关、铁壳开关、磁力启动器或自动空气开关；而高压电动机所用的开关电器均为断路器。一般 3～6kV 电动机用装在供电电路中的断路器进行；对于 380V，容量大于 200kW 或需要集中控制的 100kW 以上电动机用自动空气开关控制；对于 380V，容量在 40～100kW 集中控制电动机用空气开关与接触器配合控制；对于 380V，容量在 28～40kW 电动机用磁力启动器控制；对于 380V，容量在 28kW 以下电动机用铁壳开关控制；对于 380V，容量在 7.5kW 以下电动机用装在配电盘上的三相闸刀和保险丝控制。

一般情况下，只要直接启动的启动电流在系统中引起的电压降不超过 10%～15%，就可采用直接启动。直接启动方式操作最简单，且投资维护成本低，在可能的情形下应优先考虑直接启动方式，但直接启动启动电流较大，一般为额定电流的 4～7 倍，所以只用于小容量电动机的启动。允许全压启动的电动机容量大小一般有以下原则：

(1)由变压器供电，频繁启动电动机容量不超过变压器容量的 20%，不频繁启动电动机容量不超过变压器容量的 35%。

(2)由发电机直接供电时，按容量为 1kVA 的发电机允许 0.1kW 电动机全压启动的比例实施。

(3)若电动机配备专用变压器时，允许全压启动的电动机容量可达变压器容量的 70%。

(二)降压启动

当供电变压器容量较小，而电动机启动电流又较大，采用直接启动方式可能导致同一电网内其他设备不能正常工作，故要采用降压启动电流的启动方式。

降压启动即在电动机启动时，采用将电动机定子绕组经过启动专用设备，使电动机定子绕组所加电压低于额定值。降压启动可以减小电动机的启动电流，待电动机转速达到或接近额定转速时，再将电动机通过控制设备切换到额定电压下运行。常用的降压启动方法有：

(1)自耦减压启动法(补偿启动法)。由自耦变压器构成的启动设备,手柄在启动位置时,电动机接到自耦变压器的低压分接头上,降压启动。待电动机转速达到或接近额定转速时,手柄推至“运行”位置,电动机即被施以额定电压正常运行。

(2)星—三角形转换启动。在启动时,通过启动装置将定子绕组接成Y形,使启动电压为正常运行时的$\frac{1}{\sqrt{3}}$,从而减小了启动电流,待电动机转速达到或接近额定转速时,再通过启动装置将定子绕组接成△形运行,使电动机进入全压运行。凡是在正常运行时定子绕组接成△形的电动机都可采用这种降压启动方法。

(3)电抗器启动。启动时在定子回路中串接电抗器,启动后短接掉电抗器加全电压运行。

至于绕线式电动机,总带有启动设备,启动时在转子回路中加电阻,以减小启动电流。将电阻逐级退出,转速逐渐升高,最后短接电阻,转速即达额定转速。

(三)变频启动

目前一些需要调速的场合,大量使用变频器,即通过调节加入到电动机的三相电源的频率来调节电动机的转速。变频器具有0～50 Hz的调频范围,而电动机的转速与电源频率有密切的关系,在其他因素不变情况下,电动机的转速与电源频率成正比。因此,带有变频器的电动机启动时,可将频率从0提升到额定值,从而大大减小启动电流。

变频器价格昂贵,仅仅只为降低启动电流时,一般不采用变频启动方式,只有真正需要调速的场合才使用变频启动。

二、电动机的启动操作

电动机的启动操作总则:

(1)启动前检查和试验完成且情况良好,并检查附近无杂物和人后,即可远方或就地合上控制开关启动电动机;新安装的电动机第一次启动必须在现地进行。

(2)在启动过程中应严密监视电动机的电流,若发现电流长时间不能下降到额定值或以下,则应停机查明原因并处理后,才能再启动(电流长时间不能下降到额定值或以下,说明负载过重或机械部分有异常)。

(3)启动后0.5h内经常用手去感触轴承等部位的温度变化及振动和声音等情况,若发生突变或超过允许值,则应随时查明原因并处理,必要时应停机检修。

(4)鼠笼式异步电动机在冷、热状态下允许的启动次数,应按制造厂规定进行。

一般冷状态下允许启动两次,启动间隔不低于5min;热状态下只允许启动一次,若需要第二次启动,必须待半小时电动机冷却后。严格禁止对电动机进行频繁启动。

(5)对于需要有可逆旋转的电动机,必须停止后方能进行改变方向的操作。

(6)启动多台电动机时,应从大至小有秩序地逐步启动,不可同时启动,以免过大地启动电流造成线路压降过大或引起开关跳闸。

(7)电动机接通电源后若发生不能转动或启动很慢,声音不正常及传动机械不正常等现象,应立即切断电源检查,待查明原因并排除问题后方可重新启动。

具体启动操作步骤如下(以鼠笼式高压电动机为例):

(1)检修后的电动机首先要收回工作票。

(2)检查安全措施确已拆除,绝缘电阻等电气试验合格。

(3)检查断路器确在断开位置。

(4)继电保护装置等投入正常。

(5)合上电动机母线侧隔离开关。

(6)检查和装上断路器的合闸熔断器(动力直流保险)、操作熔断器(操作直流保险)。

(7)当操作盘上的绿色指示灯亮后,操作控制开关进行合闸,或按下合闸按钮合闸。当断路器合上后,红灯亮,绿灯灭,电动机由启动转入运行,监视电流表指示应正常。

(8)有联动装置的电动机应按要求先后投入有关切换开关。

另外,水电站机组油、气、水系统的低压电动机,首先手动启动试验,正常后切到自动位置运行,并进行全面检查。

三、电动机的停运操作

电动机的停运操作总则:

(1)电动机的正常停机与其合闸操作顺序正好相反,即先跳开断路器。

(2)若在停机过程中出现操作过电压,对绕线式电动机则应将变阻器投入,使在断开开关时转子电流的变化率下降,从而抑制操作过电压。

对有机械通风冷却的电动机,当断路器切断后应立即关闭冷却装置,以防止电动机绕组受潮和结露。

电动机停运具体操作步骤(以鼠笼式高压电动机为例):

(1)首先将机械负荷减至最小后进行操作,如水泵应将出水口关闭,然后停止电动机运行。

(2)跳开断路器。

(3)检查断路器确在断开位置。

(4)拉开负荷侧的隔离开关。

(5)拉开电源侧的隔离开关。

(6)检查负荷侧的隔离开关确在断开位置。

(7)检查电源侧的隔离开关确在断开位置。

(8)取下合闸熔断器。

(9)取下二次操作熔断器。

(10)对电动机进行全面检查。

另外,对于水电站机组的油、气、水系统的电动机有手动停机和自动停机方式。

第四节　电动机运行中的巡视和检查

电动机在运行中,运行值班人员应定期做好巡视和检查工作,以便及时发现异常和缺陷并进行处理。这对电动机的安全运行是非常重要的工作。

厂用电动机应每班检查一次,由二人进行巡视,耳听、眼看、鼻闻,当确认外壳接地良好时,可以手点触外壳,检查外壳温度。

巡视中发现异常时要做好记录并报告主管,及时处理好。

一、电动机启动后的检查

电动机启动后应检查以下内容:

(1)电动机启动后的电流是否正常,三相电流不平衡度是否在允许范围内,电压是否有显著下降。

(2)电动机旋转方向是否正确。

(3)有无异常振动、碰擦等不正常声响,有无异味或绕组冒烟现象。

(4)有无过载现象。

(5)启动装置是否正常,电动机加速度是否正常,启动时间是否超限。

(6)转动是否灵活、正常。

二、电动机空载运行时的检查

电动机空载运行时应检查以下内容:

(1)电动机声音应均匀、正常,不得有碰擦等异常声响。

(2)施加在电动机上的三相电源电压应平衡。

(3)空载电流与电动机额定电流之比应在规定范围内,三相空载电流不平衡度不超过10%。

(4)监视各部分温升不超过允许值,振动不超标。

(5)通风、冷却、润滑均应良好,轴承转动均匀。

(6)绕线式电动机电刷、集电环无严重火花现象。

三、电动机带负载运行中的巡视和检查

总的来说,电动机带上负载后,在运行时,运行人员要对以下项目进行认真巡视检查:

(1)电动机的负载电流不得超过额定值。三相异步电动机任何一相电流与三相平均值之差不应超过10%。一般情况下,电动机三相电流不平衡,说明电动机有故障或定子绕组有层间短路现象。严重的三相电流不平衡,则说明有一相熔丝熔断,电动机处于缺相运行状态。

(2)经常检查电动机各部分的温度与温升是否超过规定值。

(3)注意检查并确保冷却系统工作正常,经常保持电动机及周围清洁无杂物,无尘埃堆积、腐蚀和损伤;漆层不出现变色、剥落现象;进风口、出风口保持畅通,周围温度低于规定温度,不允许有水滴、油垢及飞灰落入电动机内部。

(4)外壳接地良好,保护罩完好。

(5)开关或磁力启动器接线完整。

(6)电缆头无渗、漏油;电源引线可见部分无松散、碰伤或灼伤等。

(7)电动机的声音和气味无异常。

(8)检查轴承温度、润滑情况。轴承是否过热、漏油,振动低于允许值,声音无异常。

对滑动轴承检查润滑油量是否在指定范围内，甩油环旋转是否均匀；对滚动轴承则检查通过轴承监听器等轴承检测器的读数有无显著增加，有无润滑脂漏出现象，润滑系统工作是否正常。

(9)检查并确保电动机供电回路及设备、控制回路及设备、其他附属设备工作正常。

具体而言，因为电动机的运行状况会通过表计指示、温度高低、声响变化等方面的特征表现出来，因此电动机日常使用中应通过听声音、闻气味、测温度、测电流等观测电动机是否存在故障隐患。

(一)听声音，闻气味

通过听其声，初步判断电动机的运行状况：①正常运行时，若负载无明显变化，声音应均匀、高低变化不大、无杂音。②发出嗡嗡声，同时转速明显下降。电流测量值变大且三相不平衡或不稳定，很可能是电源缺相、三相电压严重不平衡或转子有严重断条等较大故障。③声音大且刺耳，但较均匀，可能是负载过大或电源电压过高。④声音时高时低，可能是负载波动或电源电压波动。⑤有杂音，可能是轴承损坏、风扇与风罩或端盖相擦、定转子相擦、电动机内有异物等。

根据正常情况，用手触摸，一般无感觉。若有抖动、发麻的感觉，说明振动已经不小，应予以处理。振动主要由于所带机械或联轴器和电动机机座等原因引起。

如电动机附近有焦臭味或冒烟，则应立即停机查明原因，采取措施加以解决。

(二)测温度

除了电动机本身故障如绕组短路、铁芯片间短路等，可能引起局部高温外，由于负荷过大、通风不良、环境温度过高等原因，也会引起电动机各部分温度的升高，电动机各部分的允许温度与温升见表 8-1。

用酒精温度计插入封闭式电动机的吊环孔内，测量铁芯温度，此温度值不应超过其绝缘等级所允许值；用测量最接近轴承外圈地点的温度代替轴承温度不得超过允许值；绕组的温度可以用电阻测温法或用电动机制造时预先埋入的热电偶来测定，用温度计测量进、排气的温度是否符合要求。

水电站用的电动机容量不大，电动机的测温装置不完整，在确认外壳接地良好的情况下，则可用手感法代替上述测温方法。确认电动机外壳已经可靠接地后用手去摸外壳，若手可长时间放置，则温度在 40℃以下；若手可坚持几十秒，温度在 40～45℃；若手可坚持 10s 左右，温度在 50℃左右，一接触就立即缩回，则温度在 70℃以上。

另需注意，当电动机温度突然升高，即使电动机的温度和温升并没有超过允许值，也往往预示电动机有异常或存在故障，这时要加强巡视检查，并报告及时处理。

(三)测电流、电压

正常运行时，电流不应超过允许值。

一般电动机只有一相装电流表。较大容量或重要设备用电动机，应装设监测三相电流的装置，或用钳形电流表定期进行监测。电流最大不对称允许为 10%，通过监测三相电流，可发现和判断电动机现有或潜在的故障。

若三相电流基本平衡，大于铭牌值的 1.15 倍，说明负载过重；若三相电流不平衡度小于 3%，且经过测量电压三相不平衡度在 1%以内，则说明电动机绕组有轻微匝间短路；若电流不平衡度大于3%，则有可能有较严重的匝间短路；若三相电流严重不平衡，且有两相较大并基本相同，而第三相较小时，可能是第三相存在接触不良故障；若三相电流都按一定周期大小摆动且转速有所下降，则转子可能出现断笼故障。

检查电压一般借用电动机所接的母线电压表监测。电压可以在额定电压的 -5% ~ +10%的范围内变动，电压的最大不对称度允许为5%。

（四）轴承工作情况

主要观察轴承润滑情况，用温度计或手摸判断轴承温度是否过高，有无杂音（如轴承弹子的破碎声等），从油位计判断油量是否充足，目测判断有无漏油现象，从检查孔观察油环是否旋转。

（五）其他

绕线式电动机及伺服电动机还应注意电刷的运行情况。

要保持电动机有较长的正常使用寿命，平时还应对电动机进行必要的维护保养。

对电动机外壳、风扇罩处要经常清除灰尘、油污等杂物，保证良好通风、散热。对绕线式电动机还应清除电刷磨下的碳粉；经常检查电动机和基础及与其他设备间的连接处，有松动时要及时修复；定期更换轴承润滑油等。

目测判断空气过滤器网眼有无灰尘堵塞现象，判断皮带张力是否合适，目测运转中的振动情况，检查皮带表面的磨损情况。

四、电动机的定期检查和维护

为确保电动机正常运行，除应按操作规程正确使用外，还应对电动机进行定期检查和保养，其保养工作由检修专责人员按规程进行。其间隔时间根据电动机的类型、使用环境决定，主要检查维护事项为：

(1)电动机应经常保持清洁，及时清除机座外部的灰尘、油垢和杂物等。

(2)经常检查轴承有无发热、漏油等情况，并通知检修专责人员，定期更换润滑脂（一般可半年更换一次）。在更换润滑脂时应先将轴承盖用煤油清洗，然后再用汽油予以清洗干净。润滑脂可采用钙钠基1号润滑脂（一般电动机用）、2号或3号中小型电动机用轴承润滑脂。更换加入的新润滑脂数量以充满轴承室空间的1/2～1/3为宜。测量轴对大地间的绝缘电阻值，目测判断轴承架有无移动现象。

(3)应定期测定定子、转子间的上下、左右的气隙尺寸。

(4)应经常检查电动机接线板的螺丝是否松动或烧伤，若有应予以紧固和用同等绝缘包垫修复。

(5)用千分表测定连轴中心是否偏位，用手摸或用弹簧秤检查皮带张力。

(6)应定期检查启动控制设备，观察所有触头有无烧伤、氧化、接触不良等，若发现问题应立即维修保养。

(7)定期检查电动机的绝缘电阻。若电动机工作环境比较潮湿或有腐蚀性气体存在，均有可能破坏电动机的绝缘。因此，在电动机运行和使用中应经常定期检查其绝缘电阻，同时注意查看电动机外壳接地是否可靠。

(8)电动机运行一年后应大修一次，对电动机做全面、彻底的检查和维护保养，增补和更换电动机缺少或磨损的零部件；彻底清除电动机内外的灰尘、杂物；检测绕组绝缘的情况；清洗轴承并检查其磨损情况，及时发现问题并立即予以处理，将可延长电动机的工作寿命。

另需注意，对暂时停运的电动机应定期检查电动机轴承中润滑油(或润滑脂)，对润滑油保证油质合格，对润滑脂应半年更换一次；定期检测电动机的绝缘电阻，保证其绝缘合格，若受潮应进行烘干处理；对处于备用状态的电动机应进行检查，定期切换使用，保证能随时启动。

第五节　电动机运行故障和事故处理

三相异步电动机的故障类别包括定子绕组故障、转子故障、定子铁芯故障、引出线与绝缘套管故障、机座故障等。

定子绕组故障又可细分为匝间、层间绝缘受损或击穿；绕组绝缘出现磨损或放电腐蚀；绕组绝缘出现龟裂；绕组出现碰壳接地故障；绕组出现短路故障；绕组出现断路故障；线圈与端箍间发生磨损击穿；线圈端部绝缘遭受机械损伤；模压不良使绝缘层与导体分离而导致绕组端部振动大(串位)；线圈连接线受到损伤，有放电加剧现象。

转子故障细分为转子绕组匝间短路、转子绕组断路、转子绕组接地、转子偏心、转子支架或键销出现松动等。

定子铁芯故障分为铁芯局部过热使电动机温升过高或绝缘变色老化产生热分解、铁芯松动使电动机出现放电或铁芯过热。

引出线和绝缘套管故障包括绝缘套管损坏发生剧烈放电现象、引出线绝缘损坏而出现弧光放电或环流现象、引出线或端子盒内出现闪烁。

机座故障细分为安装不当或其他机械部件原因引起机座振动剧烈，机座中出现循环电流，使电动机温度上升或绝缘老化；槽内绝缘损坏使裸导体部分与机座相碰而出现放电和环流，并伴随杂散磁通增大。

电动机在运行时有可能出现各种常见故障和一些典型故障。查找故障需要在掌握一定的理论基础上积累大量的实践经验，仔细观察故障现象，如转速变化、温度变化、声音变化、振动情况、有无冒烟和焦味等。根据实际情况从电气、机械、电动机本身等各方面考查。运行值班人员发现异常情况后，即时记录、报告、查找原因并进行分析处理。

一、电动机常见故障及处理

(一)电动机拒绝启动

1. 表现现象

通电后电机不转动或在低速下运转并且发出较大的嗡嗡声。

2. 处理方法

应立即断开电源查明故障原因，会同有关专业人员，设法消除后重新启动。具体方法如下：

(1)若由电网电压过低造成，应与供电部门联系。

(2)若为电源缺相造成，则应先检查电源是否有一相熔断器熔断，开关、刀闸一相是否松脱或接触不良，若无则查是否电动机接线盒接触不良而烧断，最后查内部有无断线、断点，设法修复。

(3)若为转子回路断线或接触不良造成，如鼠笼式电动机，转子鼠笼条与端环的连接部分已断开；绕线式异步电动机，转子变阻器回路已断开，启动设备与转子回路间的电缆连接点已断开，电刷与滑环接触不良，则想法修复。

(4)若因电动机定子回路接线错误造成，如将△接线接成Y接线，或将Y形接线的三相绕组一相接反，则校对接线方式并改正接线形式。

(5)若因周围环境温度太低使润滑脂变硬造成，则采用局部加热即可。

若负载过重，则应减轻负载或重新选择与负载相匹配的电动机；若外部机械卡阻则有较大撞击声，同时电动机的保护或熔断器会动作，可用盘车方法找出故障点。

总之，首先检查电源电压是否正常，然后检查开关、熔断器、控制接触器主触点及电动机引出线头，将故障查出排除。若为电动机内部故障，应立即通知有关检修专责人员来处理。

(二)电动机通电后无声响且不转动

1.表现现象

合上电源，电动机无声响且不转动。

2.处理方法

设法查找故障并修复。先测电动机接线端子处是否有电，若无或只有一相有，则为电源故障，逐级查找供电回路的故障点并排除故障。

若三相有电压且基本平衡，则为电动机内部断线，用绕组断路法查找中性点、引出线等，找出断点并接好；若为绕组内部断线则需由检修人员来拆卸修理。

(三)空载电流过大

1.表现现象

空载电流超过允许值(一般额定电压下空载电流为额定电流的25%～50%，波动幅度为5%～15%)。

2.处理方法

(1)先检查电源电压，电源电压高于电机额定值可使空载电流增大。

(2)若由于电动机装配不当造成(用手轻轻转动电动机轴，转动不灵活说明装配不当)，则先查看端盖是否装偏；再查看轴向间隙是否过小或没有，通过修理轴承盖止口处的凸缘长度解决；然后查看是否因润滑油脂过少或过多并据情况处理。

(3)因定、转子间气隙过大造成，则电动机应停运。

(4)若因定、转子轴向错位造成，则进行调整并使之压装到位。

(5)若因定子绕组匝数少于正常值造成，原则上应更换绕组，使其达到标准匝数；若因铁芯磁性变化造成，严重时就该更换铁芯。

(四)三相电流严重不平衡

1.表现现象

三相电流不平衡度超过允许值(空载时大于10%，堵转时大于5%，满载时大于

3%)，严重时电动机发出嗡嗡声，机身也剧烈振动。

2. 处理方法

(1)首先检查电源三相电压是否平衡，若三相电源平衡则说明为电动机本身故障。

(2)先停机测量三相电阻，查看有无断路存在，最严重的断路为一相断线情况，表现为其余两相电流大幅增加，转速下降，并有低沉声音发出，若停机则不能再启动。

(3)停机检查有无单相短路或相间短路，熔体熔断或某相绕组因匝间或对地短路而过热并烧毁(电动机冒烟并有焦味)。

(4)停机检查电动机相头、相尾是否搞错，或拆开电动机用指南针检查接线有无部分绕组接反现象。

(5)若重绕线圈时三相匝数未绕均匀，则重新绕线圈改正错误匝数。

(五)有较大的噪声与振动

1. 表现现象

启动时有不正常的振动和噪声，启动后仍然存在。

2. 处理方法

及时停机，从机械和电磁两方面着手检查，电磁方面主要从绕组故障考虑，断开电源故障消失，接通就出现说明为电磁故障；排除电磁故障后考虑机械方面，从电动机基础、转子零件及轴承磨损度、轴偏度考虑。具体方法如下：

(1)若与正常情况相比出现的是特别大的低沉的声音，说明电流过大，可能是过载、三相电动机走单相、三相电流不平衡等造成。

(2)若周期性振动并伴有时高时低的嗡嗡声，可能转子有断条。

(3)若在电动机外壳上听到呲呲声，则为铁芯硅钢片叠压不紧。

(4)若有不均匀碰撞声，则有可能是定、转子相擦，即“扫膛”。

(5)还有可能是轴承内润滑脂不够或轴承内钢珠损坏造成，清洗轴承加装新油或换钢珠。

(6)联轴器松动造成，则检修和紧固。

(7)每相匝数不等则重新绕制，改正匝数。

(8)转子擦到绝缘纸造成，则修剪绝缘纸。

(9)转子风叶碰壳造成，则校正风叶，拧紧螺丝。

(六)电动机过热

1. 表现现象

电动机温度超过允许值。

2. 处理方法

仔细观察电源电压、电动机电流、过热部位、声响部位等，并比较空载与负载运行差别，找出故障原因，及时处理。具体方法如下：

(1)先测量电压。若电源电压高则引起铜损增加造成过热，与供电部门联系解决；若电网电压低则电流增加使定、转子均过热，应与供电部门联系解决；若电源电压不平衡则电流大的绕组过热，检查熔断器、开关及电动机并排除故障。

(2)测量定子电流，若负载过重则需要降低负载或更换较大容量电动机。

(3)若有定、转子相擦声,则检查轴承间隙,若超限则更换轴承;若轴承及附件或铁芯有松动变形则修理;若轴弯则校正。

(4)若电动机风道堵塞,则清扫风道,改善制冷条件;风扇坏则修理或更换风扇;若环境温度过高则设法降温。

(5)绕组有匝间或对地短路,查找短路或接地部分,按绕组修理方法修复。

(6)若浸漆不符合要求使绕组内有空隙,则重新采取两次浸漆工艺,最好用真空浸漆。

(7)若重新绕制的电动机绕制参数不对,则重新计算改变参数后再绕制。

笼形转子导条断裂、开焊,则查明断条、开焊或松脱处进行修复。

(七)轴承过热

1. 表现现象

轴承过热。

2. 处理方法

检查原因,采取相应措施。具体方法如下:

(1)若轴承自身损坏,则更换轴承。

(2)若径向配合尺寸不当,过松或过紧造成,则先检查,若为过松则采用粘合剂或低温镀锌处理;若过紧则适当车削轴颈。

(3)轴承与轴承盖配合过松或过紧造成,则过松时镶套,过紧时重新加工轴承盖。

(4)若油封过紧造成,则修理或更换油封。

(5)若轴承盖与轴相擦,则修理轴承盖。

(6)轴承中心偏斜不正或轴承油环卡住,应检修处理。

(7)若为轴承润滑不良,油脂过少、过多,质量差或其内部有杂质造成,则需增、减润滑油或更换合适油脂。

(8)若为皮带过紧或联轴器安装不当,则调整皮带张力,校正联轴传动装置。

(八)电动机外壳带电

1. 表现现象

电动机外壳带电。

2. 处理方法

找出原因,采取相应措施进行纠正。具体方法如下:

(1)若由电动机绝缘受潮引起,则进行烘干处理;若绝缘严重老化,则需要更新;若引出线绝缘破损,则包扎或更新引出线。

(2)若因接线板有污垢造成,则清理接线板。

(3)若绕组端部顶端盖接地,则拆下端盖,找出接地点,线圈接地要包扎绝缘和涂漆,端盖内壁要垫绝缘纸。

(4)若因电源线和接地线搞错造成,则纠正接线即可。

(九)转速低于额定值

1. 表现现象

电动机启动后转速低于额定转速。

2. 处理方法

查明原因,进行相应处理。具体方法如下:

(1)若启动后负载为额定值而转速低于额定值,则先测量机端电压。

(2)检查绕组△形是否误接成Y形,连接错误则改正。

(3)检查转子回路焊接及接触是否良好,脱焊或断条,则进行修理。

(4)若转子绕组电刷接触不良,则调整刷压和修理电刷与集电环接触面。

(5)若转子绕线电动机启动变阻器接触不良,则修理其接触部位。

(6)若绕线转子一相断路,则查明断路处后排除故障。

(十)三相电流大小周期摆动

1. 表现现象

电动机空载或负载时电流表指针来回摆动,并且转速有所下降。

2. 处理方法

排除是电源电压周期性摆动后,很有可能是笼形转子导条断裂或开焊。然后检查断裂或开焊处,修理后需进行动静平衡校验。

二、电动机断路器自动跳闸和故障停机

(一)电动机断路器等自动跳闸故障处理

运行人员首先立即检查故障跳闸原因,是否为过电流保护动作、低电压保护动作、热继电器动作、熔断器熔断等。

(1)当为过电流保护动作、低电压保护动作时,都会使电动机断路器自动跳闸。当电动机自动跳闸后,运行人员应立即启动备用电动机,并应对故障电动机进行电源和机械方面的检查,电动机的定、转子绕组,电缆,开关等有无短路痕迹;测量绝缘电阻值和绕组直流电阻值等;检查故障当时有无异常声响和冲击现象;电动机所带机械负载部分有无卡阻现象。

若故障电动机本体、电动机启动装置或电源电缆线上有明显的短路或损坏现象,电动机所拖动的机械损坏,应通知专责检修人员来处理。

对于保护误动的结论作出,必须经生产技术主管确认。

(2)对于装有差动保护等的高压电动机的事故跳闸,按发电机事故处理原则办。

(3)对于低压电动机,如果是熔断器熔断失电而停机,运行人员应对供电回路及电动机进行全面检查处理,确认合格后,换上合格的熔断器,再开机。

(二)电动机异常应立即停机的情况

当发生下列情况之一时,必须立即切断电动机的电源或卸掉负荷,紧急停机:

(1)电动机电气回路及其拖动机械部分发生人身事故。

(2)电动机内部或启动装置内出现火花或冒烟。

(3)电动机及所带机械损坏至危险程度。

(4)轴承温度超过规定值,经处理无效。

(5)定、转子间扫膛,强烈振动,电流表指针摆动很大时。

(6)电动机内部有异常声响(尖叫声和特大噪声)或绝缘有烧焦味。

(7)电动机铁芯温度超过正常温度，经采取措施无效。

(8)电动机处于断相运行。

(9)三相电流不平衡度大于±10%。

(10)受火灾威胁。

(11)启动或运行中的电动机，转子和定子有摩擦声。

(12)直流电动机发生严重环火，经处理无效。

切除电源后则仔细检查发生上述现象的原因，由检修人员排除真正故障后才能重新合闸运行。

三、电动机着火时的处理

电动机着火时，先断开电源，然后使用电气设备专用的灭火器进行灭火。在使用干粉灭火器时，应注意不使粉尘落入轴承内。无电气设备专用灭火器时，则应在电动机切断电源后，用消防水喷射成雾状的水珠灭火，禁止使用大股水柱注入电动机内灭火。

四、电动机典型事故处理

在实际运行中，电动机机械方面出现故障的概率较大，特别是开焊造成的各种故障。

(一)电动机轴承和轴承盖过热、振动加剧、异响

现象：某水电站一台鼠笼式转子电动机，运行一段时间后轴承和轴承盖过热、振动加剧，电流不稳且伴有不连贯的"梗梗"声响。

原因：经现场情况及声音分析，故障极有可能是轴承损坏引起。

处理方法：将电动机解体，拆下轴承检查，发现轴承的支架损坏且有个别滚动体已碎裂，所以换新轴承。换上后所有故障现象全部消除，正常运行。

(二)电动机转轴的轴伸端高温、异响

现象：某水电站一台鼠笼式电动机转轴的轴伸端出现高温并伴有轴承内套的走动声。

原因：根据现场情况分析，该故障极有可能为转轴轴颈磨损，致使轴承内套与其配合过松而走动。

处理方法：将电动机解体并拆下轴伸端一侧的轴承后，发现轴颈的位置确有轴承内套走动痕迹，则将轴颈处在车床上滚花加工增大轴颈外径，暂时修复。

(三)电动机空载、负载时振动加剧

现象：某水电站一台鼠笼式异步电动机在空载时就有较强振动，带负载后振动更剧烈。

原因：全面仔细检查了电动机安装基础刚度、地脚螺栓固定情况，基础水平情况，电动机转轴轴颈、轴承、轴瓦磨损、弯曲度，转子平衡情况，绕组短路、接错情况后，发现为转子不平衡造成。

处理方法：在平衡架上进行静平衡，找出不平衡的方位，加上使转子平衡所需的平衡块(平衡垫圈)，牢固安装在转子平衡柱上。

(四)电动机冒烟并发出绝缘烧焦气味

现象：某水电站一台电动机突然开始冒烟并发出绝缘烧焦气味。

原因:经检查发现由于电动机基础不牢固造成强烈振动后使定、转子相擦,最终使绕组短路烧毁。

处理方法:只能重新更换绕组,加固基础。

(五)电动机绝缘电阻太低

现象:某水电站准备投入一台停用了一段时间的电动机,启动前用摇表摇测时其绝缘电阻仅为零点几兆欧。

原因:估计为长期闲置绝缘受潮所致,解体检查发现定子铁芯、绕组表面水气和湿度相当高。

处理方法:采用灯泡烘干后,测得电动机绝缘电阻恢复到合格值后才投入运行。

(六)电动机外壳带电

现象:某水电站在巡视检查中,发现一台电动机外壳麻手,有漏电现象。

原因:检查发现绕组端部过长,碰触到端盖造成漏电。

处理方法:将定子绕组加热变软后,用橡皮锤把绕组喇叭口鼓大鼓低,并刷上绝缘漆后烘干。

(七)铜笼转子发生断条、开焊

现象:某水电站发现闸门启闭用高压笼形电动机铜笼转子发生断条、开焊。

原因:铜笼条本身材质不佳且未焊接好,造成端环变形,最终导致断裂开焊。

处理方法:先将端环预热至呈红色,用气焊枪将端环与笼条加热至熔化状态,焊料填满于端环和笼条间隙中,焊接后冷却至150~200℃,用10%~15%柠檬酸水刷洗,再用热水将溶剂冲洗干净后烘干。

(八)电动机铁芯松动

现象:某水电站一台电动机出现放电现象,停电后用手锤轻敲铁芯两端齿部和齿压板,发出哑声,并由冲片缝隙向外喷出铁锈、灰尘。

原因:铁芯压紧力不足导致铁芯松动。

处理方法:通过提高铁芯压紧强度减轻松动现象;将铁芯除锈、去油渍并打磨干净后用环氧树脂和650号固化剂黏结铁芯端的两段铁芯,黏结完后用压圈将铁芯两端压紧并固化8~12h。

(九)电动机定子回路断线故障

现象:某水电站例行检查时发现一台电动机绕组端部经电缆引出,槽内导线断裂。

原因:引出线焊接处焊接质量不好而造成接触电阻过大,长时间过热后发生槽内导线烧断事故。

处理方法:先将线圈加热至130℃左右使绝缘软化,然后剔除槽楔,由槽内抬出已烧断的线圈,将烧断的线圈由端部剪断,用同样规格长度合适的新导线在两端连接焊好,并在接头处包好绝缘,最后将已处理好的线圈再嵌入槽内,垫上槽绝缘并打入槽楔,涂上绝缘漆,最后烘干处理。

(十)电动机绕组短路

现象:某水电站一台电动机运行时出现电流过大,发热过度现象。

原因:绕组绝缘受潮情况下接通电源,使绕组局部绝缘击穿而发生短路。

处理方法:对绕组作修理和绝缘处理后,检查绝缘电阻合格后再投运。

复习思考题

8-1 电动机的运行方式有哪些? 低压电动机装有哪些保护装置? 每种保护起什么作用?

8-2 运行中电动机电压允许变动的范围是多少?

8-3 鼠笼式电动机的启动方式有哪些?

8-4 何种情况下三相异步电动机可以采用全压启动?

8-5 三相异步电动机常用的降压启动方法有几种?

8-6 一相断线对运行中的电动机有何影响? 如何处理?

8-7 电动机启动前的检查项目有哪些?

8-8 三相异步电动机的常见故障类别有哪些?

8-9 如何检查三相异步电动机的温度?

8-10 三相异步电动机投运前需要做哪些电气试验?

8-11 低压电动机回路的热继电器有何作用? 动作后如何处理?

8-12 水电站压力油泵电动机故障自动跳闸后,运行值班人员如何处理?

8-13 电动机绝缘电阻较低的原因及处理方法有哪些?

8-14 在巡视中,如何检查确认电动机本身过热?

8-15 电动机运行中出现杂音的原因有哪些?

8-16 电动机轴承过热的原因及处理方法有哪些?

8-17 电动机正常运行时应巡视检查哪些项目?

8-18 电动机运行中遇到哪些情况应立即断开电源停机?

8-19 电动机故障自动跳闸后的处理步骤是什么?

8-20 实际运行中碰到了哪些电动机故障,是如何处理并总结经验加以防范的?

第九章　水电站继电保护和监控系统的运行

第一节　二次网络对电力安全生产运行的重大意义

直接与发电、输电、配电相连接的电路设备为一次设备，由这些一次设备相接成一个系统则为发、输、配电一次系统，参见附图电气主接线系统。在这个主接线系统中，既有发电机 1F、2F、3F，又有主变压器 1B、2B，还有断路器、隔离开关，如 500、204，5001、2041 等。它们是一个不可分的整体，这个一次系统直接发出电能，并直接将电能送到大电网和用户，它比较直观，并是发、输、配电的主体设备，在现场有较清晰的布置位置和回路间隔。

运行值班人员如何去监测和控制一次设备的安全生产及运行呢？因为设备的运行状况不可能去手摸或直观其内部，这就要依靠常说的二次系统设备及其组成的继电保护控制、测量、信号系统，这个由继电保护、控制、测量、信号所组成的系统称二次系统。

二次系统的基本特点是直接发出的电能不经过这个系统，而只是对电气一次设备及其一次系统和水电站的水力机械设备、水工设施及其机械设备的工作进行监测、控制和保护的辅助设备。它虽然不是输送电能的主体设备，但是对一次设备安全、连续、可靠、稳定地安全生产及运行关系重大，二次系统网络比一次系统更多更庞大，并且难于直观。从回路上说，二次回路比一次回路多得多，也复杂得多。二次设备及其系统就像一个人的眼睛、鼻子和神经系统，它能感知一次设备及其系统的异常情况，并按设计的程序逻辑关系使一次设备自动动作。它利用一次设备在故障时的特性：即一次系统故障时，立即出现电压下降和一次电流增大的这个特征，对采集到的这两个信息立即作出处理和反应，如附图主接线系统中，当发电机 6kV 母线出现短路故障时，二次设备及系统通过电流互感器二次侧接收到一次系统短路电流增大的信息和通过电压互感器二次侧接收到一次系统电压下降的信息。这些信息进入二次系统后，通过电流保护装置及断路器控制设备，立即作出反应，将发电机出口开关和升压变压器低压侧断路跳开，切断向发电机母线送电的电源，从而达到保护发电机和母线的目的。否则，大电流将损坏发电机绕组和烧坏母线。

对水轮机的轴承温度升高、水力机械的温度保护也能立即作出反应，发出报警信号或立即将机组自动停机(70℃)。

以供电线路为例，对应于附图的电气主接线图，并参见图 9-1。熟悉这个总网络图，就可以起到举一反三的作用，对二次系统形成一个整体的系统的网络概念。当 408 线路一次部分线路上出现短路点的故障时，就会出现电流立即增大、电压瞬间下降的信息，通过电流互感器 TA 和电压互感器 TV1 由一次侧传送到二次侧，启动继电保护回路，通过控制屏上的控制元件立即将该线路的一次设备 408 开关跳闸，断开线路故障点，断路器合闸红灯灭，分闸绿灯亮，使故障点从电网中切除。从而保持 35kV 母线部分的其他一次设备正常继续运行。与此同时，通过继电保护控制信号回路、信号继电器掉牌、中央控制室控制屏上的事故光字牌亮，并发出喇叭警告信号或语音提示，告知值班人员紧急处理事

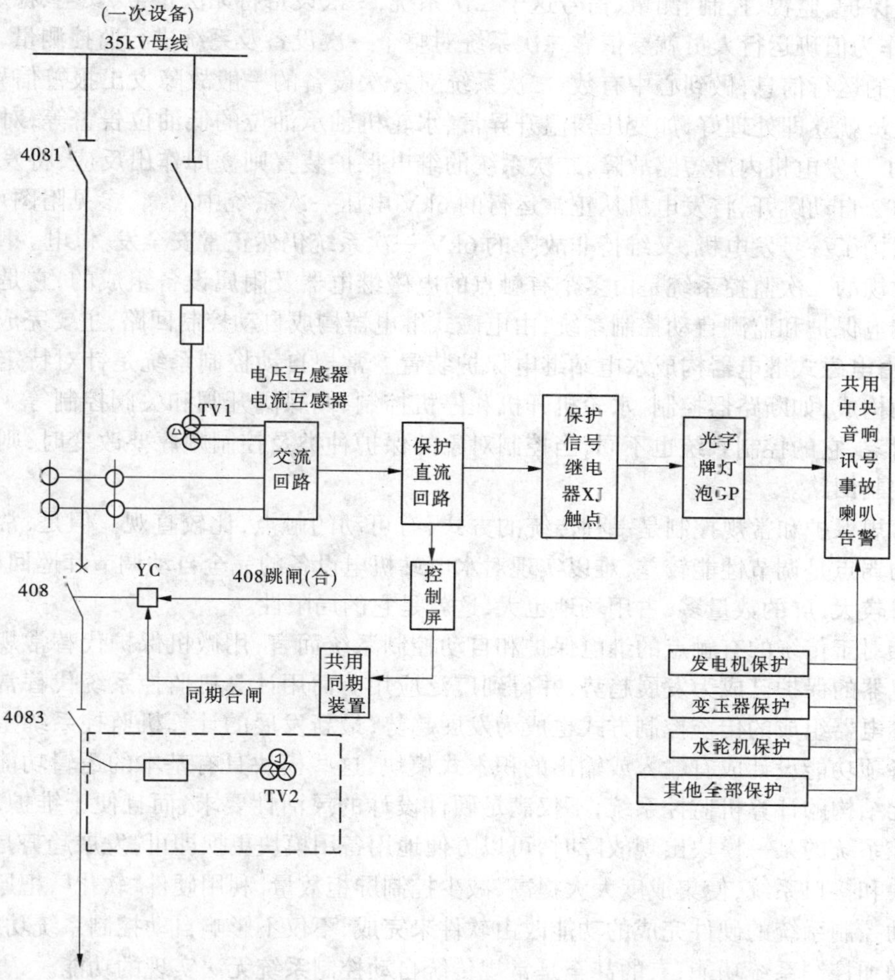

图 9-1 水电站保护及控制和共用中央音响及共用同期装置关系方框总图

故。一个水电站的其他一次设备或水力机械设备出现事故，动作过程基本与上述过程雷同，如发电机事故、主变压器事故、水轮机事故或其他设备事故等。

对于全站共同的同期装置网络，从图 9-1 的关系方框总图可知. 408 线路如果为有源线路、有 TV2 时，在进行 408 合闸并网时，只需按顺序先将 408 断路器的同期切换开关 TK 切放同期位，再切换共用同期设备的 STK 切换开关到“粗略同期位”，再到“精确同期位”，并观察待并系统的电压 V1 和频率表 f1(来自 TV1)及运行系统电压表 V2 和频率表 f2 及共用的整步表 S 指示，选择适合时机，在控制屏上操作一次设备 408 的控制开关 KK(SA)向合闸位置，408 开关即远方操作同期合闸。电站其他一次断路器开关同期点的操作动作过程步骤与此雷同。如果 408 为无源、没有 TV2 时，则不经过同期装置回路合闸。运行值班人员树立这个整体的系统网络概念，对值班运行岗位人员维持电站的稳定、连续不间断地安全发、供电生产意义十分重大。

由此可见，二次设备及其所组成的二次系统对电力生产有着重要的作用和意义。没有继电保护、监视、控制、测量、信号这个二次系统，一次设备将无法正常、安全、稳定、可靠运转，作为值班运行人员就要依靠二次系统对整个一次设备及系统进行监控测量，感知一次设备的运行信息，做到心中有数；二次系统对一次设备的一般故障发出报警信号，运行值班人员就立即处理好，如变压器温升异常、水轮机轴承油位的低油位告警等；对重大故障，如1号发电机内部短路故障，二次系统的继电保护装置则立即作出反应，将发电机断路器202自动跳开，将发电机从正常运行的6kV电压一次系统中脱离，参见附图可知，这样既保护了一号发电机，又维持非故障的6kV一次系统仍然正常安全发、供电。

常规的二次监控系统是由多个有触点的电磁继电器及附属设备组成的，它是一种传统的继电保护和监测自动控制系统，由电磁式继电器构成自动控制回路，主要完成顺序控制，并由电磁式继电器构成水电站继电保护装置。常规自动控制系统是针对特定的控制对象而构成，如断路器控制、水轮机开机和停机控制、蝴蝶阀开阀和关阀控制等。不同的控制对象，它的控制系统也不同，当控制对象的保护种类及控制顺序要改变时，则要改变自动控制回路。

常规保护和常规控制是一种传统的方式，有可动的触点，比较直观。但是，常规自动控制的弱点是调节性能较差，难以实现对水电站机电设备的完全自动调节和巡回检测，并且设备较大，屏的数量多，占用场地也大，这就是它的局限性。

相对于传统的有触点的继电保护和自动控制系统而言，用微机保护代替常规的电磁式继电器的保护已成为发展趋势，并得到广泛应用。而用计算机监控系统代替常规的电磁式继电器组成的传统控制方式也成为发展趋势，最新发展的计算机监控系统主要特点是将各项功能设计成有输入或输出的积木式模块，这些模块具有基本的逻辑功能。采用模块化结构的计算机监控系统，不仅满足硬件设计的灵活性要求，而且便于维护，当计算机监控系统的某一模块出现故障时，可以方便地用备用模块更换即可，发展趋势是采用标准模块和接口系统，使集成度大大提高，减少控制屏柜数量，利用硬件"软化"，把原来由常规自动控制系统的硬件完成的功能改由软件来完成，不仅不影响自动控制系统功能，而且还将增加控制系统功能，有的甚至是常规传统自动控制系统无法实现的功能。

作为水力发电生产第一线的值班运行人员必须熟悉继电保护、控制、测量和信号组成的这个二次系统，首先对应电气一次主接线图，掌握读懂一个水电站的二次回路展开图，做到心中有数，对各种故障和事故的发生心中都有预案，使水电站全部机电运行设备通过二次系统处在值班运行人员自己的掌控中，确保连续、不间断、稳定、安全发、供电。在有计算机监控的水电站里，运行人员要熟悉上位机显示器菜单显示的操作，利用它对全电站运行设备进行管理。

第二节　常规继电保护及监控系统的运行

对应于附图主接线系统图的一次设备，有1F、2F、3F发电机，1B、2B主变压器、41B、42B厂用变压器及31B近区变压器等，还有110kV送电线路、35kV供电线路、10kV供电线路等各个一次单元都装有自己的继电保护装置及监控系统。这些装置的逻辑控制过程由常规的电磁继电器来完成，都按单元装在继电保护屏和控制屏上。同期系统及中央音响是全水电站共同的二次设备，参见图9-1共用方框图，对此就有了一个系统的网络概念。这些屏柜都布置在电站的中央控制室里。运行值班人员应全部按各个一次设备单元熟悉其对应的二次展开图及其屏柜布置的位置，在运行值班工作中应加强对这些二次设备及其系统的维护值班工作。

一、新安装的常规继电保护及监控系统投入运行前的检查

新安装的常规继电保护及监控系统投入运行前的检查工作包括以下内容：

(1)检查屏柜的名称及二次设备编号是否正确。

(2)确认每个继电器已经调试合格。

(3)检查直流系统送出到控制保护二次用直流电源供电正常，直流电压正常。

(4)检查每个一次单元保护控制直流二次电源熔断器完好，如1B主变保护控制屏上的二次回路直流电源保护熔断器是否完好。

(5)核对检查每个单元的每一种保护的整定值是否符合设计值。如1B主变的差动保护电流整定值，各侧过流保护动作电流整定值及其时限整定是否符合设计值。

(6)确认各处单元保护控制二次回路对地绝缘电阻值合格，一般直流控制母线不小于10Ω，支路不小于0.5～1Ω。

(7)将中央音响屏上中央音响试验按纽投入运行，检查全部光字牌灯泡是否完好，音响回路动作是否正常。

(8)在端子排处，用短接交流继电器触点的办法检查模拟全电站各单元的每种保护模拟动作正确，直至发出音响信号，要逐一进行模拟试验检查，包括非直接接地系统的单相接地绝缘监察的模拟检查试验。如6kV、10kV、35kV系统。

(9)检查全电站所有断路器控制回路跳合闸动作正常，属于同期点的开关，如204、206、208、500、502、404、406等同期点断路器，在没有带电条件下，用连接片BK或专用切换开关短接同期继电器TJJ触点的办法，检查同期回路合闸是否正常。正常生产中，只有在单侧电源送电时，也必须短接同期继电器触点，才能合闸。

(10)检查控制屏上的各种仪表是否都在“零”位。

(11)检查一次部分各单元，每单元的每种保护的投入、退出连接压板在投入位置正常。

(12)检查中控室是否仅仅只有一个同期开关共同切换锁片。

(13)有重合闸装置的双电源线路，按调度要求将重合闸放在无压检定或同期检定位置。

(14)水轮机基础自动化元件，如电磁阀、液位信号器等的现场检查。

(15)调速器关闭时间整定的检查并经技术主管确认等。

(16)对上级主管下达的其他检查项目进行检查核对。

二、常规继电器保护及监控系统运行中的巡视检查和异常处理

常规继电器保护及监控系统运行中的巡视检查和异常处理包括以下内容：

(1)按规定制度，由二人定时进行巡视检查。

(2)交接班时，试验中央音响光字牌灯泡是否全部良好，并及时更换，音响回路是否完好。

(3)检查全部运行仪表指示是否正常、正确。

(4)检查全部控制开关位置是否正确,正在进行检修的一次设备控制开关是否挂有警告提示牌。

(5)各断路器分闸绿灯和合闸红灯指示是否正确。

(6)各单元保护切换片投入或退出是否正确。

(7)检查正在检修的设备的二次控制回路电源保险熔断器是否拔除。

(8)二次直流保险熔断器熔断时,应戴绝缘手套及时更换。

(9)带电的电磁继电器响声是否正常。

(10)光字牌标示是否仍然清晰正确。

(11)二次带电端子是否有发黑或变色等异常情况。

(12)定时对交流各绝缘监察装置进行切换,检查各项电压是否有单相接地现象。

(13)定期对直流系统的绝缘监察装置切换,进行接地检查。

(14)定期对直流系统的电压进行检查,并及时调整。

(15)定期检查励磁的电压表、电流表是否指示正常。

(16)在出现事故或故障信号继电器掉牌时,值班人员不应马上进行复归。应二人在场确认,并详细记录所有掉牌及光字牌信号后,经允许方可复归掉牌。

(17)定期对发电机定子绕组的温度进行检测。

(18)定期对变压器的上层油温进行巡查检测。

(19)定期对水力机械部分的水压、气压、温度、油位、油压进行巡视检查。

(20)注意检查电气液压调速器的平衡表指示是否在正常范围内。

(21)检查机组自动屏上各仪表指示是否正常。检查水机各油压、温度、整定值是否正确,有无异常变化。

(22)及时记录各种异常及缺陷情况。

(23)及时检查现场的检修进度情况和安全措施。

(24)上级主管安排的其他检查。

第三节 微机继电保护和计算机监控系统的运行

一、微机继电保护和计算机监控系统概述

(一)微机继电保护组成

微机继电保护和计算机监控系统逐渐代替常规传统的有触点的继电保护装置和监控系统已成为发展趋势,它的最大特点是常规的触点动作的逻辑过程用微机的软件程序来实现。这种程序逻辑过程仍然是在常规装置基础上发展起来的。例如,最常见的过电流保护装置,采样信息还是来自电流互感器二次侧,经过变换器及数模变换数字信号进入微机后,由微机软件完成常规保护的逻辑过程,只是中间不存在继电器触点了,整定值由键盘输入,故障电流达到整定值,保护动作后,断路器开关自动跳闸,并且发出语音事故信号;还有一个特点是人机对话,通过键盘和显示器完成人机对话任务,时针核对及与各保护 CPU 插件通信和巡检任务。运行值班人员通过人机对话及桌面菜单画面的切换监视,

掌控全电站运行状况。

如图 9-2 所示微机保护的硬件结构,由 5 部分组成。

第 1 部分是即信号输入电路,主要有开关量和模拟量两种信号,电流和电压是模拟信号,经变换为计算机能接受的数字脉冲信号;开关量信号经电平转换,并经整形、延时和光电隔离处理,输入计算机。

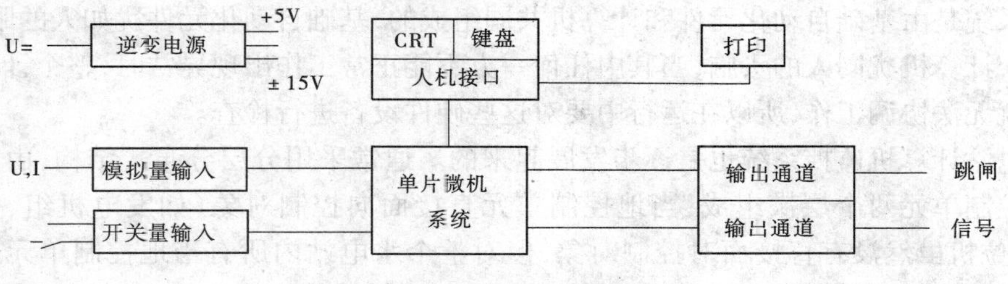

图 9-2　微机保护的硬件结构

第 2 部分是单片微机系统,它是微机保护装置的核心。其实质是一台小型工业控制微机系统。单个电气设备元件的主保护和后备保护都是相互独立的微机系统,如发电机的主保护是差动保护,后备保护是过流保护,这两种保护的 CPU 是相互独立的。任何一个保护的 CPU 或芯片损坏均不影响其他保护的正常运行。另外,各个保护的 CPU 输入及输出回路均经光隔处理。各保护具有自检与互检功能,将故障定位到插件或芯片,从而大大提高了保护装置运行的可靠性。

第 3 部分是人机接口部分。在许多情况下,单片微机系统必须接受操作人员的干预,例如,保护整定值的输入、工作方式的变更,对单片微机系统状态的检查都需要人机对话。这部分工作在 CPU 控制下完成,通常通过键盘、汉化液晶显示、打印及信号灯、音响,或经语言报警来实现人机对话,这部分操作运行值班工作人员应熟练掌握,应根据制造厂的说明书形成现场操作规程。

第 4 部分是输出通道部分。输出通道是对控制对象(例如断路器)实现控制操作的出口通道。通常这种通道的主要任务是把小信号转换为大功率输出,满足驱动功率的要求。在出口通道还要有防止控制对象(如断路器)对微机系统的反馈干扰,因此出口通道也需要光隔离。所以,总的来说输出通道仍然是一种被控对象与微机系统之间的接口电路。

第 5 部分是电源部分。微机保护系统对电源要求很高,通常这种电源是不间断供电的逆变电源 UPS,即先将直流逆变为交流,再把交流整流为微机所需要的直流电压,一般为 ±24V,它把水电站或变电所强电系统的直流电源与微机系统的弱电系统直流电源完全隔离开。逆变后的直流电源具有极强的抗干扰水平。对来自水电站或变电所因断路器跳闸合闸或开机停机等原因产生的强干扰可以完全避免。

现代的微机继电保护装置均采用模块化设计,也就是说,对于成套微机保护,各种线路和发电机或变压器等一次元件的保护,都是上述 5 个部分的模块化电路组成的,所不同的是软件系统及硬件模块化的组合与数量不同。不同的保护用不同的软件来实现,不同的使用场合按不同的模块化组合方式构成。这样的成套保护装置对于设计、运行及维护,给调试人员及运行值班人员都带来极大方便。微机继电保护的硬件结构中的 5 个部分中,哪一个部分有故障或损坏,就只需更换或处理哪一部分的模块即可。现场运行值班人员应根据制造厂的产品说明书要求,进行维护和值班工作。

(二)机组计算机监控系统组成及特点

对于水轮发电机组,计算机监控系统的基础自动化元件部分与常规监控系统的元件是一样的,包括行程开关、位置触点、压力和液位信号器触点、电磁阀等。这些基础自动化元件一定要可靠、灵敏,否则整个监控系统有拒动或误动的可能。水电站机组及附属设备的监控系统是由基础自动化元件和计算机共同组成的,基础自动化元件犹如人的眼睛、鼻子、手脚,计算机犹同人的头脑,当其中任何一方不能正常工作出现异常时,整个计算机监控系统就无法协调工作,所以在运行中要对这些硬件设备进行检查。

水电站计算机监控系统也是逐步发展起来的。通常采用分层分布式结构,由上位机和当地控制单元两个层次组成,当地控制单元直接面向控制对象(如发电机组、变压器等)。上位机虽然没有直接面对控制对象,但对整个水电站内所有当地控制单元进行控制、管理,是水电站计算机监控系统的核心,上位机的硬件功能和软件功能好坏直接影响监控系统的性能。上位机一般由工业控制计算机和显示器、键盘和打印机等组成,运行人员必须熟悉掌握上位机的功能和操作。

水电站计算机监控系统是指整个水电站设备的控制、测量、监视和保护均由计算机系统来完成,它代替了常规控制设备的监视测量表计、记录设备和常规继电保护设备,完成机组的开机停机控制,断路器开关设备的控制,完成电站的优化运行、自动发电控制,自动调相控制,以及电站机组、变压器、线路等各种运行设备的参数的在线监视,越限参数报警、记录、事故语言、历史参数查询、事故记录、报表打印、人机对话,完成被监控系统设备的自检,实现对整个电站所有设备进行控制、测量、监视和保护的自动控制系统,性能大大优于常规的传统式的由带触点的电磁继电器组成的控制系统。

在整个控制系统中,整个系统按结构和功能来划分,主要采用三种微机和两个层次。工控机 IPC,它是工业级的微型计算机,在水电站的监控系统中,主要作为上位计算机、前置计算机,因数据储存多,管理能力强,人机界面好,值班人员易掌握;水轮机组的自动控制中则采用可编程控制器 PLC,可编程控制器 PLC 的特点是擅长顺序控制,可编程控制器 PLC 硬件由中央处理单元 CPU、存储器、输入接口电路、输出接口电路、电源、总线等组成,可编程控制器 PLC 大多采用模块式结构、PLC 有电源模块、CPU 模块、开关量输入模块、开关输出模块、A/D 模块、D/A 模块、计数模块、通信模块等。模块式 PLC,便于灵活组成各系统,便于维护、更换、扩展,适于水轮发电机组本体的开机停机等控制;对于油泵等辅助设备,可采用整体式 PLC,结构紧凑,集中在一个箱子里;单片机也是水电站监控系统用得较多的,加上一些外围电路与它一起工作,达到控制的目的,在水电站里的计算机监控系统中,温度巡检仪是由单片机构成的,十分方便。

水电站监控系统结构如图 9-3 及图 9-4 所示。机组当地控制单元一般由可编程序控制器 PLC、智能交流参数测量仪、微机保护装置、电量和非电量变送器等构成,完成机组的开停机顺序控制,机组状态、数据采集,参数显示,保护动作等功能,取代常规的自动控制保护设备。

升压站及线路当地控制单元结构如图 9-5 所示。升压站、线路当地控制单元一般由

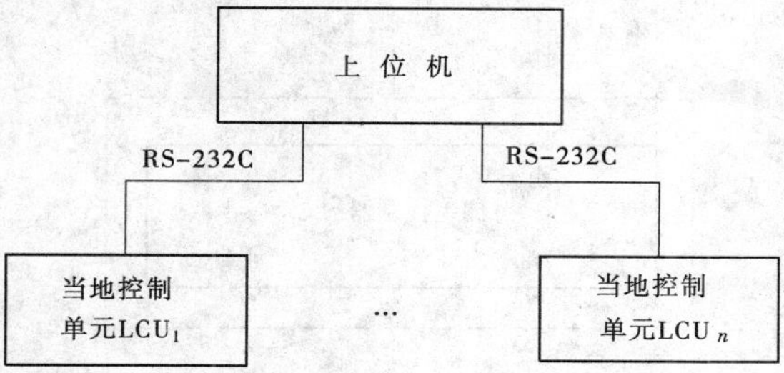

图 9-3　不带前置机的水电站计算机监控系统

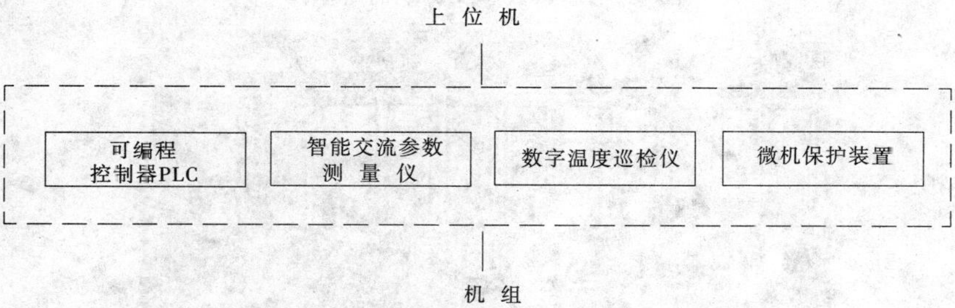

图 9-4　机组当地控制单元

可编程序控制 PLC、智能交流参数测量仪、微机保护装置、电量和非电量变送器等构成，完成升压站、线路断路器控制，升压站、线路断路器状态、线路数据采集，参数显示，保护动作等功能，取代常规的自动控制保护设备。

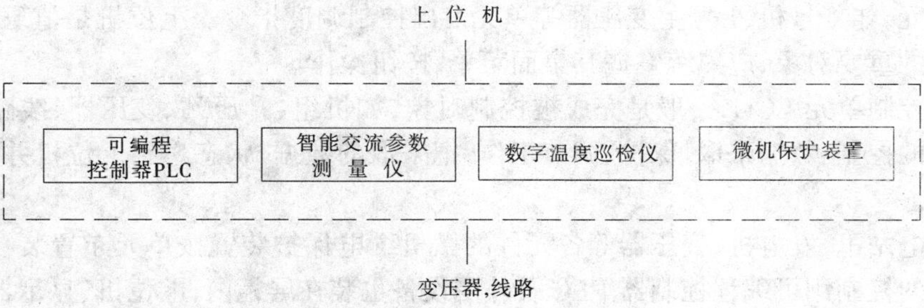

图 9-5　升压站及线路当地控制单元

油、气公用辅助设备，中央音响信号当地控制单元结构如图 9-6 所示。公用辅助设备、中央音响信号当地控制单元一般由可编程序控制器 PLC、电量和非电量变送器等构成，完成水电站公用辅助设备油、气、水系统的控制，公用辅助设备状态、数据采集，中央音响信号控制等，取代常规的自动控制设备。

整个计算机监控系统一般分为两个层次：上面一层即站控层为上位机，上位机是电站值班运行人员直接操作的重要对象（如图 9-7 所示）。值班人员在这里对全站运行监视管理。下面一层称为当地控制单元 LCU，当地控制单元一般由可编程控制器 PLC 和工控机来担当。

监控系统中的上位机一般完成水电站实时状态的采集与处理，实时运行参数的采取

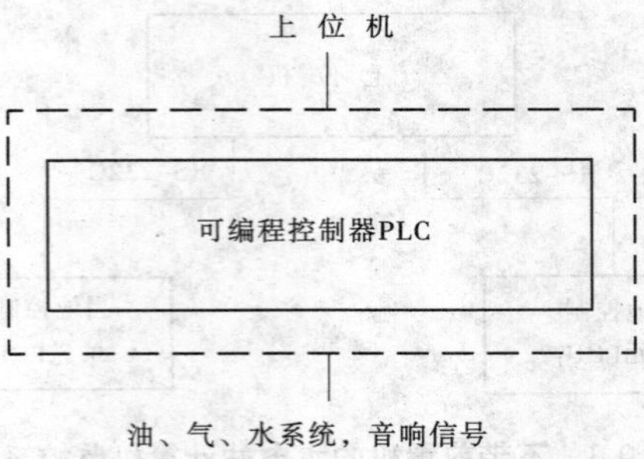

图 9-6　油、气、水及音响信号单元

图 9-7　站控层

与处理、监控，远方控制，对被控对象运行参数进行调节，完成优化运行、报警及事故记录，顺序事件记录、控制记录、电站历史数据、状态的查询、报表处理与打印、事故追忆、计算统计、实时显示电站设备运行状态和参数等功能，并且接受当地控制单元传来的数据，向当地控制单元，如 1 号机、1 号主变压器等单元发出控制调度指令。上位机是值班运行人员直接操作的重要对象，应熟练掌握其桌面菜单、按钮操作。

当地控制单元 LCU，一般是完成被控制对象，如机组、升压站、变压器、线路、公用辅助设备等的控制、数据采取、保护、调节工作，把采取的数据、状态送到上位机并接受上位机的指令。

在水电站里，发电机、变压器等各元件的微机继电保护装置按单元布置装在屏柜内；水轮机组的控制用可编程控制器 PLC 及外围设备也装在屏柜内；上位机、显示器、键盘和打印机等，设置在电站中控室的值班桌上，运行人员使用时十分方便(见图 9-7)。

在常规的水轮发电机组控制回路里，由继电器构成逻辑控制回路，由继电器的线圈和触点构成一定的逻辑关系，来完成机组的开机停机顺序控制及其他控制功能，机组常规自动控制接线如图 9-8 所示。

而由可编程控制器 PLC 构成的水轮发电机组监控系统接线与常规水轮发电机组控制系统接线不同，其接线原理简单，水轮发电机组的各种状态由不带电的状态触点接入 PLC 的开关量输入模块，其控制的逻辑过程则由软件完成。控制输出及信号则由 PLC 的输出模块输出，并经过出口中间继电器线圈，把保护动作的控制和信号送入上位机。如图 9-9和图 9-10 所示。

以发电机电气事故为例，在图 9-9 中，经端子 X2－15 事故出口无压触点输入，由软件

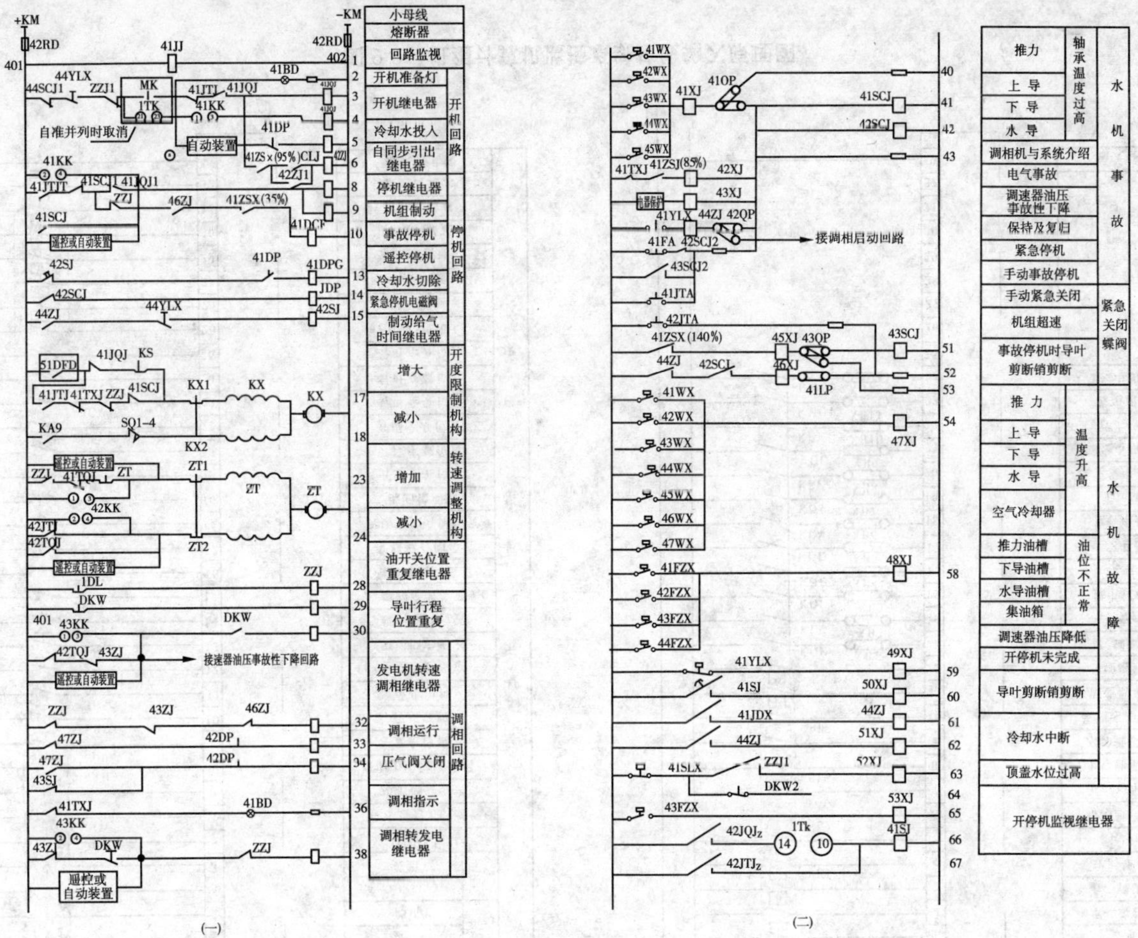

图 9-8 机组常规自动控制线路

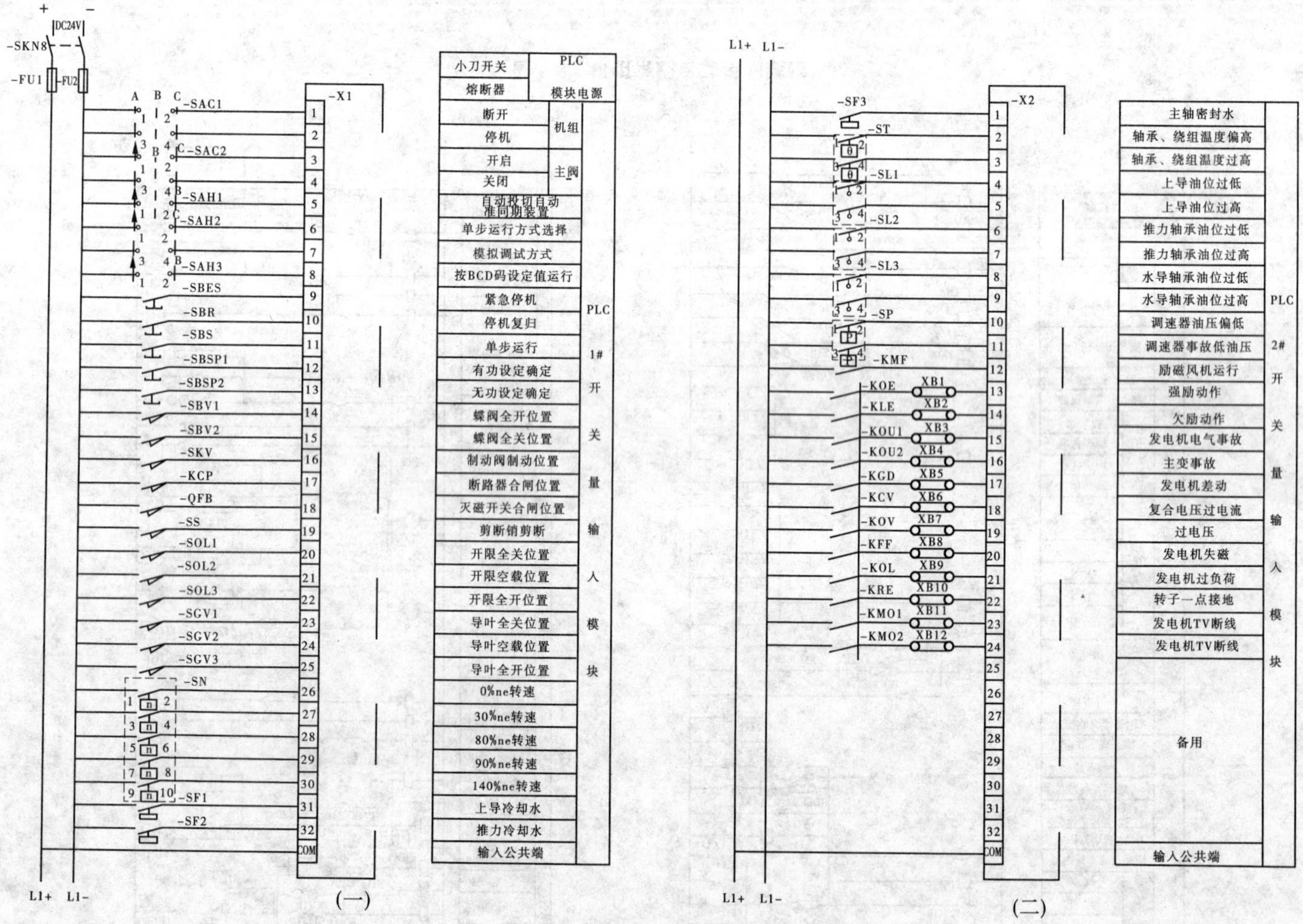

图 9-9　机组计算机监控系统接线输入原理图

处理后，又经中间继电器线圈输出，去关导叶，跳灭磁开关，跳发电机断路器，发事故信号等。在接线上条理清晰，输入的控制信号系统接在 PLC 的开关前输入模块，输出控制信号系统接在 PLC 的开关量输出模块，水轮发电机组控制的逻辑关系则由 PLC 的软件来完成，而不像常规自动控制系统那样由继电器来完成，如图 9-8 机组常规自动控制接线图所示，(电气事故)后续逻辑动作过程都是由继电器完成的。在 PLC 组成的控制系统中，继电器的作用一般是作为中间继电器，而不是用来完成逻辑功能。如开关量输入模块一般接中间继电器触点，可编程控制器对输入触点的要求就是这个触点必须是无电压的，即这个触点必须由 PLC 专用，如图 9-9 和图 9-10 所示。

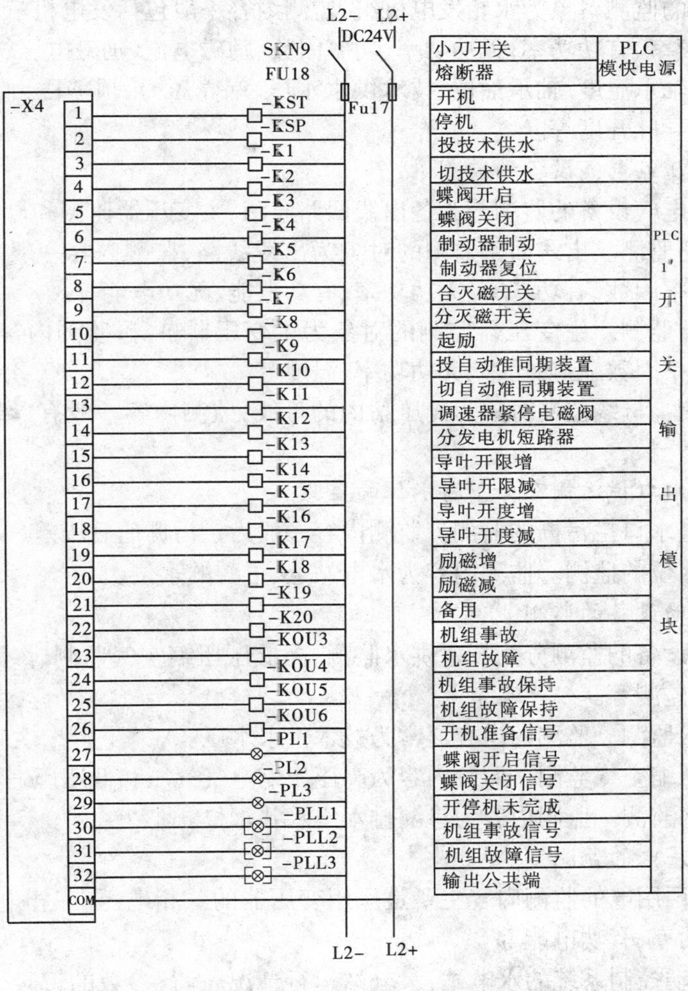

图 9-10　机组计算机监控系统输出原理

由于水轮发电机组直接操作电压一般视为 DC220V，而 PLC 是 DC24V。输出模块又不能直接对机组进行控制，加之 PLC 输出模块每路功率有限，因此在一般情况下，PLC 输出模块是通过 DC24V 的中间继电器的线圈启动来完成对水轮发电机组的控制的。如发电机事故差动保护动作，差动保护中间继电器无电压触点接入 PLC 输入模块，由 PLC 软件完成逻辑功能后，再由 PLC 输出模块经 DC24V 中间继电器线圈输出，它的触点再通过 DC220V 的水轮机的关机回路和发电机出口断路器的事故跳闸回路跳闸。并启动中央音响系统的光字牌回路和事故报警回路，并发出语言信号，同时将信号送入上位机。

(三)运行监测

运行值班人员通过计算机监控系统对水电站设备的监测一般有水电站机组的监测，水电站升压站电气设备的监测，出线回路的监测，水电站进水口拦污栅及上下游水位的监测，水电站油、气、水辅助设备的监测，水电站厂用电的监测等。

1.水电站机组的监测

水电站机组的监测对象为水轮发电机组，监测内容一般包括发电机三相电压、发电机三相电流、机组频率、有功功率，无功功率、功率因数、励磁电流、励磁电压、有功电能、无功电能、定子温度、轴承温度、轴承油位、技术供水水压、蜗壳压力、顶盖压力、尾水管压力真空、主轴的摆度、导叶开度等。

2.水电站升压站电气设备的监测

水电站升压电气设备的监测分为各出线回路监测、主变压器监测和母线监测等。

(1)出线回路监测。出线回路监测的对象为出线线路，监测内容一般有三相电压、三相电流、频率、功率因数、有功功率、无功功率、有功电能、无功电能等。

(2)主变压器监测。主变压器监测的对象为主变压器自身，监测内容一般有三相电压、三相电流、功率因数、有功功率、无功功率、温度等。

(3)母线监测。母线监测对象为升压站内的母线，监测内容一般有母线三相电压、频率等。

3.水电站进水口拦污栅及上下游水位的监测

(1)水电站进水口拦污栅的监测。监测内容一般为拦污栅前后压差。

(2)上下游水位的监测。监测内容为水电站上、下游的水位。

4.水电站辅助设备的监测

水电站辅助设备的监测分为技术供水监测、高低压压缩空气监测、渗漏排水监测、调速器压力油系统监测等。

(1)技术供水监测。监测的内容通常为技术供水水压。

(2)高低压压缩空气监测。监测内容为高压压缩空气气压和低压压缩空气气压。

(3)渗漏排水监测。监测内容为渗漏排水集水井水位。

5.水电站厂用电的监测

水电站交流厂用电的监测内容主要是厂用变压器的三相电压、三相电流、功率因数、有功功率、无功功率、有功电能等。

采用常规自动控制系统的水电站，水电站运行情况、运行参数的记录，由运行人员在运行日志上人工记录，水电站实现计算机监控后，则可由计算机监控系统自动完成数据采集，并打印出运行日志，自动统计日、月、年运行报表。

水电站设备的运行状态、运行参数的自动记录、打印的内容包括整个水电站的运行状态、运行参数，水电站机组的运行状态、运行参数，水电站升压站的运行状态、运行参数，水电站厂用电设备的运行状态、运行参数。上述这些运行状态、运行参数可由计算机监控系统自动按设计好的日、月、年运行报表打印出来。

(四)上位机的功能

水电站计算机监控系统通常采用分层分布式的结构,由上位机和当地控制单元两个层次组成,当地控制单元直接面向控制调节对象,上位机虽然没有直接面对控制调节对象,但对整个水电站的所有当地控制单元进行控制、管理,是水电站计算机监控系统的核心,因此上位机硬件性能和软件功能的好坏将直接影响到水电站计算机监控系统的性能。

1.上位机硬件性能

水电站计算机监控系统上位机一般由工业控制计算机、显示器、键盘、打印机等组成。

(1)工业控制计算机。水电站计算机监控系统是一种工业控制系统,是在工业环境下使用的计算机系统。

(2)显示器。显示器是工业控制计算机的一种外部设备,在水电站计算机监控系统中,用于运行画面和数据的显示及切换等。

(3)键盘。在水电站计算机监控系统中的工控机所配的键盘主要用于对计算机的操作。

(4)打印机。打印机也是上位工业控制计算机的一种外部设备,是水电站计算机监控系统用于打印水电站设备的运行报表及其他的运行、事故参数。

另外,为保证水电站计算机监控系统用电不间断,设有 UPS 不间断电源装置。UPS 不间断电源装置正常运行时为市电交流供电,先经隔离变压器、整流装置整流成直流电,向逆变器提供稳定的直流高压,最后逆变产生标准的 220V 交流电压,向负载供电。当城市用电正常时,由交流整流成直流后向逆变器供电,直流处于热备用(直流一般来源于蓄电池)状态。当城市用电中断时,直流电经隔离二极管引到逆变器前供电,经逆变为 220V 交流电压输出,实现不间断供电,保证计算机等用电不中断。

2.上位机软件功能

随着计算机软件开发技术的迅速发展,许多开发商都在开发水电站计算机监控系统上位机的监控软件。但是,最终在上位机运行的监控软件的主要功能都是基本相同的,都是实时多任务系统。

上位机工业控制计算机监控软件的基本功能主要监控水电站设备的运行参数,如电流、电压、功率、温度等;运行状态的实时显示,如机组的开机、停机、开关跳闸和合闸等,以及水电站的数据管理,实时控制调节,参数设置,优化运行,运行实时画面的切换,事故、故障报警及记录,顺序事件记录,计算统计,数据通信,打印,自诊断,防误操作等功能。

上位机是电站工作人员特别是运行值班人员对电站进行运行管理直接操作的中心对象,因此不管上位机软件用什么语言编制,运行在什么软件平台上,对上位机软件的基本要求就是使用操作简便、用户界面好、菜单完备、提示清楚、功能齐全完善详尽、可靠性高、维护方便。软件功能一般包括运行参数及运行状态的显示、数据管理、实时控制调节、参数设置、优化运行、事故故障报警及记录、事件顺序记录、计算统计、数据通信、打印、自诊断等几个方面。现分述如下。

1)运行参数及运行状态的显示

水电站各设备的运行参数、运行状态的显示是通过显示器显示的。

i 实时动态显示

实时动态显示就是在显示器上显示的参数、状态由计算机的监控软件根据采样在一定的时间间隔内自动刷新更新，使参数、状态每时每刻与水电站设备的实际运行参数、状态保持一致。例如，水电站主接线系统运行实时动态显示。

现在计算机的运行速度和采样速度都很快，显示器的实时动态画面刷新速度可以很快，但当画面刷新速度太快时，运行人员观察不是很舒服，特别是一些参数的最后几位数字变化很快，将造成观察、监视的困难，因此根据经验，动态刷新时间间隔以 3s 左右为宜，而且运行人员能切换停顿。

(1)水电站主接线画面实时显示。水电站电气主接线是电站的总图，它的画面是电站最重要的画面，在该画面上可以同时显示电站发电机组、变压器等各运行设备的参数、断路器的状态、隔离开关的状态，并随时刷新参数和状态。

在中小水电站中，隔离开关一般没有带二次部分的辅助触点，为使隔离开关的状态与实际状态相一致，可以由运行人员通过键盘人工修改状态。

(2)水电站设备运行参数的实时显示。水电站中各种设备的运行参数分为电气量参数和非电气量参数，这些参数由计算机采样后，按当地控制单元进行分类，可由计算机进行工程单位的换算转换，在显示器上进行实时动态显示，并随时刷新。如 2 号机组的电流、电压、功率、温度、轴承油位等，1 号主变压器的电流、电压、温度等。

(3)水电站设备运行状态的实时显示。水电站中各种设备的运行状态由计算机采样后，按当地控制单元进行分类，在上位机上进行实时动态显示，并随时刷新。如附图中的 2 号主变压器停用、402 断路器在断开位置等。

ii 静态显示

水电站计算机监控系统的静态显示对显示的参数、状态不进行刷新，显示的参数、状态始终保持不变。

静态显示的主要内容为水电站发电机组及开关设备的铭牌参数，油、气、水系统图，厂房的平面布置图，剖面布置图等，便于运行人员随时查阅有关参数及其他人员了解电站情况之用。

2)水电站的数据管理

水电站计算机监控系统上位机可对当地控制单元 LCU 采集并传来的各种模拟量(如发电机组和主变压器的 U、I、P、Q、$\cos\varphi$、油压、气压、水压、水位等)、开关量(如断路器位置、事故信号、LCU 工作状态信号等)、脉冲量(如有功电能、无功电能)等各种物理量，分别进行数字滤波、工程单位换算、逻辑正确性判断等处理，然后将其分为测量量、状态量、电能量等数据，放入相应的数据库文件中，以供不同的画面用于实时显示、事件和操作的提示，上位机监控软件的扫描模块定时对画面的动态数据实时刷新，并在每个整点时刻将所接收的所有数据存入硬盘保存，通常在监控系统运行时，每天将在上位机的硬盘上留下带有日期的数据文件，这些数据文件将存入历史数据库，用于运行参数、运行状态的查询了解。

3)实时控制调节

水电站计算机监控系统上位机可按软件设定的控制操作程序，对水电站设备进行控制，如机组的开停机控制、调相运行控制、断路器的跳合闸控制等。对机组调速器系统、发电机励磁系统所有可调节对象进行调节，对这些设备进行控制、调节后，将形成控制量、调节量数据文件，这些文件也带有日期标志，保存在硬盘上的历史数据库中用于查询使用。

为保证在上位机上进行控制操作的正确，控制操作的步骤通常分为选择、确认、执行3步。有的还输入操作员资格认证。在操作时要输入操作员的操作口令，并正确输入控制调节对象的代号，有误操作闭锁，自动撤销误操作，在控制操作过程中有操作提示，控制操作命令从上位机发往当地控制单元LCU，由LCU执行完成，LCU执行完控制操作后，反馈回控制操作结果。控制操作的执行人员、执行日期、执行时间及操作的设备将记录在控制操作文件中，以备日后查询。

在调节时由上位机自动按照设定参数把调节要求送往当地控制单元，当地控制单元执行完成调节后，将调节结果反馈到上位机，上位机再进行比较判别，确定是否需再进行调节。如水轮发电机组转速偏差的调节、发电机电压偏差的调节。

4)参数设置

水电站计算机监控系统上位机的参数设置是通过键盘来完成的，参数设置的内容主要有监控系统参数设置、运行参数设置及其他参数设置。

i 监控系统参数设置

监控系统参数的设置有计算机监控系统的时间、日期的设置，打印机屏蔽设置，采样通道的屏蔽设置。

(1)时间、日期的设置。当水电站计算机监控系统首次运行或经过一定的时间运行后，上位计算机内部的时间会与实际时间发生偏差，为保证记录的数据的时间坐标的准确，就需对计算机的时间进行校正。

在水电站计算机监控系统中若配置了全球定位系统GPS时间接收装置，则计算机的工作时间可由全球定位系统GPS来自动校正。但如果由于某种需要或水电站计算机监控系统中没有配置GPS系统，就只有在上位机上通过人工设置来完成计算机监控系统的时间、日期设置。

(2)打印机屏蔽设置。当在上位机上需要通过打印机打印电站的运行参数、运行状态时，可以在上位机上将打印机的打印通道设置为开通状态，若上位机不需通过打印机打印，则可在上位机上将打印机的打印通道屏蔽，这时即使打印机处于等待打印状态，监控系统也不能将需打印的参数、状态在打印机上打印出来。

(3)采样通道屏蔽设置。采样通道屏蔽设置就是在上位机上关闭采样通道，使从当地控制单元传来的参数或状态不能在上位机上显示、保存。有两种情况需对采样通道进行屏蔽。一种情况是当水电站的部分设备在检修，如电站的一台机组在检修，其他机组设备在正常运行，对于正在检修的机组来讲，其参数和状态通常处于不正常的情况，若这些不正常的参数或状态进入上位机，将引起上位机的报警，并将机组检修时的参数保存在计算机中，干扰了正常设备的运行及参数记录，因此需将检修机组的采样通道全部屏蔽。另一种情况是电站正常运行的某一设备的某一个采样通道或敏感元件损坏，不能将正确的参数或状态采集到计算机监控系统中，计算机监控系统认为该参数或状态不正常，发出报警，但实际上该参数或状态处于正常状态，这时需将损坏的采样通道屏蔽，待该采样通道修复后再撤去屏蔽。

ii 运行参数设置

水电站运行参数的设置包括电站采用何种运行方式的设置，有功功率、无功功率设置，负荷曲线设置，水轮发电机组优化运行数学模型设置等。

(1)运行方式设置。水电站有多种运行方式，上位机的监控软件具有对此进行设置的功能。其包括发电运行方式、调相运行方式设置；调频调压运行方式、基荷运行方式设置；按给定有功功率、给定无功功率运行方式设置；按给定有功、无功负荷曲线运行方式设置；按优化运行方式，如按水位运行，按水轮机效率最高区运行等。

(2)有功功率、无功功率设置功能。在按给定有功功率、给定无功功率运行方式下，具有有功功率、无功功率给定设置功能。

(3)负荷曲线设置。在按给定负荷曲线运行方式下，具有有功负荷曲线、无功负荷曲线的给定设置功能。

(4)优化运行数学模型设置。在机组优化运行方式下，有按水头运行方式，有按效率最高区运行方式，具有对选用的数学模型进行设置的功能。

iii 其他参数设置

在水电站计算机监控系统中，上位工控机的监控软件应具有对机组运行参数的上限值、下限值进行设置的功能；具有操作人员操作密码的修改设置功能；设置当班值班人员的功能；设置需打印的报表的日期功能。

5)优化运行

在水电站计算机监控系统上位机的监控软件中建有优化运行的数学模型，能够实行按水头运行、按水电站机组效率最优区运行、按洪水预报运行等优化运行功能。

6)事故、故障报警及记录

水电站计算机监控系统的上位机在水电站发生事故、故障时，在显示器上立即推出事故、故障提示信息，包括语音信号，通知运行人员事故、故障发生的位置。监控系统的上位机与当地控制单元 LCU 联合能快速准确地处理事故、故障；上位机能自动将事故发生的时间和有关数据记录下来，具有事故追忆功能，记录事故、故障的波形，以便于对事故、故障分析使用。

7)事件顺序记录

水电站计算机监控系统的上位机具有将电站所有机电设备发生的事件，如各种越限信号、事故信号、故障信号、控制操作等的具体内容按一定的事件顺序详尽地记录下来，形成数据文件，以便于随时查询、打印。

8)计算统计

水电站计算机监控系统可以方便地对电站的有功电能、无功电能、水头等参数进行统计计算。统计计算的公式、计算的初始值、计算结果等均可由用户在上位机监控软件中定义或修改，计算统计结果存入数据文件，以用于显示和报表的输出。

9)数据通信

水电站计算机监控系统的上位机与当地控制单元 LCU 之间的通信为数据通信。

上位机将来与调度中心或信息管理系统的通信也仅需在上位机的监控软件中添加相

应的功能模块就能实现。

10)打印

水电站计算机监控系统上位机通常提供定时打印、召唤打印、事故打印、屏幕打印等多种打印方式。利用上位机的打印功能,可随时打印各种所需的信息。

11)自诊断

水电站计算机监控系统上位机的监控软件具有自诊断功能,通过自诊断给出计算机监控系统硬件、软件故障信息,便于运行人员快速查找故障、处理故障。

(五)上位机的操作

水电站计算机监控系统上位机的操作分为硬件操作和软件操作,运行值班时主要为软件操作。

水电站计算机监控系统上位机的监控软件用不同计算机语言编制,用不同的软件平台支持,其操作方式也是有所不同的.操作的步骤也不尽相同,但是不管怎么变化,在上位机上操作的内容却是基本相同的,如动态显示画面的切换、运行监视、数据查询、参数设置、控制操作、报表打印等内容。

1.硬件操作

水电站计算机监控系统上位机的硬件操作主要是上位工业控制计算机和它的外部设备的启动、停机操作。

1)上位机的启动

上位工业控制计算机的启动,首先开启外部设备电源即显示器、打印机及其他的外部设备电源,再打开工控机的电源。当这些电源全部打开后10~20s,显示器上将显示水电站计算机监控系统的监控软件画面。

2)上位机的停机

上位机的停机可分为正常停机和强制停机两种情况。

(1)正常停机。上位机的正常停机是先操作监控软件退出运行,在操作过程中一般均需输入操作人员的操作口令,上位机的监控软件在退出运行的同时保存水电站当前的运行参数和运行状态,当上位机的监控软件退出运行后,先关闭上位工业控制计算机的电源,再关闭显示器、打印机及其他外部设备的电源,操作程序与启动程序刚好相反。

(2)强制停机。强制停机就是在上位机的监控软件没有退出运行的情况下,将上位工业控制计算机的电源关闭,在这种状态下,上位机在关闭时就不能保存水电站当前的运行参数和运行状态。正常情况下不应采用这种方式停机。

2.软件操作

计算机监控系统的产品型号有H-9000型、SSJ-3000型、SDJK-10型和SJK-8000型等。不同制造厂家的水电站计算机监控系统及运行在不同软件平台上的上位机的监控软件,其操作方法和步骤是不同的,有的用键盘操作,有的用鼠标操作。SDJK-10型采用箭头键和回车键操作,而SJK-8000型主要采用鼠标操作,定值改变键盘配合操作。

本文仅对SJK-8000型的鼠标操作加以介绍,达到举一反三的目的。不同制造厂家的产品,运行人员可以根据制造商的说明书,在厂方技术人员指导下熟悉其操作,并形成电站自己的操作规程。SJK－8000型计算机监控系统的使用如下所述。

1)系统的特点

SJK－8000型计算机监控系统的特点是突破原来分层监控系统模式,原来的模式由于上位机功能集中,系统全部数据汇集在主控计算机中,数据库分布性差,自治性不好,这样一旦上位机出现故障,系统全部数据将丢失,系统功能,如监视机组控制功能也无法实现,且不利于系统分期投运和今后扩展要求。另一方面,传统系统选用现场总线技术,总线协议复杂,开放性差,限制了扩展要求,总线技术在各方面还有诸多局限性。

近年来,以太网技术迅速发展,SJK－8000型计算机监控系统网络,即采用以太网技术,反映了新技术发展的潮流,使得系统各层之间大数据流量的通信实时性、高效性、可靠性有显著提高,保证了系统的开放性和通用性,有效解决了传统分层系统所存在的上述问题,并具有更强的系统扩展和功能分布性。另外,SJK－8000型计算机监控系统主要采用鼠标点击操作。

SJK－8000型计算机监控系统采用全开放、全分布式结构,系统由站控层、网络层和现地层设备3部分构成,站控层各站点相对独立,互不影响;现地层以间隔为单元,各个LCU功能也相对独立,在站控故障的情况下,LCU仍能独立完成其监测和控制功能。

站控层是水电站设备监视、测量、控制、管理的中心。站控层包括值班操作员站、工程师站、通信服务器等。

值班操作员站主要供电站运行值班人员使用,具有图形显示、全站运行监视和控制、自动计算和处理、发布操作控制命令、召唤或定时打印等功能。运行值班人员对电站所有的操作控制都可以通过上位机的鼠标点击和键盘操作来实现。通过操作员站监视器完成对全站的生产设备运行以及监控系统的实时和过程监视,获取所需的各种实时或历史数据和事件信息等。操作员站还具有各种管理功能,如继电保护定值和保护压板管理等。

工程师站专供电站技术工程师管理使用,除具有操作员站的监视控制操作功能外,侧重于实现各项电站运行管理、继电保护定值管理、事故故障分析处理,系统设备监视维护、站控层系统软件编辑维护等管理维护功能,同时具有程序开发和运行人员培训功能。

通信服务器在具备基本监控功能与调试功能的同时,还负责与调度中心及其他外部系统,如水库调度、水情测报间的数据交换通信;同时,还可负责向电站投影仪、背投系统、模拟屏发送数据,完成投影、背投模拟屏的显示。

可以根据水电站的需要,配置电气主接线等模拟屏、背投屏。

现地层一般以间隔为单元,配有机组LCU、公用设备及变电升压站LCU、坝区LCU及辅机控制单元等。

LCU不同的控制对象分散在各个机房。在站控层及网络层故障的情况下,现地层仍然能独立地完成各个间隔现地设备的监测和控制功能。

现地层LCU完成各单元的任务时也相互独立,一个LCU故障不会影响其他LCU的运行,如1号机LCU和2号机LCU是各自独立的。

网络层是站控层与现地层的数据传输通道。网络层按不同大小容量的水电站和不同要求,可以配置单以太网、双以太网和光纤自愈环网3种网络。网络介质采用光纤、同轴电缆或屏蔽双绞线,如图9-11～图9-13所示。

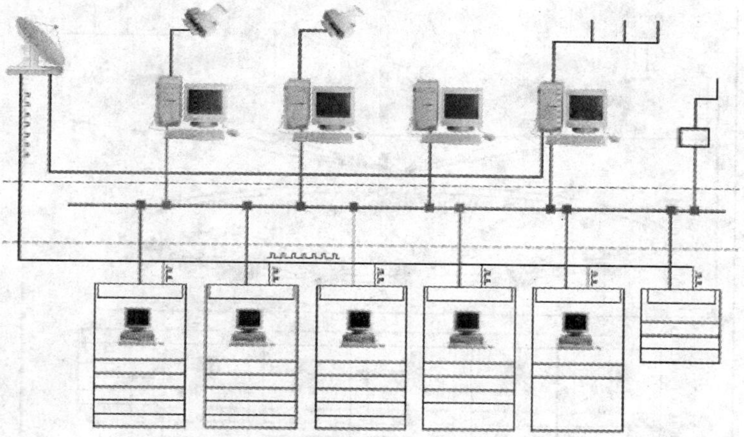

图 9-11 单以太网

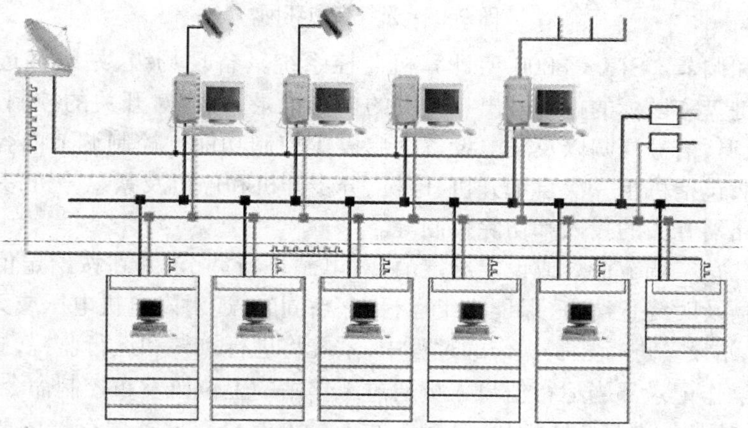

图 9-12 双以太网

以太网具有低廉的价格、开放的协议以及成熟的总线仲裁机制，因此它是今后水电站计算机监控系统发展的趋势。

SJK－8000 型计算机监控系统在上位机的软件操作上采用更方便的鼠标操作方式，用鼠标可以点击出主菜单和子菜单，常用窗口还配有快捷按钮。另外，值班员保密和保护整定值输入和修改等采用键盘操作。

SJK－8000 型计算机监控系统功能齐全，分别介绍如下。

(1)数据采集、处理和统计：①周期性地采取各现地 LCU 收集由水轮机、发电机、变压器、升压站、中央音响等公共用系统，坝区实时模拟量、状态量(开关量)、脉冲量(电度量)等数据。②自动接收各级电网调度中心下发的信息查询、控制调节指令。③自动接收其他系统(大坝监测、水情监测等)信息以及具有自动化装置的，如发电机励磁、调速器的数据信息，并将这些数据实时进行处理和统计。例如对实时数据进行统计、分析、计算，产生电压合格率，有功功率、无功功率、电流、总负荷、功率因数、电量(日、月、年)、负荷率、电能分时段累计值等。

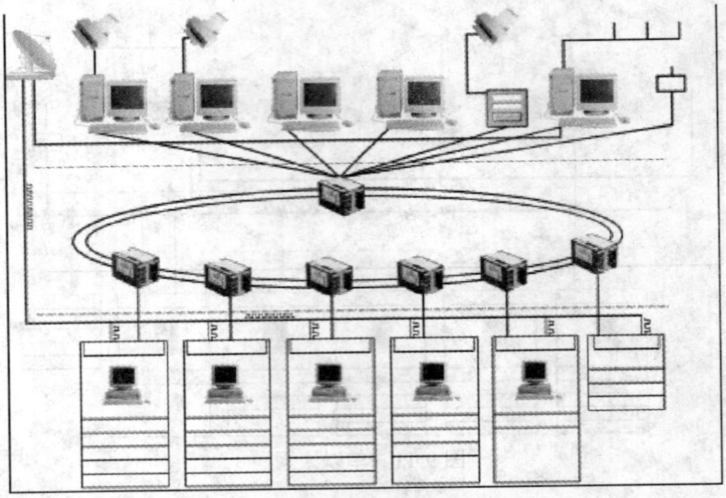

图 9-13　光纤自愈环网

(2)控制和调节。SJK－8000 型计算机监控系统具备现场级、站级和远方级 3 级控制,并对通过键盘和鼠标的控制输出有相应的操作记录,完成对开关的控制,对继电保护功能压板的投退、信号复归以及发电设备的启停等控制功能。控制调节内容为对水电站设备进行控制,包括机组一次自动开机、停机、分步开机和停机及紧急停机,并网及运行工况的转换,断路器开关的投入和切除控制等。

发布操作命令、调节命令或设定给定值,对电站进行调节,并在按给定值调整出现闭环系统故障时,及时终止调节,保证机组运行安全;同时,还对发电机电压或无功功率进行控制。在对电站设备进行控制操作的过程中,系统将进行校核和运行监视,提供防误操作功能,并进行操作记录。当运行值班人员通过工作站的上位机发布控制命令时,系统将对运行值班人员的身份进行合法性检查,输入的人员不符合存储器原存储的要求或无操作权限时,系统给出相应提示。特别是在运行值班人员控制操作过程中,如监视机组开机停机过程,上位机上的显示器上显示主要操作程序步骤。当操作过程中发生阻滞或出现异常情况时,程序中止操作,并且在显示器上显示阻滞原因,提出故障部位和操作指导。值班运行人员可以进行人工干预,将机组转换到安全状态或停机处理。

为了确保操作的正确性,SJK－8000 型计算机监控系统对电站主要设备的电气操作实现闭锁,包括防误带负荷分闸或合闸隔离开关、防误分误合断路器、防误带电合接地刀、防误带接地刀合闸等。对于出现运行事故及报警处理,除光字牌信号外,还有清晰的中文语音提示。对事故内容进行报警,提醒运行值班人员,并且推出事故画面(如图 9-14 所示)。由运行人员及时进行处理,对出现的事故,系统可以提供事故追忆查询。

SJK－8000 型计算机监控系统还提供各类报表和曲线及棒图等,并可以自动打印。

SJK－8000 型计算机监控系统运行值班人员可方便地进行人机对话。上位机的显示器上有画面形式显示,可将系统信息以各类图形画面显示出来,包括图形画面、曲线、趋势图等多种形式,支持画面漫游、无级缩放等操作,可实现对 CRT 画面实现任意窗口的硬拷贝功能,并支持实时报警,在线打印以及图形在线打印。在中控室上位机上,运行值班人

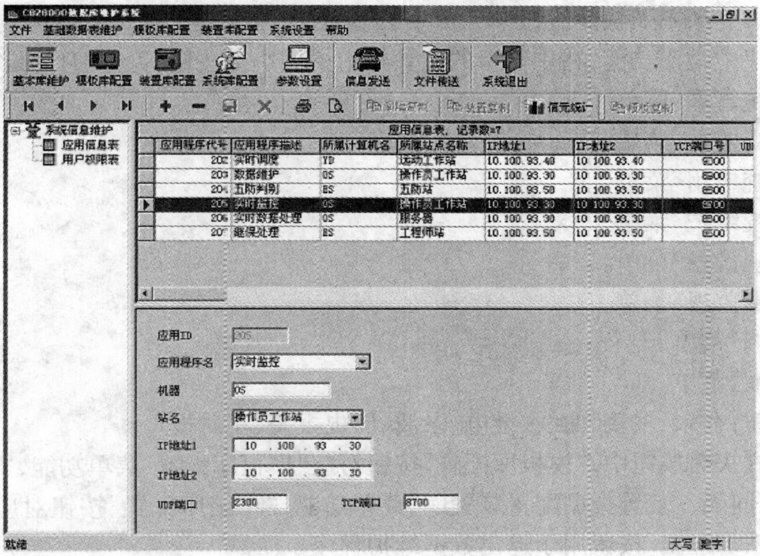

图 9-14　事故画面

员可以通过鼠标或键盘选择或召唤画面显示，且可同时显示多幅画面（如图 9-15 所示）。

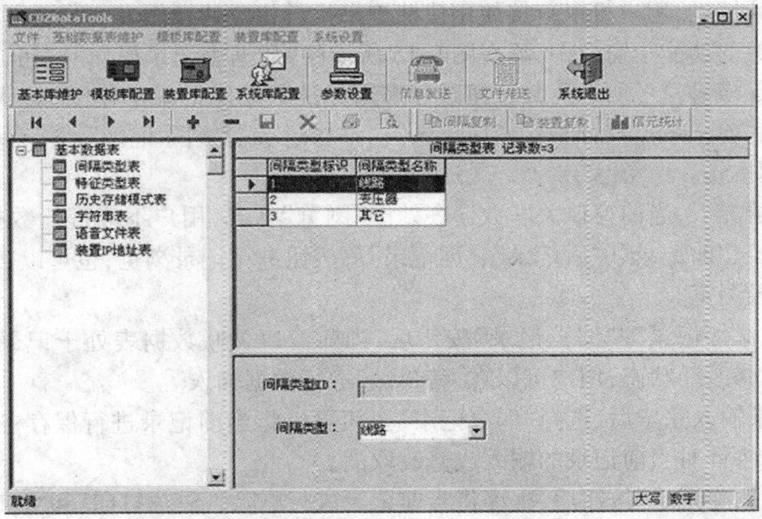

图 9-15

在水电站的值班运行管理工作中，我们要依靠上位机进行运行值班监测检查，如图 9-16主接线运行画面所示。但是，运行人员仍然要定期定时对现场设备进行巡视检查，如连接处发热、基础自动化元件的检查，才能全面保证安全发、供电的顺利进行。

2）SJK－8000 型计算机监控系统运行桌面窗口菜单功能

在主窗口显示界面中，提供所有功能子窗口的下拉菜单，如“运行监视”菜单可以下拉出下列子菜单：“1 号机”、“2 号机”、“3 号机”、“主接线”、“网络结构”、“潮流图”、“单元设备”、“全部设备”。点击“1 号机”菜单时又可拉出“保护管理”、“开机流程”、“停机流程”、“事故停机”、“PLC 遥讯列表”、“温度棒图”、“遥测棒图”等子菜单。

桌面窗口主菜单及快捷按钮参见图 9-15 及图 9-16。

对于程序中常用功能，在主窗口的工具栏中提供快捷按钮，可方便地操作。

(1)“系统管理”菜单。

(2)“系统监视”菜单。

(3)“系统应用”菜单。

(4)“系统维护”菜单。

(5)“系统设置”菜单。

(6)“图形监视”菜单。

(7)“音响”菜单。

(8)“帮助”菜单。

常用按钮：登录、报表、曲线、继电、录波、历史报警、实时报警。

在工具栏快捷按钮中，“模板库配置”按钮对应“模板库配置”菜单功能，“装置库配置”按钮对应“按间隔//装置类型配置装置库”菜单功能，“系统库配置”按钮对应“系统设置”菜单功能，“系统退出”按钮用于退出数据维护程序。

对于子窗口工具按钮，在功能子窗口中，工具条上的按钮均有提示信息，说明该按钮的功能。当鼠标移动到某一按钮上方时，提示信息就会出现。为方便用户，绝大多数工具条按钮均有快捷键，用户可以直接使用快捷键来执行相应的操作。

在大多数的功能子窗口中，均有图 9-15 所示的“数据表记录操作”按钮，如图 9-15 中由上至下第 5 横排符号所示。其按钮图标采用标准数据库记录操作图标，从左至右依次是“首记录”、“前记录”、“后记录”、“尾记录”、“添加记录”、“删除记录”、“保存记录”、“取消记录”等通用按钮。

在通常情况下，当前窗口关联数据表处于“浏览”状态，用户不能进行数据输入，可以通过“首记录”、“前记录”、“后记录”、“尾记录”等按钮进行记录浏览，也可以直接在网格上进行选择记录浏览。

当选择“添加记录”/“编辑记录”按钮后，当前窗口关联数据表处于记录“添加”/“编辑”(或称为“修改”)状态，用户可以在“编辑区”进行数据输入。

当前记录输入完毕后，选择“保存记录”按钮可以将当前记录进行保存；选择“取消记录”按钮可以将针对当前记录的输入或修改取消。

当选择“删除记录”按钮后，程序将当前记录进行删除，还有“打印”和“打印预览”按钮等。当前功能子窗口的数据处理模式可通过上述下拉菜单选中标志来了解，也可以通过主窗口的状态栏获知。

3)主菜单操作说明

(1)“系统管理”菜单。

注销：注销当前已登录用户。

修改密码：修改当前已登录用户的密码。

系统退出：退出在线监控系统。

(2)“系统监视”菜单。

报表系统：调出“报表”系统。

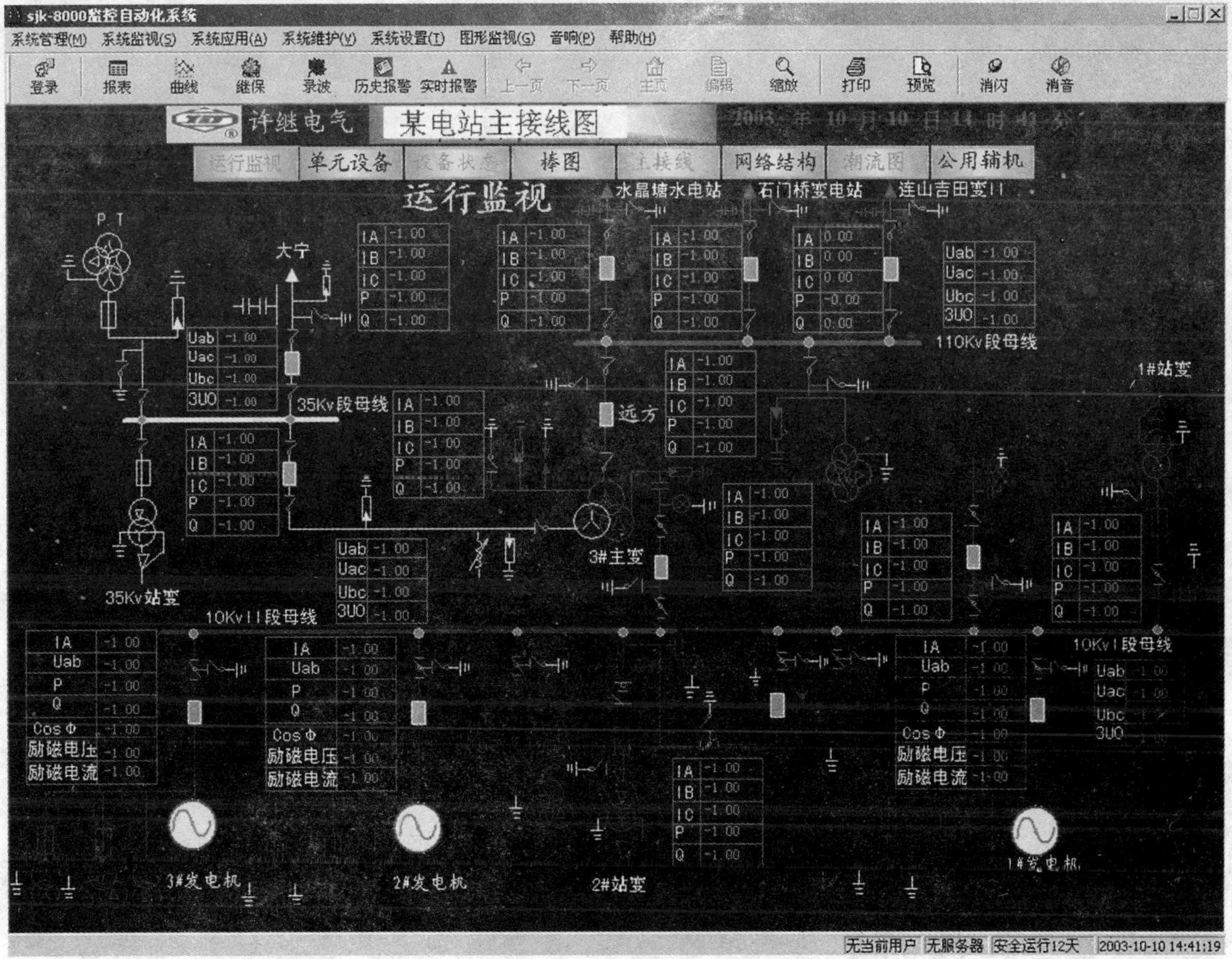

图 9-16　主接线运行画面

曲线系统:调出“曲线”系统。

历史报警:调出“报警”系统。

实时报警:调出“实时报警发布中心”窗口。

(3)“系统应用”菜单。

系统日志:调出“运行日志”系统。

事故追忆:调出“事故追忆”系统。

(4)“系统维护”菜单。

数据维护:调出“数据维护”系统。

主站报文:调出“主站层报文监视”窗口。

装置报文:调出“装置报文监视”窗口。

内存库:调出“内存库浏览器”系统。

测点浏览:调出“数据点浏览”系统。

间隔检修:进行间隔检修挂牌/摘牌。

(5)“系统设置”菜单。

五防设置:进行是否启用五防选择。

人工置数:进行人工置数或测点投退。

在线设置:弹出窗口如图 9-16 所示。

(6)“图形监视”菜单。

消闪。

光子牌复归。

上页:每点击一次,回到上一次浏览的画面,如果已经达到第一次浏览的画面,则变灰。

下页:每点击一次,回到下一次浏览的画面,如果已经达到最后一次浏览的画面,则变灰。

主页:回到主页。

页面选择:选择要浏览的页面。

编辑页面:编辑当前浏览的页面。

缩放:对当前浏览页面进行缩放。

屏幕打印:打印当前浏览页面。

打印预览:对当前浏览页面行打印预览。

打印设置:进行打印设置。

工具栏:显示/隐藏工具栏。

状态栏:显示/隐藏状态栏。

(7)“音响”菜单。

4)监视区操作

点击“图形监视”主菜单,在弹出的下拉菜单中选中“页面选择”项或从右键弹出的菜单中选中“页面选择”项,将弹出如图 9-17 所示的窗口。

用户在页面检索窗口可以随意地选择想要浏览的页面,而且可以方便地从一个页面

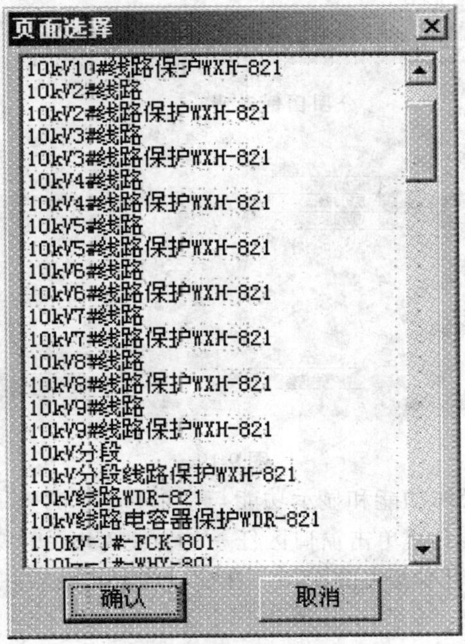

图 9-17

切换到另一个页面。

双击“页面选择”中的任一页面选项或选中要切换的页面并单击确定，在监控操作区会立即显示出这一页面。此时，此页面处于运行状态，可以监测设备的信息状态，也可进行控制操作。

右键单击页面弹出菜单，点击“编辑”菜单项，可以调出“界面组态”模块，对该页面进行编辑，也可点击“图形监视”主菜单下的“编辑页面”菜单项，或者点击工具栏上的“编辑”按钮。如图 9-18 所示。

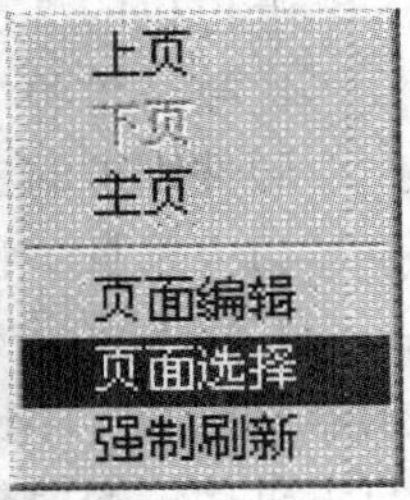

图 9-18

如果用户新建或删除了页面，需要先关闭页面选择窗口，然后再打开以更新页面检索。右键单击监控操作区任一位置，弹出菜单项，如图 9-18 所示。

点击“上页”菜单项，会跳转到该页面的前面一页显示；点击“下页”跳转到该页的下一页显示；点击“主页”跳转到主页面显示；点击“页面选择”显示“页面选择”窗口；点击“页面编辑”进入页面编辑状态，用户可对该页面进行修改；点击“强制刷新”，系统立即重新读取磁盘中的该页面文件，更新显示。

提示信息：提示信息是对出现的设备状态变化、图形变化、鼠标动作的解释，提示用户此时设备状态或者是执行相关动作后的结果。出现深灰色背景的提示信息，表示正动态显示该设备信息及状态。典型情况是当外部数据发生变化时，图形会作出相应的反应，比如闪烁、移动、缩放等。出现浅灰色背景的提示信息，表示该处是一个触发点，鼠标单击时会产生响应。比如，单击该点可以进行数据值的调节或者执行系统命令、内部命令等。出现灰色背景的提示信息为用户在编辑环境中为特定图形实体输入的定制提示信息。

对于超出屏幕大小的页面，用鼠标左键拖动，可以看到其整体图形。

当用户点击某些触发点时会另打开一个小窗口显示与触发处实体关联的相关图，如

图 9-19 所示。

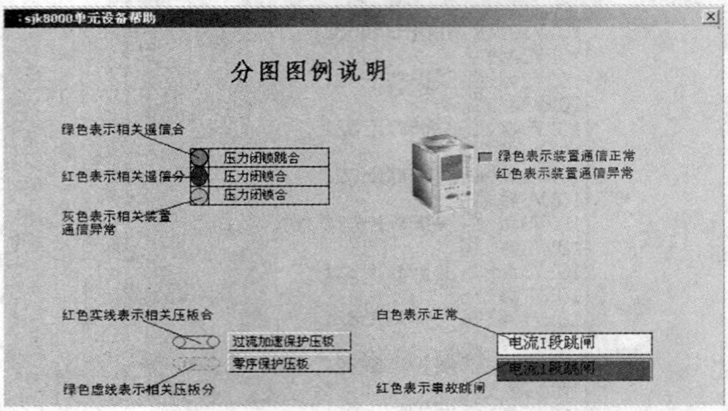

图 9-19

窗口图形界面区的操作功能和显示功能与主窗口界面中监控操作区是一致的，只是此窗口不具备拖动功能。右键单击窗口区任一位置，弹出菜单项各功能与监控区同名菜单项功能一致，关闭则关闭本相关图窗口。在窗口中双击或者在主界面监控区单击，均可关闭本相关图窗口。

(六)上位机的维护

上位机的维护包括硬件维护和软件维护两部分。

1.硬件维护

硬件维护的主要内容是上位机工控机主机的硬件维护及其外部设备的硬件维护。

1)上位机工控机主机的硬件维护

在新上位机安装好后，应检查上位机主机的电源、与外部设备的电缆的连接(包括显示器、键盘、打印机、通信接口等)，应保证连接正确无误可靠，包括键盘与主机接口、鼠标与主机接口的检查。

在电缆的连接过程中，一定要关闭电源，否则会对设备造成损坏。

上位机工控机在工作的过程中不能移动，因为计算机内部的硬盘等高速转动的设备不允许有振动；也不要在计算机运行时打开计算机的机箱，以免在打开时造成故障；也不要打开机箱后运行计算机，以免外部杂物掉入计算机内部造成故障。

当上位机工控机的硬件出现故障后，应立即请专业技术人员检修，而不要随意打开、插拔内部的线路板和元件，以免造成故障扩大。

计算机不允许在关机后立即开机，应等数秒后开机，否则在极短的时间内启闭计算机会对它造成损坏。

2)外部设备的硬件维护

上位机计算机外部设备的维护主要是显示器、键盘、打印机的维护。显示器和键盘的维护工作量很小，而打印机的维护工作量较大。

(1)显示器和键盘的维护。显示器在使用时若画面显示不清晰，可以通过亮度调节旋钮和对比度调节旋钮进行调节。

键盘在使用过程中应注意避免有机溶剂、水、小金属物进入，以免影响键盘的使用，键盘经过一定时间使用后，要对它进行清洁，不使用时用干净布盖好防尘。

(2)打印机的维护。打印机的型号、种类不同，其设置、维护方法不同，需根据随打印机提供的操作维护手册进行日常维护，出现异常时由专业人员维护。

2. 软件维护

按开发产品制造商的软件安装和软件维护说明书进行，有疑难问题请他们上门指导解决。

二、运行值班及巡视检查

(一)微机继电保护及计算机监控系统投运前的检查

1. 电气继电保护部分

(1)确认保护逆变直流电源熔断器已投入，电压正常。

(2)各插件电路焊接是否完好，线头是否牢固，集成块是否插紧。

(3)确认二次回路绝缘电阻合格。注意检查前防高电压击穿芯片应先断开直流电源，拔出CPU插件、数模转换插件、信号输出插件。电源插件和光隔离插件应插入。将打印机串行口与微机保护装置断开，断开与收发信机及其他保护之间的相关连线，接入逆变电源插件及保护屏上各压板。

用1 000V摇表对地系统绝缘电阻大于10Ω，全部串行短接后大于1Ω。

(4)确认各保护整定值已整定好，并确认已固化，并抽检。

(5)屏柜台板信号灯、控制开关和标示检查。

(6)屏后端子和引线及标示检查。

(7)人机界面的显示屏、键盘和打印机检查，按产品说明书对屏面菜单显示进行检查。

(8)人机界面的操作检查，利用键盘和显示屏进行主菜单和子菜单选择检查，修改定值等的检查。

(9)检查屏上标志以及切换设备的标志是否完整、正确、清楚。

(10)确认各屏柜外壳接地良好，接地电阻符合要求，一般为2Ω或符合制造厂的要求数值。

(11)报警语音回路检查。

(12)确认开关量输入回路检验正确，并查看检验记录。

(13)确认每种设备单元，如1号机或1号主变压器的每一种保护都整组模拟试验合格，模拟试验时，一般从电流互感或电压互感器的二次侧外加交流电流或交流电压的整定值，进行整组模拟动作试验，直至对相应断路器跳闸及发出语言和灯光报警。

(14)所有断路器手动跳合闸模拟试验合格。

(15)检查国家标准和制造厂的其他必须检查项目。

2. 水机监控及综合部分

(1)检查确认计算机监控系统外壳接地的接地电阻值不大于4Ω；装置所有电路与外壳之间的绝缘电阻值在标准试验下不小于100MΩ；装置电路与外壳之间介质绝缘强度耐交流50Hz，电压2kV(有效值)，历时1min(无绝缘击穿及闪络)。

(2)上位机的计算机、显示器、键盘和打印机等外部插口及接线检查正常。

(3)根据设计说明书对上位机功能逐一进行检查，包括软件操作检查，核对主菜单和子菜单。

(4)上位机的启动和停机检查，首先开启显示器、打印机等外部设备电源，再打开工控机电源。停机时先退出监控软件的运行，再关工控机电源，最后关显示器、打印机电源。计算机不允许关机后立即又开机。

(5)根据监控系统产品制造厂的设计说明书，对上位机的操作内容步骤进行检查，如动态显示画面的切换、数据查询、参数设置、控制操作、报表打印，故障和事故报警等。

(6)电流、电压等电气量和压力、水位等非电气量等采样测量现场的检查。

(7)PLC 电源检查，电压正常。

(8)PLC 无故障信号。

(9)确认核对水机本体温度及油、水、气系统整定值等正确。

(10)确认水机的温度等全部保护整组模拟动作试验合格。

(11)确认水机监控回路线路绝缘电阻值合格。

(12)确认有关电气设备外壳接地良好。

(13)确认 UPS 不间断供电装置运行正常。

(14)确认屏上各信号灯指示正常。

(二)微机继电保护及计算机监控系统运行中的巡视检查和异常处理

1. 电气继电保护部分

1)巡视检查项目

一般 12～24h 巡视检查一次，项目如下：

(1)保护装置运行灯是否亮。

(2)保护自检信息和报告信息是否正常，如有异常，请继保专责人员处理。

(3)保护装置的时针是否准确，如有误差，应及时调整。

(4)线路保护装置与发讯机配合的高频通道是否正常。

(5)检查保护 CPU 与管理单元通道是否正常，即中断灯与报警灯是否发亮。

(6)保护装置电源指示灯及工作电源是否正常。

(7)保护装置的连接片、切换把手是否在正确位置。

2)微机保护使用时注意事项

(1)保护动作后，值班人员应及时做好记录，再复归信号，并报告主管。

(2)保护异动时，立即记录，并通知继保专责人员处理。

(3)插件异常在更换时，严禁带电拔出和插入插件，更换后要作整组检验。

3)停用整组保护装置的情况

下列情况下应停用整组保护装置，停用时，一定更换保护出口的连接片，并拔出二次电源。

(1)该装置交流电压、交流电流、开关量输入、开关量输出回路有人作业。

(2)在装置内部作业。

(3)继保人员在输入或更改定值时。

4)中途停止处理

微机保护在打印报告时,如需中途停止,应按“Q”键退回上一菜单,不应按“RST”复位键。

2.水机监控及综合部分

(1)确认计算机监控系统外壳接地电阻不大于4Ω;装置所有电路与外壳之间的绝缘电阻值在标准试验下不小于100MΩ;装置所有电路与外壳之间的介质绝缘强度耐交流50Hz,电压2kV(有效值),历时1min(无绝缘击穿及闪络)。

(2)定期对其电气量或非电气量的采样点进行巡视检查,发现异常立即通知专责人员处理。

(3)检查监控部分的直流电压,不间断供电UPS,PLC输出、输入模块电源电压是否正常。

(4)屏柜信号指示灯切换开关位置是否正确。

(5)定期定时对水机自动化基础元件,如压力和信号器、行程开关等接点进行巡视检查。

(6)定期在上位机上对水机部分各种温度、压力、液位等运行参数进行巡检。

(7)定期使用模拟调试方法,检查PLC输入、输出模块上有无坏点;检查时要切除输出模块输出中间继电器电源,切除对机组的控制,以便试验。

(8)只要PLC输入、输出引线的点位出现变更或调整,就必须对机组控制软件进行修改和维护。

(9)对运行超限参数适时进行调整及处理。

(10)定期对运行日志进行打印。

(11)水机部分出现异常故障,做好记录,并到现场查看,并通知有关专责人员及时处理。

(12)出现水机事故停机时,监视各种信号和语音报警,及时记录,并去现场查看,并及时上报主管。

(13)按现场规程规定,在上位机上对运行中各种运行状况进行画面切换检查。

(14)交接班时对故障事故出口音响及语音信号回路进行检查。

复习思考题

9-1 根据附图主接线图,说明一次系统接线和二次系统接线各有何特点?它们之间是如何联系成一个整体网络的?

9-2 继电保护对电力生产有何意义?

9-3 监控系统对电力生产有何意义?

9-4 根据图9-1方框图说明408线路一次部分短路故障时,二次部分的反应和动作过程。

9-5 简述常规继电保护与微机继电保护的异同,各有何特点?

9-6 常规监控系统与计算机监控系统各有何特征?

9-7 水电站计算机监控系统一般由哪三种微机构成，它们的用途如何？

9-8 水电站计算机监控系统一般分哪两个层级？每个层级功能如何？以太网技术有何特点？

9-9 水轮发电机组监控系统的基础自动化元件有哪些？运行中如何巡视检查？

9-10 常规继电保护投产前如何进行检查？

9-11 微机继电保护投产前要进行哪些检查？

9-12 水机常规监控部分投运前要进行哪些检查？

9-13 水机计算机监控部分投运前要进行哪些检查？

9-14 常规继电保护运行中巡视检查一般项目有哪些？

9-15 微机继电保护运行中巡视检查一般项目有哪些？

9-16 常规监控系统运行中一般检查巡视项目有哪些？

9-17 计算机监控系统运行中一般检查巡视项目有哪些？

9-18 在运行值班工作中如何运用计算机监控系统中人机对话对全电站进行监控管理？

9-19 在值班运行工作中，如何运用常规监控系统对全水电站进行监控管理？

9-20 如何理解基础自动化元件犹同人的鼻子、眼睛和手脚，计算机犹同人的头脑这个形象的比喻？

9-21 在电力生产现场运行值班工作中，如何维护二次系统的安全运行？

9-22 二次系统出现反应一次系统某元件的事故报警，应如何处理？

9-23 上位机一般由哪些设备组成？

9-24 上位机有哪些功能？

9-25 上位机如何操作？运行中如何操作监测？

9-26 上位机的启动和停止程序步骤是什么？有哪些注意事项？

9-27 如何根据计算机监控系统的制造厂家的产品说明书进行软件操作？如何显示主菜单和子菜单？

9-28 运行值班人员对水电站运行监测的内容有哪些？

9-29 SDJK－10 型计算机监控系统采用分层分布式结构，它有何特点？

9-30 SJK－8000 型计算机监控系统采用以太网技术，全开放、全分布式结构，它的特点是什么？

9-31 SJK－8000 型计算机监控系统对水电站安全生产、安全运行有何特别意义？

9-32 SJK－8000 型计算机监控系统桌面上有哪些主要功能窗口？在工具栏中，对常用功能提供了哪些快捷按钮？

9-33 如何利用 SJK－8000 型计算机监控系统的上位机，对电站运行状况进行实时监控(包括主接线、机组、供电线路、主变压器的运行参数)？

9-34 SDJK－10 型计算机监控系统与 SJK－8000 型计算机监控系统使用软件操作时，各有何特点？

9-35 在电站现场的上位机上，熟悉某一台断路器遥控合闸和跳闸的操作步骤及程序；熟悉某一台发电机过流保护定值改变的操作步骤及程序(并举一反三)。

第十章 线路事故继电保护动作后的处理原则

第一节 概 述

根据电气主接线,一个水电站发出的电能经过变压器升压后要经过输电线路与电网相连,输入电力系统;有的线路直接将电能送给用户(直配线),如化工厂用电、某一矿山用电等。输电线路是连成电网的重要组成部分,输电线路故障时将影响一大片用户,引起停电或电网解列。输电线路本身的巡视检查运行及检修工作一般不属电站管理,而由电网供电部门或用户自己管理。但是,电站送出的输电线路的继电保护及自动装置都安装在电站的中央控制室内(其线路开关断路器等也属电站所有及管理),这些继电保护装置的检修及运行由电站负责。而运行岗位的职责是由运行值班人员负责。线路的保护控制、开关断路器跳闸和合闸及线路的停电送电操作均由电站运行值班人员负责。

第二节 线路继电保护装置

水电站对外输电线路连接在电站变压器升压后的升压站母线上,它虽然不属电站生产管理范围,但是它与电站连成一个网络。线路发生事故时,由于线路继电保护及自动装置安装在电站内,线路断路器的操作控制开关 KK(SA)及线路的断路器、隔离开关也安装在电站的升压站里。线路事故时,值班运行人员必须按值班运行岗位责任进行处理。

在电力系统中,输电线路发生相间短路时,电流突然增大,母线电压突然下降。利用电流突然增大这一特征,当电流超过规定值引起电流继电器动作的保护就是线路的过电流保护。保护动作时,线路断路器立即自动跳闸。一般按故障点离保护安装处的远近分三段时限,故障点离保护安装处近时动作时限短,故障点离保护安装处远时动作时限长。如果继电保护是第三段时限 t3 动作,则说明故障点在线路末端附近或是在下一段。如附图电气主接线中的 406 线路,当线路故障时保护动作使 406 断路器立即自动跳闸,把故障的 406 线路与电站正常运行部分相隔离。

电流保护分为定时限过流保护、反时限过流保护、电流速断保护、电流闭锁电压速断保护、方向过流保护等,还有中性点直接接地系统的接地保护、中性点非直接接地系统的接地保护(绝缘监察装置)。

对于容量大、电压高、距离长、负荷重、结构复杂、参量变化范围大、运行稳定性要求高的多电源复杂电网线路,上述简单的电流电压保护往往已不能满足保护的基本要求,不能保证有选择地切除故障。于是,为了适应新的更高要求,出现了距离保护装置,它是反映故障点至保护安装处的距离,并根据距离的远近而确定动作时间的一种保护装置。保护装置测量故障点至保护安装处的距离,实际上是用阻抗继电器测量故障点至保护安装处之间的阻抗(即距离)。短路故障点距保护安装处近时,保护装置动作时间短;反之,短路故障点距保护安装处远时,保护装置动作时间就加长。以此保证动作的选择性。

随着电力系统的扩大发展,由于稳定的要求,希望从故障线路两端快速切除被保护线路上任一点的短路故障。显然,前面介绍的各种保护装置都满足不了这个要求,距离保护也只能在线路全长的80%范围内快速切除故障。更加完善的高频保护才能适应电力工业生产的这一要求,高频保护是根据比较线路两端电流的相位而构成的,并规定电流由母线流向线路时为正,电流由线路流向母线时为负(注意两端电流互感器的连接极性)。两端电流 I_m 和 I_n 相位比较,是通过高频电流间接进行的。必须先将两端被比较的二次工频电气量转换为便于传送的高频载波信号,其工作频率为40~500kHz,两端都装有高频电流的接收机和发讯机。高频电流是沿输电线中的一根导线及大地构成回路的。保护装置安装处电流互感器二次侧工频电流经过保护接线中控制变压器BY一次绕组,变压器BY的二次绕组与高频收发讯机相连。收发讯机通过高压电容器与高压输电线路相连。电容器起收发讯机与高压输电线路间绝缘作用,并为高频电流构成通路(对工频则是断路)。一般220kV及以上重要线路装设高频保护。

当输电线路出现故障,如导线碰树枝、线路绝缘瓷瓶损坏闪络、断线、雷击线路引起短路、结冰短路、大风雪倒杆等,都会引起线路继电保护动作,使线路事故跳闸而停送电。线路故障大多都为瞬时故障,且大部分为单相接地故障。对于线路保护动作后的处理一般程序步骤如下:

(1)值班人员听到事故喇叭叫或事故语音时,立即查看光字牌显示、断路器红绿灯位置讯号等,查清是哪一条线路出了事故跳闸。

(2)查看保护屏上继电器动作情况及控制屏上线路仪表指示情况。

(3)检查重合闸装置是否动作,查看重合闸讯号灯指示情况。如果重合成功,则对该线路的一次设备和二次设备进行检查;如果重合闸不成功,则与电网调度联系,在调度下达恢复送电合闸命令后,值班人员方可在值长指挥下按规定操作程序合闸送电。

(4)如果是直供用户线路,检查全部设备恢复正常后,根据值长命令,可以试送电一次;如果试送不成功,则不再试送。根据继电保护动作情况,告知用户是哪一段保护动作,预计故障大致所在线段,并拉开隔离开关,通知用户巡查线路,处理故障。

绝对禁止约时恢复送电。用户线路故障确认处理好后,详细记录或电话录音,必要时还可用摇表摇测线路绝缘。在值长命令下才能恢复送电。

(5)中性点不接地系统(6kV、10kV、35kV等)或经消弧线圈接地的电网中,发生单相接地时,该网络对地电压一相下降(故障相),其他两相电压升高。如果故障相为金属性接地,故障相对地电压将下降至零,非故障相对地电压约升高$\sqrt{3}$倍。网络内长时间永久接地或频繁出现间歇性接地时,容易将电气设备其他相的绝缘击穿而发展为多相短路事故,所以运行人员要尽早及时处理。一般不允许超过2h,处理一般程序步骤如下:①电站中央控制室接地光字牌亮,电铃响后,立即查看哪个网络接地,并用切换开关切换电压表检查各相电压异常情况。②如果是电网连接线,立即与调度联系,听候处理指令。③确认网络线路故障后,在值长指挥下,进行拉路检查,查出该网络(6kV、10kV、35kV等)究竟是哪条线路接地。按接地检查控制按钮跳闸或直接跳开断路器,看接地讯号是否消失。如消失，则确认该线路接地；如接地讯号不消失，则恢复该线路送电；再跳开另一条线路检查，直到跳开该线路时接地讯号消失为止，就可以确认是该线路接地。如果全部线路都检查了，接地讯号仍不消失，则接地可能在母线上或在与母线相联的电压互感器等处。拉开电压互感器时要注意退出相关保护装置。④查出哪条线路接地后，断开电源，拉开隔离开关，再用摇表测量线路绝缘电阻值，确认接地点在 U、V、W 三相中的哪一相。⑤接地点确认后，运行值班人员通知线路管理单位进行现场巡线查线。⑥线路接地故障现场处理完后，绝对禁止约时送电！必须在接到线路检修主管通知，确认线路检修人员已经离开作业点，安全措施已撤除，并记录或电话录音后，在值长指令下，必要时还可以用摇表检查线路绝缘电阻，以验证故障确已消除，才能恢复对线路送电。恢复送电按操作票程序进行。

复习思考题

10-1 输电线路故障时如果不能及时跳闸停电，对电力生产有何严重后果？

10-2 电流电压继电保护装置有何特点？过电流保护动作时限的第一段、第二段、第三段是何意义？

10-3 过电流保护装置有哪几种类型？

10-4 距离保护装置的特点是什么？装设它的必要性是什么？

10-5 高频保护的特点是什么？适用范围是什么？

10-6 电站线路保护装置动作后，运行值班人员如何处理？

10-7 非直接接地系统出现单相接地故障后，网络电压变化有何特点？

10-8 非直接接地系统出现单相接地故障后，值班人员进行处理的程序步骤如何？

10-9 线路故障处理好后，恢复送电的程序和步骤如何？

10-10 线路故障处理好以后，为什么不准约时恢复送电？

第十一章　机电运行典型事故实例分析

第一节　概　述

电力生产中发生的事故，能造成电力生产的灾难、大面积停电、设备损坏、人身伤害等。有的地方，水电站在电网中所占比重大，发生事故后还影响到系统的稳定。作为电站运行值班人员，对电站事故更应深刻认识和了解。发生事故的原因，除了外部原因，如设计上存在漏洞或错误，引起设备运行条件与实际情况有较大出入；设备厂设计上有问题，标准低；设备制造和安装的加工工艺及质量不符合规范和标准；制造厂家设备材料不合格等。就电站自己内部而言，设备调试或检修维护质量不高，长期隐患存在，又没有及时发现并消除；电站现场条件差，潮湿严重，鼠、蛇、蚊虫多，导致短路事故频繁发生；设备超期使用，没有及时更新改造等。就运行人员自己来说，不认真执行规程制度，不及时巡视检查，特别是不认真执行操作票工作制度等安全工作制度，这是发生事故的重要内在原因。

设备事故的发生一般有一个过程，事故前都会有异常振动、响声、气味或变色等。一旦发现这些先兆，就必须及时、及早查明原因，采取对策，避免进一步发展而酿成恶性事故，扩大损失。

在事故发生后，要实事求是地进行分析，从事故发生时间、事故前运行方式、事故象征及信号、处理过程、损坏后果、原因分析、防范措施等 7 个方面进行分析。要吸取教训，做到三不放过，即“事故发生原因不清不放过，事故责任不明不放过，事故规范措施未制定好不放过”。总结经验，加强反事故措施，达到提高运行管理水平的目的。

从电力事故发生的频率度的分析中可以看到，在水电站电气设备事故中，应重点注意防止发电机组事故和继电保护事故。在继电保护事故中，应重点防止继电保护的“三误”(误碰、误接线、误整定)。在运行人员的操作中，注意防止误操作(特别是带负荷拉合刀闸及带接地线合开关)和走错间隔，这方面应引起运行值班人员的高度重视。

第二节　事故实例分析

实例一：110kV 线路非同期重合闸事故。

某水电站 3 台机组正常发电，经主变压器升压到 119kV，经一条线路与大电网并列，并网开关为 500。110kV 出线，装有电压互感器和避雷器，共用 5X14 刀闸。在运行值班巡视中发现避雷器的螺栓松动，接触不良，运行值班人员将缺陷报告生产主管。电站抢修人员凭抢修工作票向运行值班人员申请抢修处理。工作票办好后，运行值班人员按操作票拉开 5X14 刀闸，并做好安全措施。在 5X14 刀闸拉开瞬间，突然 500 断路器跳闸，又立即自动重合闸，机组突然出现振动，电流大幅度摆动，然后进入稳定运行。瞬间，值班运行人员不知所措。后经过核对检修工作票发现，这是一次严重的非同期重合闸并列事故。

检修工作票中，在安全措施一栏中，没有注明要临时退出线路保护，也没有注明要退出重合闸装置，没有考虑一次系统的110kV电压互感器退出后，对二次系统的继电保护装置和重合闸装置造成的影响，且缺乏系统的整体观念所造成的。根据查找，该110kV线路保护装有主保护的距离保护，后备保护为三段另序号保护，重合闸放在无压检定位置。当拉开5X14刀闸后，一次部分的电站和电网线路实际都在带电压正常运行，110kV电压互感器拉开后，造成二次部分的继电保护和重合闸启动，实际失去电压(二次部分失压)，这样造成线路保护动作使500断路器事故跳闸，在500跳闸后，因为重合闸放在无压检定位置，5X14刀闸拉开，无压检定回路接通，启动重合闸装置，又自动重合闸，无压检定重合闸是二次部分人为拉开5X14刀闸造成，实际上一次部分是带电压正常运行的，这时实际上是非同期合上500断路器的，是一次严重的非同期重合闸事故。

事故教训：检修工作票签发人负主要责任，运行值班人员负次要责任；要拉开5X14刀闸，临时处理避雷器螺栓故障，应该申请调度临时退出相关保护。

实例二：引水式水电站发电引水总管高气压爆裂破坏事故。

某新建引水式水电站，引水隧洞总长310m，直径2.1m，没有调压井，全封闭式引水隧洞，入口处只设有通气孔。引用流量115.4m³/s，将每台机前蝴蝶阀关闭并落锁。发电引水洞内第一次进行充水试验，按设计要求，进水总闸门开放前，应当首先开启充水小门先向隧洞引水管内充水，待引水隧洞内充满水并与水库水平压后，再打开总闸门。这才是安全的正常操作步骤和程序。然而，当时电站水工操作人员在操作时，误动总闸门操作按钮，在隧洞内没有经充水小门充满水，隧洞内只充满空气的条件下，总闸门打开，大流量水流冲向隧洞内，空气被突然压缩，压缩气体的巨大能量向外释放，产生巨大冲击力，当时一声巨响，将总闸门前的水工建筑和钢筋排架都冲击破坏歪斜开裂，隧洞的主厂房上游地面漏水，经紧急关闭总闸门，并将隧洞引水排出。经检查，隧洞已开裂，引起主厂房上游地面漏水。

这是一起严重的水工误操作事故。经分析，是水工操作人员没有掌握总闸门开放的条件，又没有严格的监护制度，违反操作程序的误操作事故，操作人员负主要责任，现场总指挥负次要责任。

如果在操作前，认真掌握设计技术规定，写好操作票并审定后，再在有人监护的情况下去现场按操作票进行操作，就不会出现这种性质的误操作事故了。这次事故是严重的，引水隧洞重新进行加固设计及加固施工，并且延误发电时间6个月，造成巨大损失。

事故教训：操作人员负主要责任，水工专业主管未用操作票并未进行监护，同样负主要责任。

实例三：带负荷拉刀闸事故。

某电站1号厂用变压器与近区变压器，高压侧共用断路器304。1号厂用变压器高压侧有3042专用刀闸，低压有100空气断路器；而近区变压器高压侧另有3043专用刀闸，负荷侧有3044刀闸接母线，母线上出线回路上都装断路器316、318、322、324。根据检修工作票，改2号厂用变压器供厂用电，2号厂用变压器要停电检修，为了不停近区供电，先跳开1号厂用变低压空气断路器100停供厂用电，按规定，1号厂用变压器320kVA、10kV，可以带空载拉开3042刀闸停电。当时全部操作都有操作票，现场操作时也有人监护。但是，操作人员到现场监护人还未发令，操作人员没有拉3042刀闸，而是擅自误拉近区变压器的3043刀闸，引起电火花烧伤操作人的头发、面部。经分析，检修工作票签发正确，操作票也正确，也有人监护。这是一次典型的带负荷拉刀闸事故，是没有认真执行监护和复诵制度所造成的。

事故教训：误操作主要责任人是直接操作人，次要负责人是监护人。

实例四：主变压器分接开关接触不良事故。

某电站31 500kVA三绕组主变压器，风冷式，电压等级为121kV/38.5kV/10kV。巡视时听到内部有不正常非电磁的声音。报告生产主管，经证实后，即申请停电检查处理。除检查绕组对地绝缘电阻和绕组直流电阻外，还进行了油样常规项目化验，并进一步作油色谱分析，证实油中含有乙炔气体，而且总烃量严重超标，而乙炔气体产生的条件是要在1 000℃左右的高温下油才能分离乙炔气体。由此得出结论：变压器内部某处有裸金属过热点。但是绝缘电阻和直流电阻都没有出问题，只是分接开关在不同位置时，直流电阻有一定差别。经分析，初步确定分接开关接触不良，有放电现象，产生高温，分解出乙炔气体并使油中含烃总量升高。

在购入新的分接开关后，即组织对变压器停电检修，进行吊芯检查，发现分接开关接触面因接触不良出现大量放电烧伤麻点、黑点。经更换新的分接开关后，并将全部油类真空过滤处理，即消除隐患，恢复正常运行。经分析认为：该变压器油化验的常规项目是一直按规定进行的，但未发现有什么大的变化。这次事故隐患的发现主要是运行值班人员认真巡视并经油样色谱分析证实的结果。

实例五：发电机出线开关302检修，柜内检修工作人员触电事故。

某电站发电机出口断路开关302检修，运行值班人员按检修工作票要求做好全部安全措施，3021刀闸拉开并挂警示牌，但母线仍然带电正常运行。在检修工作人员对302断路器检修工作中，工作人员在柜内作业，不慎将3021刀闸操作连杆误动。工作人员在柜内看到3021刀闸往下掉，合上3021刀闸，断路器有带电危险，但已跑不出柜门，当时被吓晕触电击倒在开关柜门口，好在倒下时人已脱离302断路器带电部分，人没有被10kV高压电击死，只是击倒晕地，这是检修工作人员一起严重的触电事故。经分析：触电检修工作人员自己负主要责任，检修现场安全负责人负次要责任。

事故教训：检修工作人员对检修内容及周围带电的部位必须深度了解。在这种场合检修，现场的安全负责人必须在现场加强监护。另外，为双保险可靠，在这种狭窄场合工作，3021刀闸靠302断路器一端断开处用合格绝缘隔板隔离，就可避免不测事故的发生。

实例六：单相接地故障处理错误造成扩大事故。

某电厂5号机发出接地信号，值班人员立即切换电压表检查，开口三角形出口电压为零(实际是误指示)并到现场检查，未发现异常，2min后，发电机差动保护动作，发电机主油开关和灭磁开关跳闸。值班人员又到现场检查，也未发现异常现象。值班人员将事故情况向运行负责人报告，该负责人误判是保护误动，决定进行零起升压操作，立即引起励磁开关跳闸。值班人员这时才到现场测量定子和转子绝缘电阻，其值为零，并发现转子一个平衡螺钉甩出，定子、转子铁芯摩擦烧熔，线棒烧断，属罕见的发电机烧坏事故。

事故教训：值班人员判断错误，检查不全面。特别是发接地讯号后，检查不全面；差动保护动作后，又错误判断为保护误动，这是严重的责任和技术分析错误。

避免事故发生的正确方法是：发接地讯号后，除测量开口三角出口电压外，还应测量各相电压及线电压。再用拉路的办法确定单相接地在哪一回路。如果确定在发电机回路，应立即停机，摇测发机定子绕组对地绝缘电阻和转子绕组绝缘电阻；必要时，还可测绕组直流电阻值，即可作出正确判断，避免误判和延误事故的处理。当班值长误判应负主要责任，值班人员负次要责任。

实例七：误合接地刀闸，又处理错误，造成全站停电事故。

某变电站值长填写操作票有漏项，值班员甲审核时发现了。值长不但不认真纠正，重新填写操作票，而且提出快吃饭了，不要签字，先记住操作，再补一张合格操作票算了。在实际操作时，值长不去监护而与操作人值班员甲同时操作，最后值长自己一个人去操作，误合接地刀闸，造成220kV母线全部停电。值长又没有立即排除故障点，向中调申请报告，要求尽快恢复送电。这时值班员乙在没有弄清事故原因，又没有检查设备情况、没有中调命令情况下，盲目处理，擅自强合1号主变开关，使事故从220kV扩大到110kV、35kV、10kV系统，造成全站停电事故。值长在误合220kV接地刀闸后，跑回中控室，错误地拉开110kV、35kV出线开关，延误了事故处理时间。站内通信交流电源中断后，值班员又未能及时投入备用直流电源，引起与中调电话联系中断。

事故教训：①值长作为运行的总负责人，一般不应直接操作，不应离开中控室，更不应自己填写操作票，特别是值长自己违反值长岗位职责和操作票制度、监护制度，造成中控室没有一个当班值长在场统一指挥，这是造成事故的根本的直接原因，是事故主要负责人。②慌乱中值班员乙私自盲目处理事故又使事故进一步扩大。值班员甲和值班员乙对事故应负次要责任。

实例八：第三者弄错出事部位，盲目错误操作，使事故进一步扩大。

某火电厂控制室下层一楼照明箱短路起火，值班员甲立即拉开电源后，跑回控制室取灭火器灭火。在控制室的值班员乙误听为联络变压器动力箱着火，值长下令切断其电源。值班员乙又错误理解为停联络变压器，立即拉开联络变压器的断路器，造成3号机组与系统解列，备用电源不能自动投入，引起厂用电中断，造成锅炉灭火停机的重大事故。

事故教训：①一楼照明箱起火，值班员甲处理是正确的，先切断电源，再取灭火器灭火。②值班员乙错误理解起火地点，又错误理解值长下达的指令，是造成已处理好的事故进一步扩大的根本原因，值班员乙一错再错，这是误判断误理解造成事故扩大的典型事例。值班员乙是扩大事故的主要负责人，而值班员甲处理事故正确理应嘉奖。③出了事故不要慌张，在值长统一指挥下沉着应对。

实例九：华中地区某500kV变电站带接地刀闸向主变压器送电，造成变压器差动保护动作，延误送电24h的重大事故。

华中某地500kV变电站主变压器停电检修后，运行值班人员恢复送电操作，值班人员不开写操作票，凭记忆操作。在拉主变500kV侧接地刀闸时，只拉开了C相刀闸，就误以为三相全部拉开。班长去现场检修时，仍没有发现500kV侧接地刀闸A相、B相漏拉的问题，以致在合上220kV侧开关向主变压器送电时，造成带500kV侧接地刀闸合闸送电，引起主变压器差动保护动作，延误送电24h的重大责任事故。

事故教训：①500kV 侧接地刀是分相操作的，运行人员对设备太不熟悉，应加强技术培训。②不用操作票是造成事故的直接原因。③有两相的接地刀没有拉开，就擅自合上220kV 侧开关送电，当班值长应负主要责任，班长和值班员负次要责任。

实例十：某电站集水井水泵自动排水失灵，造成水淹水轮机层和蝴蝶阀坑的重大事故。

某电站，有两台深井泵抽取集水井的渗漏水排至下游，在洪水期间，渗漏水加大，深井泵自动启动频繁。在早班时，值班运行人员打瞌睡，麻痹大意，没有定时去现场进行巡视检查，等到白班交接班检查时，才发现水已经淹没至水轮机层 0.4m 深，蝴蝶阀坑也全面溢水，经接班巡视人员手动开启水泵抽水，才逐渐将水抽出，避免了更大事故的出现。

事故教训：①经专责人员检查，发现系深井泵自动回路的继电器接点卡住使自动回路失灵，是事故的技术原因；②早班的运行值班人员违反运行值班岗位责任制度，没有定期检查巡视，是事故的直接负责人。

实例十一：某电站机组检修期间，厂房进水，造成淹没厂房事故。

某水电站机组吸出高程为负值，因为发电引水管要检修，停机检查，打开蜗壳人孔门，作为通道。晚上降暴雨，下游尾水猛涨，水从蜗壳人孔门溢出，水轮机层被淹没 1.2m 深，造成全站停电 8 天，损失巨大，同时还造成新的大量需要检修维护工作量。

事故教训：①检修的安全措施不完备，检修制度不严，是造成事故的第一个直接原因。②值班人员没有定期定时巡视检查，是造成水淹厂房的第二个直接原因。③暴雨致下游尾水位上涨是造成事故的自然外因。④检修前，停机打开人孔门进入发电引水管内检查的安全措施，除关闭上游闸门放出水外，应关闭该机组下游尾水门并检查密封情况，这样即使是晚上暴雨，下游涨水，水也倒流不进来。这是检修安全措施和制度不严、管理不善造成的问题。

实例十二：水轮机转轮梳齿迷宫咬死事故。

某电站，单机容量 6 000kW，空载试运行正常，甩负荷试验后，按规定作 72h 连续满负荷运行。在运行中，发现导水叶开度不变的情况下，出力逐渐减少。检查巡视后，没有发现原因，即决定停机检查，检查中发现梳齿迷宫咬毛卡死。这是由于迷宫间隙过小引起的，经用百分表检查，测得单侧迷宫间隙仅 0.3mm，设计值为 0.6～0.8mm。

事故教训：这是安装时没有把好质量关引起的事故，安装检修人员为事故责任人。

实例十三：发电机定子绕组起火事故。

(1)某电站的水轮发电机组额定转速 1 500r/min，为高速机组，运行中发现定子绕组起火，烧坏绕组。经停机检查分析，事故原因是磁极压板飞出刮坏定子绕组引起短路着火。在检修时，应对磁极压板等转子零件进行认真检查，特别是有可能甩出的螺栓及磁极压板等要重点检查并处理好，保证牢靠。

(2)某电站因线路故障停机，线路断路器跳开，而发电机断路器没有跳开，当线路恢复正常向发电机母线倒送电时，电流倒送至发电机(停机状态)，将发电机定子绕组烧坏起火。经分析，这是运行值班人员违反操作规程，疏忽大意，造成的人为责任事故，当班值长是事故第一责任人。

事故教训：发电机停机后必须断开发电机出口断路器，并拉开附属的隔离开关，让发电机与电网完全分开。

实例十四:水轮发电机组在运行中出现机组导轴承烧瓦事故。

某水电站,机组为转速 1 000r/min 的高转速机组,检修运行 1h 后,下轴承冒烟,经检查,8 块下导轴瓦全部烧毁,造成严重的烧瓦事故。经分析,下导轴承油槽装了溢油管排油阀,运行时排油阀应当关闭,以免机组运行时溢油而造成油位过低。在机组大修时检修人员没有注意这个问题,当班运行值班人员开机检查时也没有发现这个问题,没有写入操作票项目内,应当关闭的排油阀没有关闭是造成事故的直接原因,是制度和管理上的失误造成的。

事故教训:检修验收制度不到位,运行人员不熟悉设备。

实例十五:华中地区某 110kV 变电站发生 110kV 主变压器中性点触电死亡事故。

某 110kV 变电所,某学校的学生在该所实习,一位学生在巡视检查实习中,用手触摸 110kV 主变压器中性点引出线,造成该生当场触电死亡事故。

经分析,学生错误判断和违反巡视检查中不准动手的规定造成事故。变压器中性点在绝对理想条件下电压为 0V,但是电力系统在实际生产运行中不可能出现三相绝对平衡的理想条件(理想条件是书本上的理论分析)。另外,根据运行中巡视检查的规定,只准耳朵听、眼睛看、鼻子闻,不准动手,该生显然违反了这一规定。

事故教训:该生自己是事故直接责任人,带队老师是第二责任人,因此要加强对实习学生的安全教育。

实例十六:误动隔离带电挡板,造成触电死亡事故。

某县电力公司 110kV 变电站,按计划对 10kV 电容器间隔进行小修和预试工作。间隔开关柜为全铠装移动封闭式开关柜,型号为 KYN3－10－03D。小修工作任务是 326 电容器间隔的断路器,电缆、电容器、电抗器小修预试及保护校验。考虑安全措施时,已交代注意事项:10kV 母线带电,326 间隙后上网门 10kV 母线带电。运行值班人员办完工作许可手续后,电试工作人员×××在 326 开关柜后在电缆未解头带电流互感器 TA 进行电缆耐压试验时,发现 C 相泄露电流偏大,随即将电头解开重试,泄漏电流正常了。×××违章在没有人监护情况下,独自一个人去检查两次试验差别较大的原因,私自打开小车柜内隔离带电部位的挡板,对 326 小车静触头表面脏污等情况进行外观检查。×××在准备恢复挡板的过程中意外跌倒,右手腕背触及带点触头,被电击致死亡。

事故教训:①安全措施不完备,在 326 小车柜拉出后,运行值班人员没有悬挂"止步!高压危险!"警告牌,这是事故重要原因。②运行值班人员擅自开启隔离挡板和试图独自一人恢复挡板,又未带安全帽,这是违反规定的,是事故的直接原因。③检修工作班,没有负责安全的专责监护人员,这是事故的间接原因。

实例十七:运行操作人员走错接地刀闸和主刀闸间隔,在接地刀没有拉开的情况下,误合主刀闸,造成大面积停电事故。

西南某市 500kV 变电站进行 5052、5053 间隔设备预试工作,要进行第 5053 开关介质损耗试验,试验人员要求运行人员在现场拉开 505327 接地刀闸,一值班人员雍某错误走到 50532 主刀闸机构箱处合上 50532 主刀操作电源,操作 505327C 相接地刀失败。另一值班人员赵某则用手柄将 505327C 相接地刀闸拉开。电试人员开始测介损试验。雍某对 50532 主刀 A 相机构箱核对，这时才发现自己走错间隔了，准备去锁好 50532 主刀机构箱。正在此时 5053 开关 C 相测介损工作已完成。此时工作负责人赵某独自一人走到柜门仍是误开的 50532 刀闸 A 箱机构箱处，误认为是 505327A 相接地刀机构箱，即合上电源，电动操作自认为将 505327 接地刀合上，实际上是误合 50532 主刀闸了，造成带接刀闸合上 50532 主刀闸（505327 接 A 相接刀并未拉开），造成保护动作致使两条路线停电的重大人为责任事故。

事故教训：①没有严格执行操作票制度，监护不严，又未进行三核对，多人操作。现场管理混乱，这是事故的主因。②赵某是电试检修工作人员，无权进行任何变电站操作，是事故的直接责任人。③雍某走错间隔，错误打开 50532 主刀闸操作机构箱，这是造成事故的又一直接责任人。

实例十八：误入运行中开关间隔，造成触电死亡的重大人身事故。

西南地区某 110kV 变电所对 042 开关回路的断路器、避雷器、电压互感器、电容器进行预防性试验。042 开关试验完后，工作班转做避雷器试验，并发现 042 开关油位偏低，需加油。在准备工作中，负责人上厕所临时离开现场，检修人员×××独自一人准备去加油，误将正在运行的 2 号主变的 032 开关当做停电检修的 042 开关，爬上去刚接触 032 开关 A 相，即发生触电死亡。

事故教训：①工作票不规范，现场安全措施不到位、不完善，工作票填写、签发和审核存在严重失误。②工作班负责人、工作票签发人、工作许可人安全意识差，存在漏洞，三者应负同等主要责任。③检修人员走错间隔，又没有监护人，缺乏安全意识，是事故直接原因。

实例十九：220kV 母线带电误合接地刀闸的恶性事故。

某地区 500kV 变电站，运行值班人员发现 220kV 母联 604 开关 1 号母线侧 6041 刀闸触头发热，运行值班人员在执行“604 母联断路器 220kV 工段母线及 6X14TV 由运行转检修”的操作任务时，按操作票操作完第 52 项后跳走 53 项，没有对停电设备进行验电，直接进行 54 项合上 6X10－2 接地刀闸操作。监护人员吴某擅自走到 6X40－1 接地刀处，也未经核定，吴某用谢某拿来的扳手卸掉 6X10－1 接地刀防误操作把手，误将Ⅱ段母线接地刀 6X40－1 合上，造成Ⅱ母线带电合接地刀，Ⅱ段母线差动保护动作，Ⅱ段母线停电，造成 9 条出线开关和主变 610 开关全部跳闸停电的重大停电事故，造成大面积停电 2 个多小时。

事故教训：①严重违反《关于防止电气误操作事故禁令》中关于验电、唱票、复诵和“三核对”的规定，没有进行验电、唱票、复诵，没有核对开关和刀闸名称及位置与编号。②违反不准擅自改变操作票的规定。③操作人员不合格，应由值长监护，正值班员进行操作，而擅自改由副值试岗人员操作，监护的是正值班员。④应加强安规学习教育。⑤现场操作人员和当班值长应对事故负同等的直接责任。

实例二十：某 110kV 变电所红外线测温作业造成测温人员严重触电烧伤事故。

华中地区某 110kV 变电所 508 开关线路起火，地调将 508 线路转移负荷后，断开 508 断路器，线路处于热备用状态。雷某持红外线测温仪在无人监护的情况下，无视“禁止攀登！高压危险！！”的警告，自己又没有采取安全措施，盲目攀登，爬上穿样套管检修平台，靠近了带电的高压设备进行检查测温，以致被电弧烧伤；另外，对 508 开关两侧带电与否交代不确切。雷某误认为 508 间隙完全停电，实际情况是仍处于热备用，即两边刀闸没有拉开，穿样整管仍然是带电的，这个也是造成事故的次要原因之一。

事故教训：①事故责任人（自己也是受害人）违反监护制度和带安全器具的规定，又擅自移开警告提示牌，是事故的直接责任人。②调度下令的"热备用"、"冷备用"不明确，用语欠规范引起误导是次要责任。

实例二十一：电试人员在试验中长约 10m 的绝缘棒脱手，靠近 110kV 开关带点部分，造成母线闪络放电、保护动作、开关跳闸的大面积停电事故，并造成运行中的开关均压电容环损坏事故。

华东某变电站在进行 5053 开关试验时，从 C 相、B 相到 A 相按顺序分别进行开关预试工作。当 A 相试验结束后，电试人员将绝缘棒举起准备取下换接回路电阻试验接线时，由于风大棒重（绝缘棒长 10m），突然脚下一闪，绝缘棒向东发生倾斜.电试人员顺势往东踉跄几步，到围栏边时，绝缘棒脱手，绝缘棒正好靠近 5063 开关 C 相。这样造成 5063 开关 C 相对地闪络，均压电容环损坏；同时，造成Ⅱ段母线差动保护动作，母线上所有开关跳闸，造成大面积停电事故。

事故教训：①电试人员安全意识薄弱，没有安排两人使用绝缘棒，操作人员负事故主要责任。②试验绝缘杆应在间隔相间内侧挂接，预防倾斜碰带电设备。③对现场作业应加强危险点的分析，做好预防控制工作。

实例二十二：某水电站 3 号机组转子滑环短路烧坏事故。

华中地区某水电站装机 3 台，单机容量 1.2 万 kW。事故前运行方式是 3 台机并网运行。发电机 10kV 母线断路器断开，母线分段运行。1 号厂用变压器和 2 号厂用变压器分段运行。1 号近区变压器与 2 号近区变压器分段运行。1 号主变和 2 号主变的 35kV 并列运行，1 号主变 110kV 接入大电网运行。事故时，3 号机强励和强减光字牌亮，3 号机所处 10kV，Ⅱ段母线电压只有 3kV 左右。2 号厂用变压器跳闸，厂用母线自动合上分断开关，由 1 号厂用变压器送厂用电。事故时，3 号机定子电流看不出指示。励磁电压下降到 20V 左右。励磁机冒火花，运行人员立即将 3 号机解列停机，停机后检查发现励磁机滑环已烧坏。滑环与轴有两处烧坏，其中一处属于短路电流烧坏。经检查分析，这是一起严重的设备事故。究其原因是滑环光洁度很差，灰尘碳粉多，碳刷接触不良，碳刷质量不高，在运行中磨有沟痕，平日也发现过小的火花，但没有查找原因，致使正负两滑环间碳粉堆积搭成一条小桥。导致上下正负滑环间发生短路引起励磁机冒火，被迫停机。这是一起设备事故，一是碳刷质量不好；二是两正负滑环之间没有及时清扫干净，以致引起滑环间短路事故发生。

事故教训：①运行值班人员应坚持现场定期巡视制度，及时发现滑环火花，并报告生产主管，立即分析原因并处理。②滑环间的轴特别要保持清洁干净，及时清除可能的碳粉，保持良好的绝缘。③使用合适的质量好的碳刷制品。

实例二十三：华中地区某水电站 3 号主变压器保护继电器触点松动造成误跳闸事故。

事故前运行方式是 2 号机组及其 2 号主变压器和 3 号机组及其 3 号主变压器投入运行。1 号主变压器备用，4 号主变压器小修。事故时，中控室喇叭叫，出现 3 号主变压器保护动作光字牌亮,经查系零序保护动作跳 110kV 母联 500 号断路器,使某一地区电网频率下降至 48.6Hz,并引起低频减载动作,切除部分地区负荷,停电 26min,少送电量 1.3 万 kWh。

经事故分析,造成事故的原因是 3 号主变压器零序保护回路中的时间继电器 ZSJ 滑动触点螺钉松动,滑下引起 3 号主变压器零序保护动作。另外,引起低频减载动作,主要是 2 号机调速器故障调控回路的频率整定值偏低,使机组无法自动增加有功功率。还有人为因素是检修人员业务技术不太熟悉,管理不善,继电器检修质量未把好关,运行人员没有及时应对。

事故教训:①3 号主变压器零序保护回路中的 ZSJ 时间继电器滑动触点螺钉松动滑下造成保护误动,这是事故的直接原因。要加强继电保护人员的技术培训,提高继电器的调试检修质量。加强设备的定期检修和定期校验工作,加强责任心。②调速器专责人员要提高维护检修质量,把好质量关。调速器频率整定值要符合规范要求。③运行值班人员要提高处理事故的能力。

实例二十四:某电站 4 号主变压器因冷却器退出运行,出现主变温度过高事故。

华中地区某电站当时运行方式是 1 号、2 号机并网运行,3 号、4 号机停机备用。当按调度命令,4 号机开机并网运行一段时间后,计算机监控系统发出 4 号主变压器温度过高信号。经现场检查主变压器温度超过 100℃,释压阀有油流出,4 号主变压器地面有油。当即令 4 号主变压器停电,做好安全措施准备检查,并报告电网调度员。经油样化验和绝缘电阻值检测,确认正常后即恢复备用。其温度升高原因是主变压器冷却系统电路断相,系 4 号机旁动力屏总熔断器 B 相熔断。冷却器系统实为退出运行的故障,引起主变压器温度升高。

事故教训:①事故实质是 4 号主变压器冷却系统因电路 B 相熔断器熔断,冷却系统退出运行。②熔断器设计为 100A,而实际为 16A。运行值班定期巡视检查制度不到位,值班纪律松弛,严重违反设备巡视和抄表制度。④计算机监控系统是在改造中新上马的,4 号主变压器温度只有一个数据,其他的温度正常,故障温度没有反映出来。

实例二十五:某水电站值班人员误碰 1 号发电机变压器组重瓦斯保护,造成停机解列事故。

该电站运行值班人员对继电保护室地面进行清洁卫生工作时,一名值班人员拖把带动了 1 号主变压器保护屏后的临时照明灯的电源线,拖倒灯架,灯罩短接了 1 号变压器重瓦斯保护信号继电器端子,启动了出口中间继电器,使 1 号发电机变压器组出口断路器 510、1 号机灭磁开关,相继跳闸。造成 1 号机组与系统解列 1h,少发电量 7 万 kWh。

经分析,运行人员搞卫生不慎是引发事故的基本原因;事故发生后,当事人没有及时将情况如实报告,致使事故处理拖延;检修人员在保护屏后工作,没有采取防止灯架移倒的安全措施,检修人员下班后没有清理现场将灯架移走,也为事故留下隐患。

实例二十六:某水电站 220kV616 断路器送电线路因雷击故障,拒绝动作(电流互感器的极性均接反),造成 1 号主变压器越级跳闸停电 2.5h 的事故。

经过分析线路 616 断路器拒动的原因,及事故后组织对保护装置进行检查,发现 616 号断路器接保护的二组电流互感器及接故障录波装置和大小电流切机的电流互感器的极性均接反。由于极性接反，造成方向元件判断错误而使保护装置拒动。因此，616 断路器保护用电流互感器极性接反，是造成 616 号断路器拒动，1 号主变压器保护动作越级跳闸的原因。由于保护用电流互感器极性接反，造成该 616 断路器线路近 10 个月无保护装置运行的严重失误。二次继电保护专责人员负主要责任。教训是对二次回路要认真检查，严格核对，以确保回路接线的正确性。

实例二十七：某水电站 1 号机励磁回路标准分流器发热烧毁事故。

电站安排 1 号机组小修，并由电修班在 1 号机励磁回路加装 1 台 0.2 级标准分流器，以与 2 号机的温升试验结果进行核对。当晚没有进行试验，运行丙值于 23 时左右，在设备巡视中发现 1 号机励磁回路加装的临时分流器出处，有一根红皮电缆发热较严重，并有焦臭味，励磁电缆上的临时分流器连接处的塑料绝缘带已烧焦。当班丙值作了记录，但未汇报和采取对策。第二天凌晨 1 时左右，运行甲值在交接班巡视中发现 1 号机励磁回路加装的标准分流器与硬橡胶电缆的接触处发热严重，并已开始出现绝缘胶带冒烟。2 时左右再次检查，发现电缆鼻子附近的绝缘带继续冒烟，胶带已烧熔一节，分流器二次接头的一小胶垫圈也有烧焊现象，底部一端还有熔化的焊锡。2 时 20 分，运行人员才减少励磁电流，3 时 15 分才被迫将 1 号机停下。经检查，外购进口分流器已完全烧坏。

事故原因分析：①电修班安装人员在思想上对这个标准分流器不够重视，安装工作马虎，没有按铜铝接头的基本工艺操作，通过运行，局部温度使已拧紧的铝接线鼻子接触面不断氧化、腐蚀，形成低温—氧化，电蚀—接触不良—温度升高的恶性循环，估计温度高达 200℃以上（锡焊熔点是 213℃）。接头工艺不良，导致接触不好而发热是造成这次烧坏标准分流器并引起停机事故的直接原因。②安装好分流器后，没有及时安排测试，试验班也没有安排专人负责检查，致使试验用分流器处于无人管理状态。③运行丙值已发现发热厉害，并有焦臭味没有采取措施消除，也没有向有关部门汇报，更未向接班值交代，使情况恶化。甲值接班后发现了这个问题，并已严重到电缆绝缘带冒烟，既不采取措施也不报告，直到后来局部流焊锡，才减少励磁电流和向上报告。所以，运行人员未及时采取措施和向上报告是造成事故恶化的重要原因。

实例二十八：某水电站运行人员走错间隔带负荷拉隔离开关事故。

当系统频率下降到 47Hz 时，电网调度下令要开 3 号机。当班值长何某立即通知水机班人员手动开启 3 号机，电气班长宋某就叫监护值班员陈某到开关室去合上 3023 号隔离开关，然后回到中控室将 3 号机并入电网，2min 系统频率恢复正常，调度又下令停下 3 号机。值长何某通知水机班长把 3 号机停下。电气班长宋某开始监盘，这时值长何某到水机班有事，电气班长就要求值班员陈某一人到开关室去拉开发电机断路器附属的隔离开关 3023。陈某一人在开关室却错误拉了 3003 号隔离开关！陈某在拉 3003 隔离开关时发现弧光，但未立即合上，而是将其一直拉开，造成弧光短路，引起 3003 号隔离开关绝缘子烧坏，3 号变压器差动保护动作，3 号主变压器停电事故。

事故原因分析：①电气值班班长宋某安全意思不强，指挥安排陈某一人不符合安全工作制度和操作监护制度，这是事故发生的根本原因。②值班员陈某在现场未进行“三核对”也是造成事故的重要原因，同时陈某见弧光未立即合上 3003 隔离开关是一错再错。

复习思考题

11-1 通过事故实例,你对电力生产中安全第一的方针有什么体会?

11-2 电力人从血的教训中,总结出工作票和操作票的“双票制”。通过事故实例,对“双票制”有何体会?

11-3 电力生产的工作票及操作票和监护制度具体是指哪些内容?

11-4 从哪个事故实例中,看出一次系统和二次系统密不可分的联系?怎样理解电力生产中“动一发而牵动全身”的含义?

11-5 通过事故实例,对执行运行安全工作制度的严肃性有何新的认识?

11-6 如何防止继电保护二次部分的“三误”(误碰、误接线、误整定)事故的发生?

11-7 电力生产中人为责任事故是如何造成的?

11-8 在事故出现后,值班运行人员处理的错误会引发扩大事故,你对哪个事故实例体会最深?

11-9 110kV 主变压器中性点触电事故是如何造成的?

11-10 水电站水淹机房事故,运行值班人员有什么责任?

11-11 通过事故实例,你对运行值班人员是机电设备正常、连续、安全、稳定运转的守护神角色有什么新的认识?

11-12 事故出现后,造成机电设备损坏和人员伤亡,从事故实例中你得到什么新的启示?

11-13 通过事故实例,你对当班值长是处理事故最高指挥者有何新的认识?

11-14 通过事故实例,你对运行值班工作中应加强对现场设备的定期巡视检查和检测,有何新的认识?

11-15 通过事故实例,你对值班运行人员必须背熟电气主接线图和熟悉二次展开图有何新的认识?

11-16 要熟知各个设备的现场位置和作用,对安全生产有什么意义?

11-17 在运行值班工作中有哪些规章制度、哪些现场运行规程、哪些岗位责任制度?

11-18 常见的误操作事故是带负荷拉合刀闸,误跳合断路器,带接地线合刀闸,误入带电间隔等,你准备如何防止发生这类事故?

11-19 误操作事故有何危害及后果?如何认识理解事故是电力生产的灾难?

11-20 通过事故实例,你对执行运行安全工作制度的严肃性有何新的认识?

11-21 如何防止继电保护二次部分的“三误”(误碰、误接线、误整定)事故的发生?

附录：

电气试验项目(试验标准见规程[1])

一、同步发电机的试验项目

(一)定期试验项目

(1)定子绕组的绝缘电阻、吸收比或极化指数。

(2)定子绕组泄漏电流和直流耐压试验。

(二)大修前试验项目

(1)定子绕组的绝缘电阻、吸收比或极化指数。

(2)定子绕组泄漏电流和直流耐压试验。

(3)定子绕组交流耐压试验。

(三)大修时试验项目

(1)定子绕组的直流电阻。

(2)转子绕组的绝缘电阻。

(3)转子绕组的直流电阻。

(4)发电机和励磁机的励磁回路所连接的设备(不包括发电机转子和励磁机电枢)的绝缘电阻。

(5)发电机和励磁机的励磁回路所连接的设备(不包括发电机转子和励磁机电枢)的交流耐压试验。

(6)发电机组和励磁机轴承的绝缘电阻。

(7)灭磁电阻器(或自同期电阻器)的直流电阻。

(8)灭磁开关的并联电阻。

(9)转子绕组的交流阻抗和功率损耗。

(10)检温计绝缘电阻和温度误差检验。

(11)定子绕组端部手包绝缘施加直流电压测量。

(四)大修后试验项目

(1)定子绕组的绝缘电阻、吸收比或极化指数。

(2)定子绕组泄漏电流和直流耐压试验。

(3)轴电压。

(4)空载特性曲线。

---

[1] 规程指《电气设备交接和预防性试验标准》。

二、电力变压器的试验项目

(一)1.6MVA 以上油浸式电力变压器

1. 定期试验项目

(1)油中溶解气体色谱分析。

(2)绕组直流电阻。

(3)绕组绝缘电阻、吸收比或(和)极化指数。

(4)绕组的 $\tan\delta$。

(5)电容型套管的 $\tan\delta$ 和电容值。

(6)绝缘油试验。

(7)交流耐压试验。

(8)铁芯(有外引接地线的)绝缘电阻。

(9)穿心螺栓、铁轭夹件、绑扎钢带、铁芯、线圈压环及屏蔽等的绝缘电阻。

*(10)油中含水量。

*(11)油中含气量。

(12)绕组泄漏电流。

(13)有载调压装置的试验和检查。

(14)测温装置及其二次回路试验。

(15)气体继电器及其二次回路试验。

(16)冷却装置及其二次回路检查试验。

其中有载调压装置的试验和检查包括:

(1)检查动作顺序,动作角度。

(2)操作试验:变压器带电时手动操作、电动操作、远方操作各 2 个循环。

(3)检查和切换测试。

①测量过渡电阻的阻值。

②测量切换时间。

③检查插入触头、动静触头的接触情况,电气回路的连接情况。

④单、双数触头间非线性电阻的试验。

⑤检查单、双数触头间放电间隙。

(4)检查操作箱。

(5)切换开关室绝缘油试验。

(6)二次回路绝缘试验。

注:标 * 项适用于 330kV 及以上变压器,以下相同。

2. 一般性大修试验项目

(1)油中溶解气体色谱分析。

(2)绕组直流电阻。

(3)绕组绝缘电阻、吸收比或(和)极化指数。

(4)绕组的 $\tan\delta$。

(5)电容型套管的 tanδ 和电容值。
(6)绝缘油试验。
(7)交流耐压试验。
(8)铁芯(有外引接地线的)绝缘电阻。
(9)穿心螺栓、铁轭夹件、绑扎钢带、铁芯、线圈压环及屏蔽等的绝缘电阻。
*(10)油中含水量。
*(11)油中含气量。
(12)局部放电测量。
(13)有载调压装置的试验和检查。
(14)气体继电器及其二次回路试验。
(15)冷却装置及其二次回路检查试验。
(16)整体密封检查。
(17)套管中的电流互感器绝缘试验。

3.更换绕组的大修试验项目

(1)油中溶解气体色谱分析。
(2)绕组直流电阻。
(3)绕组绝缘电阻、吸收比或(和)极化指数。
(4)绕组的 tanδ。
(5)电容型套管的 tanδ 和电容值。
(6)绝缘油试验。
(7)交流耐压试验。
(8)铁芯(有外引接地线的)绝缘电阻。
(9)穿心螺栓、铁轭夹件、绑扎钢带、铁芯、线圈压环及屏蔽等的绝缘电阻。
*(10)油中含水量。
*(11)油中含气量。
(12)绕组所有分接的电压比。
(13)校核三相变压器的组别或单相变压器极性。
(14)空载电流和空载损耗。
(15)短路阻抗和负载损耗。
(16)局部放电测量。
(17)有载调压装置的试验和检查。
(18)气体继电器及其二次回路试验。
(19)冷却装置及其二次回路检查试验。
(20)整体密封检查。
(21)套管中的电流互感器绝缘试验。
(22)全电压下空载合闸。

(二)1.6MVA及以下油浸式电力变压器

1. 定期试验项目

(1)绕组直流电阻。

(2)绕组绝缘电阻、吸收比或(和)极化指数。

(3)绕组的 $\tan\delta$。

* (4)电容型套管的 $\tan\delta$ 和电容值。

* (5)绝缘油试验。

(6)交流耐压试验。

(7)铁芯(有外引接地线的)绝缘电阻。

(8)测温装置及其二次回路试验。

(9)气体继电器及其二次回路试验。

注:标 * 项适用于35kV及以上变电所用变压器,以下相同。

2. 大修试验项目

(1)绕组直流电阻。

(2)绕组绝缘电阻、吸收比或(和)极化指数。

(3)绕组的 $\tan\delta$。

* (4)电容型套管的 $\tan\delta$ 和电容值。

* (5)绝缘油试验。

(6)交流耐压试验。

(7)铁芯(有外引接地线的)绝缘电阻。

(8)穿心螺栓、铁轭夹件、绑扎钢带、铁芯、线圈压环及屏蔽等的绝缘电阻。

(9)绕组所有分接的电压比。

(10)校核三相变压器的组别或单相变压器极性。

(11)空载电流和空载损耗。

(12)短路阻抗和负载损耗。

(13)测温装置及其二次回路试验。

(14)气体继电器及其二次回路试验。

(15)整体密封检查。

其中绕组所有分接的电压比、校核三相变压器的组别或单相变压器极性、空载电流和空载损耗、短路阻抗和负载损耗适应于更换绕组时。

三、互感器的试验项目

(一)电流互感器

1. 定期试验项目

(1)绕组及末屏的绝缘电阻。

(2)互感器 $\tan\delta$ 及电容量。

(3)油中溶解气体色谱分析。

(4)交流耐压试验。

(5)局部放电测量。

2. 大修后试验项目

(1)绕组及末屏的绝缘电阻。

(2)互感器 tanδ 及电容量。

(3)油中溶解气体色谱分析。

(4)交流耐压试验。

(5)局部放电测量。

(6)极性检查。

(7)各分接头的变比检查。

(8)校核励磁特性曲线。

(9)密封检查。

(10)一次绕组直流电阻测量。

(11)绝缘油击穿电压。

未更换绕组的,可不做极性检查、各分接头的变比检查、校核励磁特性曲线。

(二)电磁式电压互感器

1. 定期试验项目

(1)绝缘电阻。

(2)电容器的 tanδ(20kV 及以上)。

(3)油中溶解气体的色谱分析。

(4)交流耐压试验。

(5)局部放电测量。

2. 大修时或大修后试验项目

(1)绝缘电阻。

(2)电容器的 tanδ(20kV 及以上)。

(3)油中溶解气体的色谱分析。

(4)交流耐压试验。

(5)局部放电测量。

(6)空载电流测量。

(7)密封检查。

(8)铁芯夹紧螺栓(可接触到的)绝缘电阻。

(9)连接组别和极性。

(10)电压比。

(11)绝缘油击穿电压。

未更换绕组时可不做连接组别和极性、电压比两项。

电容式电压互感器在更换绕组后应做电压比、中间变压器的绝缘电阻、中间变压器的 tanδ 等试验。

四、开关电器

(一)SF_6 断路器和 GIS

1. 定期试验项目

(1)断路器和 GIS 内 SF_6 气体的湿度以及气体的其他检测项目。

(2)辅助回路和控制回路绝缘电阻。

(3)断口间并联电容器的绝缘电阻、电容量和 $\tan\delta$。

(4)合闸电阻值和合闸电阻的投入时间。

(5)分、合闸电磁铁的动作电压。

(6)导电回路电阻。

(7)SF_6 气体密度监视器(包括整定值)检验;

(8)压力表校验(或调整),机构操作压力(气压、液压)整定值校验,机械安全阀校验。

(9)液(气)压操动机构的泄漏试验。

(10)油(气)泵补压及零起打压的运转时间。

2. 大修试验项目

(1)断路器和 GIS 内 SF_6 气体的湿度以及气体的其他检测项目。

(2)SF_6 气体泄漏试验。

(3)辅助回路和控制回路绝缘电阻。

(4)耐压试验。

(5)辅助回路和控制回路交流耐压试验。

(6)断口间并联电容器的绝缘电阻、电容量和 $\tan\delta$。

(7)合闸电阻值和合闸电阻的投入时间。

(8)断路器的速度特性。

(9)断路器的时间参量。

(10)分、合闸电磁铁的动作电压。

(11)导电回路电阻。

(12)分、合闸线圈直流电阻。

(13)SF_6 气体密度监视器(包括整定值)检验。

(14)压力表校验(或调整),机构操作压力(气压、液压)整定值校验,机械安全阀校验。

(15)操动机构在分闸、合闸、重合闸下的操作压力(气压、液压)下降值。

(16)液(气)压操动机构的泄漏试验。

(17)油(气)泵补压及零起打压的运转时间。

(18)液压机构及采用差压原理的气动机构的防失压慢分试验。

(19)闭锁、防跳跃及防止非全相合闸等辅助控制装置的动作性能。

(20)GIS 中的电流互感器、电压互感器和避雷器。

(二)多油断路器和少油断路器

1. 定期试验项目

(1)绝缘电阻。

(2)40.5kV 及以上非纯瓷套管和多油断路器的 $\tan\delta$。

(3)40.5kV 及以上少油断路器的泄漏电流。

(4)断路器对地、断口及相间交流耐压试验。

(5)辅助回路和控制回路交流耐压试验。

(6)导电回路电阻。

(7)合闸接触器和分、合闸电磁铁线圈的绝缘电阻和直流电阻,辅助回路和控制回路绝缘电阻。

(8)断路器本体和套管中绝缘油试验。

2. 大修试验项目

(1)绝缘电阻。

(2)40.5kV 及以上非纯瓷套管和多油断路器的 $\tan\delta$。

(3)40.5kV 及以上少油断路器的泄漏电流。

(4)断路器对地、断口及相间交流耐压试验。

(5)126kV 及以上油断路器提升杆的交流耐压试验。

(6)辅助回路和控制回路交流耐压试验。

(7)导电回路电阻。

(8)灭弧室的并联电阻值,并联电容器的电容量和 $\tan\delta$。

(9)断路器的合闸时间和分闸时间。

(10)断路器分闸和合闸的速度。

(11)断路器触头分、合闸的同期性。

(12)操动机构合闸接触器和分、合闸电磁铁的最低动作电压。

(13)合闸接触器和分、合闸电磁铁线圈的绝缘电阻和直流电阻,辅助回路和控制回路绝缘电阻。

(14)断路器本体和套管中绝缘油试验。

(15)断路器的电流互感器。

(三)隔离开关

1. 定期试验项目

(1)有机材料支持绝缘子及提升杆的绝缘电阻。

(2)二次回路的绝缘电阻。

2. 大修试验项目

(1)有机材料支持绝缘子及提升杆的绝缘电阻。

(2)二次回路的绝缘电阻。

(3)交流耐压试验。

(4)二次回路交流耐压试验。

(5)电动、气动或液压操动机构线圈的最低动作电压。

(6)导电回路电阻测量。

(7)操动机构的动作情况。

(四)配少油断路器和真空断路器的高压开关柜

1. 定期试验项目

(1)辅助回路和控制回路绝缘电阻。

(2)断路器、隔离开关及隔离插头的导电回路电阻。

(3)绝缘电阻试验。

(4)交流耐压试验。

(5)检查电压抽取(带电显示)装置。

(6)五防性能检查。

2. 大修试验项目

(1)辅助回路和控制回路绝缘电阻。

(2)辅助回路和控制回路交流耐压试验。

(3)断路器速度特性。

(4)断路器的合闸时间、分闸时间和三相分、合闸同期性。

(5)断路器、隔离开关及隔离插头的导电回路电阻。

(6)操动机构合闸接触器和分、合闸电磁铁的最低动作电压。

(7)合闸接触器和分合闸电磁铁线圈的绝缘电阻和直流电阻。

(8)绝缘电阻试验。

(9)交流耐压试验。

(10)检查电压抽取(带电显示)装置。

(11)SF_6 气体泄漏试验。

(12)五防性能检查。

(13)高压开关柜的电流互感器。

配 SF_6 断路器的高压开关柜还应增加压力表及密度继电器校验以及对 SF_6 断路器的其他要求。

其他型式,如计量柜、电压互感器柜和电容器柜等的试验项目、周期和要求可参照上述有关项目进行。柜内主要元件(如互感器、电容器、避雷器等)的试验项目见有关规定。

四、母线(不包括封闭式母线)

母线定期试验和大修时试验项目有绝缘电阻试验和交流耐压试验。

另外,电力电缆试验有测量绝缘电阻试验和直流耐压试验并测泄漏电流及检查电缆线路的相位。

五、二次回路

二次回路大修时试验项目有绝缘电阻试验和交流耐压试验。

六、交流电动机

(一)定期试验项目

(1)绕组的绝缘电阻和吸收比。

(2)绕组的直流电阻。

(二)大修时试验项目

(1)绕组的绝缘电阻和吸收比。

(2)绕组的直流电阻。

(3)定子绕组泄漏电流和直流耐压试验。

(4)同步电动机转子绕组交流耐压试验。

(5)可变电阻器或启动电阻器的直流电阻。

(6)可变电阻器与同步电动机灭磁电阻器的交流耐压试验。

(7)同步电动机及其励磁机轴承的绝缘电阻。

(8)转子金属绑线的交流耐压。

另外,在接线变动时应检查定子绕组的极性;全部更换绕组时或修理铁芯后应做定子铁芯试验;必要时做电动机空转并测空载电流和空载损耗试验;双电动机拖动时做测量转矩一转速特性试验。

(三)大修后试验项目

(1)定子绕组的交流耐压试验。

(2)绕线式电动机转子绕组的交流耐压试验。

容量在100kW以下的电动机一般只进行绕组的绝缘电阻和吸收比试验、定子绕组的交流耐压试验、电动机空转并测空载电流和空载损耗试验,对于特殊电动机的试验项目按制造厂规定试验进行。

参 考 文 献

[1] 孙力,徐国君.小型水电站计算机监控技术[M].北京:中国计划出版社,1999.
[2] 牛维阳,李祖明.电机学[M].北京:中国电力出版社,2005.
[3] 湖南省水力发电工程学会,湖南省电力公司.水电站事故案例与分析[M].北京:中国电力出版社,2004.
[4] 于兴观,孙力,徐国君.SDJK－10水电站计算机监控系统[J].小水电,1997(1).
[5] 张华建,孙力.中小型水电站综合自动化系统(SDJK)的研制与应用[J].水利水电科技进展,1998(1).
[6] 黄林根,等.电气设备与维护[M].南京:河海大学出版社,2005.
[7] 徐招才,陈建农.水轮发电机组运行与维修[M].北京:中国计划出版社,1999.
[8] 刘云.水轮发电机故障处理与检修[M].北京:中国水利水电出版社,2002.